《路易十四回忆录》

〔法〕 查理·德瑞斯 著

陈利利 译著

中国商业出版社

图书在版编目（CIP）数据

路易十四回忆录赏析 / 陈利利译著 . -- 北京 : 中国商业出版社 , 2019.7

ISBN 978-7-5208-0830-9

Ⅰ . ①路… Ⅱ . ①陈… Ⅲ . ①路易十四 (1638–1715) – 回忆录 – 研究 Ⅳ . ① K835.657=41

中国版本图书馆 CIP 数据核字（2019）第 142351 号

责任编辑：袁　娜

中国商业出版社出版发行

010—63180647　www.c-cbook.com

（100053　北京广安门内报国寺 1 号）

新华书店经销

北京亚吉飞数码科技有限公司印刷

*　*　*　*　*

880 毫米 ×1230 毫米　32 开　9.75 印张　262 千字

2020 年 3 月第 1 版　2020 年 3 月第 1 次印刷

定价：67.00 元

*　*　*　*

（如有印装质量问题可更换）

告读者书

17 世纪所有的作家都是我们现在重点研究的对象：通过巧妙地阐释或所做的批评，会让早就已经众所周知的作品重新焕发光芒。学识渊博的人都富有创造性并且具有强烈的好奇心，他们自己也是杰出作品的作者，他们会从被人遗忘的草稿中，或者从晦涩难懂的草稿中提取出完整的作品或者作品的一部分，这些作品让我们这个伟大的世纪更加丰富多彩。历史和政治，如同诗歌和道德哲学或者宗教哲学一样，有它们自己的发现。多卷本的文集都是以国家的名义、用国家的经费进行整理的，大部分有特色的出版物都是各种各样的研究成果。路易十四的名声是和当时的文学复兴运动紧密联系在一起的，并且其威望逐渐得到了提高。随着所有生活在他周围的人都慢慢地出现在公众视野之中，路易十四自己的威望也越来越高。但是直到现在，他宁愿参与到别人的荣耀中，却不愿意让人赋予他特别的个人的荣誉称号。

在过去的出版物中，路易十四看起来似乎是单独的，但其实也是整体的。只有通过为了王储的教育而创作的这部回忆录，路易十四作为国王、作为男人和作为基督徒的身份，才能被我们更好地了解和欣赏。就像路易十四自己说的那样，在他年轻力壮的时期，在他精力最充沛的时期，在他有着辉煌的荣耀的时期，他进行口述创作的，然后又经过重读并且修改过的那些涉及政治历史和道德历史的内容，都是来源于他自己的经历，都是非常有价值的。

根据格拉蒙将军的资料，格鲁威尔在1806年写的六卷本的《路易十四全集赏析》，也出现在了《国王回忆录》中。五十多年以来，每个人都在研究和评论一个很不正确、也很不完整的文本。格鲁威尔当时是看到了皇家图书馆里的草稿，可是他却没有重视这些草稿。我们没有像他那样对这些草稿的使用不屑一顾，所以可以说，我们正在进行的是一份全新的工作。

我们在第一卷的卷首已经展开的研究中解释了撰写《国王回忆录》的缘由。路易十四刚开始并没有打算用此内容来教育他的儿子，他最初的想法只是为了他自己。回忆录应该是为了提升他的荣耀的一个历史事件。他的目的是为了让子孙后代来讲述并且评价他自己的行为。我们有确凿的证据可以证明路易十四是在哪些年开始这项关于对他自己行为的奇怪考察的。他完全没有去构思一个宏大的整体计划，也没有把1661年作为创作的第一块基石，这一年实际上已经是自马萨林逝世后他个人统治的第一年，他当时也没有想到会有1806年的版本。只是不久之后，他重新整理了他的步骤，他把1666年以前的事情写进了引言部分或正文的第一部分，对我们来说，这没有回忆录的真正的主体部分那么重要。

这部作品详尽地记载了1666年、1667年和1668年的前几个月的事件，一直到亚琛的和平事件，这部作品在最终的形式定下来之前经历了许多次的尝试。这个创举的发起人的确是国王，因为他亲手在小小的活页本上写下了要记录的一些事件和想法。还有涉及范围很广的日志也是出自国王的这些手稿，日志中的文章虽然不是路易十四亲笔所写，但的确是他口述记录下来的：这是根据他同一个月里重复了多次的讲话之后，各种事件和各种各样的思考内容都碰巧集中出现在了给路易十四服务的人的笔下，这其实是第二种方式。日志最终是构成回忆录的基础，每一年的重大事件都在日志中有所体现和评价：现有历史是直接对王储进行政治教育和道德教育的好机会。这份皇家工作的第三个阶段本身是非常复杂的。回忆录的整体内容被修改了三次。经过路易十四亲手进行的修改至少在第一次撰写的时候就出现了。1666年的版本看起来和第三次的版本是完全不同的，第三版是非常漂亮的，而且布局很和谐。在第一版的撰写之前，有一部分文章也进行了这方面的尝试，所以说这些草稿几乎每个都具有很大的价值。

谁替路易十四执笔进行的编写和修改呢？我们认为佩里松是在很久以后才被雇佣的，而且雇佣他的目的只是为了让其审核引言部分。当时国王的朗读教士佩里尼先生，是一位还不太著名或者说几乎不受人注意的作家，他成为了王储的家庭教师。作为亲密的合作者，作为最有表达力的那些思考内容的作者，他在路易十四的身边有一席之地：因为他是很有品位的风雅之士。他在进行了大胆的思考之后，负责删除多余的内容并找出正确的字词。在接下来的时间里，他就是通过这样的身份来为国王效劳的：这是人们能够根据直觉猜测出来的。在我们给出这些证据以后，他的名字和伟大的国王的名字一起出现在对王储的教育内容中的时候，也就没有人怀疑了。

另外，我们关于回忆录的创作研究中，还包括了路易十四给孩子们的家庭女教师的那些未公开的信件。它们是和由国王的日志转化成的给王储的回忆录在同一时期出现的：那些内容，尤其是

在弗兰德运动期间写的内容,展现了一位有着在其他不伦的爱情中出生的孩子的父亲的担忧。蒙托斯耶公爵为了教育他的皇家学生而写的那些格言警句和思考内容,其趣味性是从没有出版的那些资料里借鉴的,也在很大程度上丰富了我们把回忆录作为政治和道德教育的内容,是可以作为文学作品来欣赏的研究。

在对回忆录的创作研究之后,我们在第一卷的后面紧跟的是1666年的文本,这些文本的内容几乎都是还未出版的,因为已经出版过的内容在我们的文本中有它应有的位置。因此大家会陆续读到:第一,国王的活页本。它们的来源特别珍贵,可惜的是关于1661年年初的内容是不完整的。第二,国王的日志。它共有六十多页草稿,我们至今只能了解其中的一些片段,我们在里面很谨慎地加入了我们的注释。第三,回忆录。第三次编写的回忆录还从来没有出版,我们在这第三次编写中找到了分散在草稿中的所有的内容。我们引用了一些人们认为是草稿中的很孤僻的部分内容:然而,这才是最终版,是唯一一个按顺序和标准撰写的回忆录,因此它的地位举足轻重。为了让大家有更多的参考,在每页的下方,我们都加入了前两次编写的文本内容。前两次版本的内容都不是很完整的,但是把它们这每一个版本相较于另一个版本来说多出来的内容叠加在一起的话,我们勉强能得到另一个整体的内容,这是一个杂糅在一起的整体,这就是格鲁威尔出版商在1806年呈献给公众的那个版本。第四,回忆录的补充部分。我们的第二卷就是从补充部分开始的。补充部分包含两种类型的文章:第一种类型的文章是试写了两次或者三次的草稿。在回忆录的第一个版本之前,第一次写的草稿内容,在经过多次修改以后,变成了第二次草稿的内容,然后再次修改之后,变成了第三次草稿的内容。另一种类型的文章是由第三位编写者毫不留情删去的在第一次和第二次草稿中的部分内容。在1666年版本的回忆录和它的补充部分中，每一个事实、每一个思考内容都和国王日志的内容是遥相呼应的，所以我们不用再重复已经展现出来的历史事件了。在我们看来，最值得呈现出来的内容则是，在没有任何的混合的情况下，把同一个思考内容进行了多次修改的那些文章：它们本身就是相当奇妙的，既具有政治性又具有文学性。

同样的方法沿用到了1667年的版本中，只是这一年的内容不太丰富而已：在这一年的版本中，我们没有太多的关于国王的活页本的内容；其中国王日志的内容和在1666年的版本中是一致的，这都是已经被整理好的内容了；这一版的回忆录也很快并且非常容易地拥有了它的最终版本，因为编写者都是更加有经验并且受之前版本启发的人；回忆录的补充部分的内容也不是很丰富。

对于从1668年年初到亚琛和平事件，并且到凡尔赛宫廷和维也纳宫廷之间关于西班牙王位继承的条约事件，我们只有一篇有着些许改动的文章涉及了这些内容。

至此，我们才真正完成了路易十四王储的教育的回忆录。

佩里松是从1670年或者1671年参与这项著名的、有着许多主题的工作的，他刚开始时的工作是对引言部分进行修改。我们在1666年、1667年和1668年版本的文本内容的后面，都给出了草稿中提供的引言部分的一些片段。引言部分的第一年是1661年，这是很奇怪的一年：因为在佩里松的修订之前还有两次编写。在佩里松的草稿版本里，路易十四用铅笔做了修改和添加，佩里松很快就在同一版草稿里使用了这些修改和添加的内容。1806年版本的出版商，好像拥有这个草稿，但是他却没有注意到国王亲手书写的这些痕迹。我们出版了1661年第一次编写时的一个很长的还未曾出版的目录。在第一次编写之后很明显地进行的第二次编写,几乎和之后的1666年第三次的回忆录的编写具有同样的重要性,因为这一次的内容对于公众来说是全新的。1661年的回忆录的附录部分是由整体的思考内容或者共同的地点组成的,其写作风格是简单的、浮夸的并且光彩夺目的,这样的风格可以在佩里松以前的文本里找到其萌芽,这样的风格在他的笔下完全是任意绽放的。1662年的版本比前一年的版本更加不完整,这一年的版本不仅对佩里松的文本感兴趣,更对在佩里松的文本之前的一个版本感兴趣,尤其是对其草稿里一个很鲁莽的思考内容的阐述感兴趣。至于引言部分之后的内容,不管它有没有被修改过,都丢失不见了。

1668年,为了继续研究所有的和为了王储的教育而写的与回忆录类似的东西,我们复制了关于1670年和1671年的国王活页本里的一部分内容,我们发现,国王在《奈梅亨条约》所涉及的那次战役时书写的或者口述的军事故事的片段的一些思考内容里面,没有涉及有关他儿子的内容。我们可以确认的是,他写了一个著名的片段是直接关于教育主题的,题目为:关于国王职业的思考。我们的第二卷就是以这个内容结束的。

我们只能通过这些完全关于皇室的内容来结束我们的创作。这是草稿能给我们提供的国王亲手写的为了王储的教育的最新资料。路易十四的儿子当时十八岁,他已经摆脱了蒙托斯耶和博叙埃的监管,也结婚了,这对他来说正是能很好地采纳父辈的建议的时候。尽管蒙托斯耶、博叙埃和路易十四写了所有的这些内容,但是每个人都清楚地知道,他压根不以他的父亲路易十四为荣。

我们在第二卷的末尾加了附录部分:1. 国王回忆录的目录概览; 2. 1661年佩里松的文本。我们只有1806年版的《路易十四文集》里出现的佩里松文本的复制本,因为在和这个复制本对应的草稿中，我们什么也找不到，所以我们就把这个复制本原样拿给读者们欣赏。

我们出版的回忆录，是希望大家将读到的这个新的版本会呈现出更加积极的内容。它们展现了国王的思想是怎样产生的，展现了这些思想在作为统治者的国王和雇佣的作家的特殊联合下是如何发展的，又是如何改变的。

这些回忆录是文学合作能产生的最著名的也是最开始的例子之一：因为我们几乎经常看到路易十四这个伟大的名字会遮蔽所有人的光芒，然而还是有两个人的名字，即佩里尼和佩里松的名字，在我们的回忆录中幸存了下来。

目　　录
CONTENTS

第一章

CHAPTER 1

《路易十四回忆录》的创作

引　言

致力于武力行动的男人没有太多的时间致力于文学创作：对于一位熟悉自己职业的国王而言，语言或者笔就是他手中的剑，他用它们来给自己的臣民或者外国人下达命令：文书，外交书信，给部长们的指令，给士兵们的宣告，庄严的声明，还有国王文集。如果他天生就是有智慧的人或者一定程度的教育让他的写作会很容易，那么他就会自己构思、创作。大师的亲笔创作往往离不开其秘书们的工作：这不仅仅是一位国王的语气，这是一位原创作家的风格。他是如此伟大的国王，他叫作亨利四世，佛雷德里克二世或者拿破仑，他在文学史上的地位和其在政治历史上的地位一样显著。即便是不摄政的国王，无论是他向往御座，还是强大的权力迫使他离开，都知道文学的用处。他不仅从文学中能寻求摆脱忧虑带给他的压力的能量，文学也能让他为了隐约可见的新的命运做些准备，或者文学对他而言是一种为信任他

的人民的过去进行辩护的方式。思辨型的学习、纯文学的工作，这些爱好在真正执掌王权的人身上是不希望出现的：人们之所以对查理四世的评价很高，是因为他留下了许多关于国王义务的美丽的诗句和关于狩猎的条约吗？亨利四世一直嘲笑雅克一世斯图亚特，是因为这位文学上尉给他的儿子写了许多关于统治方面的建议，而他自己却压根不会这些。

路易十四是大家很熟悉的一位国王，他没有太高的文学修养，却有很好的实践经验。他写了很多东西，但都是以伟大的国王的方式写的，没有考虑到写作的形式，他把形式问题留给了他的秘书和他的部长们，他只需要用几个词语写下主要的意思就行。因为国王的思想是产生萌芽的地方，起到的是提纲挈领的作用，其他的人要根据国王的想法去补充丰富其余的内容。在战争、谈判、行政的许多细节事件所形成的无以计数的片段中间，很难区分出国王个人的部分：他往往会进行口述，或者会从那些没有在他口述下写出的东西中汲取灵感。有时候针对一篇很长的文章，他只亲手增加或者修改一两个词，以此证明大师在那儿，让人们所有的想法都围绕着他修改过的内容展开。在他的整体的统治中，有一种观点和原则，他的人物永远都是一样的，不承认他的真正的原创性是不公平的，因为这和他一遍又一遍使用的文本是独立开来的。科尔伯特、卢沃瓦、利奥纳和其他人，毫无疑问都和国王的作品的荣誉联系在一起了。但是当人们让拉罗什福科公爵说出自从国家秘书勒·泰利耶的首席职员、这个职位上最灵活的人物之一勒鲁瓦先生逝世以后，路易十四既没有说法语也没有以国王的语气讲话，这不是人们对拉罗什福科公爵的诽谤吗？因为总是会有一位完全模仿皇家的写作方法的秘书来进行创作，我们可以带着一点不太好的意愿对他提出异议。罗斯主席，他从 1661 年 3 月到 1678 年

12 月这将近十八年的时间内一直担任着这一职务,他知道如何非常完美地顺从国王的命令,或者复制国王写的内容,或者像简单的秘书一样用自己的方式去书写一些文章,而这些文章不比国王亲笔写的差。然而,人们可以在许多纸张上看到罗斯亲笔写的那些内容却引发了一些尴尬:因为很确定,这些不仅仅是用来作为国王口述记录下来的内容,它们也被作为是在国王给出的初始想法的基础上形成的文章,或者是被证实誊写的国王的想法。

最近几年以来,我们发现有许多资料在充实着历史,这些资料在《路易十四文集》中理所当然地占有一定的地位:我们在皇家图书馆、王国的档案馆、外交部的档案馆都成功地发现了这些资料,并且在公共教育部长的支持下继续进行的巨大的合集中只包含了未曾出版的文章,这具有不可估量的价值。我们要相信这些珍贵的资源是不会枯竭的,要相信最终我们会拥有路易十四亲笔写的或者口述写下来的所有的东西,我们会为之庆贺的。

由于它的政治和道德特征,这部著作吸引了关心这个伟大时代的所有人的注意力。为了王储的教育的这部《路易十四回忆录》经常被引用,而且根据格鲁威尔在 1806 年发表的文章,他把这回忆录总是放置在国王不同的作品的首要位置。这些回忆录是我们的工作唯一的目标,解释它们可能的来源,展示它们是如何被写成的,指出历史回忆录的整体思想在其他为了王储的教育的皇家思想中的位置的同时,也指出对皇家的思想的编写不再有特别的形式和意图。在一位国王和用国王视角和风格写作的作家们之间的奇怪的合作模式下,抓紧他们每一个人,试着确定在这些作家中的哪一位拥有着路易十四的最大的信任,因为是这个人亲手书写最大胆最奇怪的部分,是他添加、修改、改变一些想法和表达方式,他要写的很好,以至于让这些部分看上去成为这部奇怪的皇家百科

全书的灵魂内容，最后要以正确的价值观来欣赏这些著名的政治道德课程，从而不让它们陷入被争论的境地，这是我们建议要做的事情，我们的工作是建立在从格鲁威尔的草稿中提取出来的全新的部分文章的基础之上的，在50年前，格鲁威尔应该能让这些草稿发挥更好的价值。

像路易十四这样的国王，在某一时刻，从他那隆重的有仪式感的习惯中脱离出来也不是件坏事。在这里我们看不到在他的卢浮宫或者凡尔赛宫庭院里光芒四射的生活，在他的周围总是会围绕着一些向他谄媚的封建领主，他会陶醉于美色、恩宠，陶醉于所追求的迷人的女士们的精神世界里，在他的回忆录中，他试图向王储先生确保这一点。那些部长们，王子们和大使们将如同那些朝臣和宠妃们一样，不出现在接待大厅里，因为在那里他们已经习惯给予国王欺骗性的尊重，他们会出现在国王的学习室，他们可以在学习室里的唯一神圣的严格的目光下完全袒露心声，这其实是个借口。这个借口被隐藏在皇家的外衣下，它的缺点是很多人不能原谅的：这个借口太严重、太傲慢，人们可以责备它缺乏和蔼和活泼的精气神，活跃的精气神不会溺爱好的道德品质，而是有利于从它那里汲取一些灵感。

路易十四发现的并且经历过的活生生的伪装事件给王储提供了接受教育的生动的材料。但是，在他阅兵期间，在他儿子的眼皮底下，作为一位国王需要很好地了解的各种类型的人物都粉墨登场了，而他评价人和事情的方式暴露了他的性格、他的偏见以及他的热情。这并不是一个完全抽象的研究：通过《路易十四回忆录》，人们能学着更好地辨别伟大的国王的意图和他的雄心壮志。至于国王作为家庭里的父亲的角色，当人们涉及这个主题的时候，国王的这一角色也是不允许被轻视的。有一些还未出版的信件将证明

路易十四从内心里是想要传位给他的儿子的,在他的思想里,他的儿子比他的人民,比上帝,比他自己的位置都重要。

第一节 回忆录的起源

路易十四对于赞扬的热爱,只有他的部长们和法兰西学院的先生们对他忠诚的赞扬的热情可以与之相比。他自己刚刚执政,所有的热情和大众所熟悉的行为都有它们自己的出发点。非常谦虚的科尔伯特,对所有在国王身边的人和事,表现出了感激和欣赏,他是负责建筑的督查官,他声称为了称颂国王的荣誉要让人建造起许多的建筑,为了纪念国王的大型活动要让人打造一些铭文,这样他就培养了让文人们提供建议的模式,这样他就能够从这些建议中为凯旋门的铭文和所有宫廷里的娱乐活动寻求最美的题词,最美的格言警句。波西埃修道院管理小教堂的神甫查佩兰是科学方面和文学方面的奇才,他对于所有主题都有着最好的品位和最直接的感觉。让·卡塞涅修道院的院长只有一些颂歌和翻译作品比较有名。夏尔·佩罗是因为写的一些诗和关于敦刻尔克的最新的购买事件的散文而出名的。这四位从 1662 年开始被借调到法兰西学院,开始着手准备这部正式的对国王的奉承之作。这项工作不仅包含了对歌颂国王荣誉的作品的修改,也包括了这些法兰西学院的先生们应该撰写的历史计划。夏尔·佩罗提供了一些细节,他说夏庞蒂埃是这个小小的法兰西学院的第五位成员,夏庞蒂埃是导致人们放弃这个历史计划的原因。“在不了解回忆录和一些事情的秘密时,他什么都不想写,夏尔·佩罗这样说到。”

实际上,在这个时期,这样一丝不苟的精神是值得称颂的。

因此就需要有一部回忆录,科尔伯特适时地提出了这样的计划。他计划歌颂他的荣誉或者他的主人的荣誉,他很快收集到的关于这个主题的笔记都是第一手资料,是作品最初的基础,后来成了为了王储的教育的回忆录的整体内容。科尔伯特亲手写了题为“路易十四手册”的手稿,被很珍贵地保存在皇家图书馆里。这份手稿中有关于金融概述的内容,但是这个金融概述的内容只包含一些数字,还不是以历史叙述文本的形式写成的。科尔伯特之所以亲手写这样的内容,是为了让法国的金融事务服务于历史,而且他花时间来关心刚刚发生过的还并不是太遥远的事情,是非常有意义的,这是为了子孙后代造福的写作。

人们想知道这些内容的精确日期。这些内容最早是写于1663年,在文章结尾的部分,2月、3月和4月的事情都有被记录,然而该作品却没有被写完。根据我们将要重新书写的序言来看,似乎具有历史学家眼光的科尔伯特,在他写的回忆录中,对西班牙和法国是一样的重视,并且他很担忧荷兰和瑞典这两个国家的角色。而且在他写的内容当中,国王菲利普四世已被命名,就好像是他已经进入了他父亲和祖父的坟墓一样。难道不是在菲利普逝世以后,人们才发动了荷兰战争吗?难道不是在那个时候,这两个新教国家都参与到和法国的关系中,一个和英国发动了战争,另一个和丹麦产生了纷争吗?所以我们更倾向于科尔伯特的回忆录是写于1666年,因为科尔伯特亲手写的这个关于金融方面的历史回忆录,和我们的回忆录的编写有着非常完美的契合。另外,我们可以看到,我们在1661—1664年的手稿中的一些片段和科尔伯特的回忆录的内容有着明显的契合,和复制了回忆录的内容的路易十四的笔记的内容有着完美的契合。下面就是科尔伯特回忆录的开头

部分：

金融是一个国家最重要的、也是最主要的组成部分，这是世界上所有的国家非常著名而且永远都不变的名言。金融是进行所有事情的基础，它关系的是一个国家内部的供给，也是一个国家外部实力的增长和强大。

几乎可以确定的是，每个国家都会根据它的强大程度和国土面积，拥有一定的方法，有一些非常忠诚的行政化的方法，来满足其国家内部的供给。但是为了国力的增强，到目前为止，在欧洲似乎只有法国和西班牙这两个国家在金融方面拥有相当强大和丰富的实力，可以对外发动战争和进行侵略。

的确，荷兰通过它的工业和商业的发展，瑞典通过它的肥沃的土地和人民的勇气以及它的最后两个国王的大胆措施，都填补了其军事和金融方面的不足。但这都是一些特殊的例子，经过细节考察和深入研究以后，这两个国家在它们的工业和它们的国王或者人民的任何一个方面都不具有优势，只有在法国的抵抗方面和欧洲的两大主要国家的战争方面更加有优势。

因此问题就是要考察一下，金融的短缺或者金融的丰富会给一个国家带来什么样的后果？在我们国家，我们有一个非常典型的例子，就是亨利四世统治时期。但是我们也有极大的金融短缺，我们也有丰富金融的必要。相反，在西班牙，我们看到查理五世，菲利普二世，菲利普三世和菲利普四世的统治时期，通过对印度群岛的发掘，极大地丰富了国家的金融，以至于让整个欧洲看到这个原本在世界上没有任何名气的奥地利公爵的

王室，在60～80年的时间内，达到了和勃艮第、阿拉贡、卡斯蒂利亚、葡萄牙、那不勒斯、米兰这些王室一样的高度；通过菲利普二世和玛丽的婚姻让他们的国家和英国以及爱尔兰王室有了关系；让几乎世袭制的国家传位给他的王子们；对我们国王的王权的优势提出质疑，通过置若罔闻的做法和武器，把我们的王国置于外国人手中的危险境地，最终觊觎整个欧洲，也就是全世界。

自从亨利四世去世后，我们只看到金融匮乏的例子和丰富金融的必要性，而这么长时间以来，我们没有看到金融的丰富，所以最好是检查一下，比金融匮乏和迫不得已更差劲的事情是从哪里产生的，哪里可以看出各项花费的均等：我们只能把这样的混乱归结于两大主要原因：一是反映这个事情性质的主管机构；二是用来支持行动的格言警句，这些格言警句本身就是有问题的，结果肯定是造成这场混乱的重要原因或者主要原因。

因此，在有关亨利四世的内容之后，科尔伯特展开了对整个的金融管理和金融历史的叙述。1661年3月9日马萨林去世后，科尔伯特展示了国王对于失去这样一位如此伟大的部长无法想象的痛苦(从金融角度来看的话，这样的称赞是有点过于强烈了)。尽管国王的人品，国王强壮的身体都让人很羡慕，但是科尔伯特极力称赞的是国王实行的所有计划，国王对于荣誉的极度热衷，对娱乐活动的果断放弃。对于富凯的竞争者科尔伯特来说，富凯的逮捕事件也是一个永不枯竭的话题，所以他把相关内容都添加在了回忆录的边缘处了。这些就是科尔伯特的历史回忆录的内容。科尔

伯特接触到了关于法院里反对第一任主席纪尧·德·拉莫尼翁的最隐秘的细节内容：他不喜欢其他官员在1662年所做出的减少利润的举措。当然，对国王的称颂是作品必要的光环。他说可以无限地把1661年9月和1662年12月的所有的事件和金融情况进行对比，但是为了缩短这样的对比，他觉得很有必要说他已经看到了事情的本质当中不可思议、甚至不可能的部分，在如此短的时间内，把一个像这样的国家置身于和金融情况一样棘手和重要的境地中，其贪污程度可想而知。尽管如此，科尔伯特的回忆录的整体内容主要是对一位23 ~ 24岁的年轻国王的称颂。

科尔伯特像金融家一样精确地确认每一年甚至每一个月取得的进步：这才是真正的历史，是我们可以相信的历史。我们不觉得惊讶的是，当人们想撰写国王的历史的时候，竟然找不到更好的内容。所以对于回忆录中的金融部分，只能把很实在的资料分篇介绍而不能做任何引用，因为引用是很敏感的，我们将会证明这一点。但这种方法是多么的笨拙和愚蠢啊！最好的方法是完全诚实地复制科尔伯特的内容，而不是只摘取其中一些已经转移的片段，甚至其中的一年的内容。我们可以把为了王储的教育的回忆录中的金融部分的内容看成是第一个胚胎，在这个胚胎里孕育了要扩充的其他内容的编写。无论编写者是谁，只要他把科尔伯特的整个回忆录的内容明显地用于国王回忆录的所有的构思和事件的话，这对编写者而言，几乎是没有任何荣誉的。

一则引用就足以证明这两部回忆录中的事件都是一样的，而且有时候还是以同样的顺序展开叙述的。科尔伯特说，1662年的时候，国王认为除了国家的各种各样的选举活动，再也没有什么能给他的人民带来损害的事情了，当年参加选举的人数达到了2.2万 到2.3万，每一个人都在寻求人民养活……在1662年这同一年

当中，国王为了建造建筑征用了240万古斤银……同一时期，在科学方面，国王几乎给每位学者，甚至给在外国的每位学者都发放了补助金……在自由艺术方面，国王也建立、形成并且给予了绘画和雕刻科学院必要的基金……国王给罗马派遣了一到两位能工巧匠并且也给予他们补助……国王重新振兴挂毯手工业，他让勒伯朗先生给挂毯作画；他也让人制作一些精细的刺绣品和各种各样的家具……”

为了王储的教育的回忆录的目录，和在科尔伯特的回忆录的最前面展开的目录是一致的：“无数的皇家选举官员的减少，它的结果。对本国和在外国的文人的补助。宏伟的大型建筑的建造。各种手工制造业的重新发展：挂毯业和绘画，等等。”这里面有四句话是出自回忆录的1663年年末，但是根据科尔伯特的记录，事实却是发生在1662年：因为在他的叙述中，这些内容都是紧随在对森林的整体重组和敦刻尔克的购买事件的内容后面，刚好都是属于这一年的内容。

在这个关于金融的很平常的分析中，没有一个事实、一个思考内容是为了提供给王储的回忆录的。这些内容在科尔伯特的美好的回忆录中或者在他的其他书中，都是属于自传的内容，它们的题目是：“由国王建立的行政和金融操作秩序”。其他的回忆录，内容不包含1662年以后的事情，但是从深度甚至从形式上来看，却都有着和1662年以及1664年的为了王储的回忆录相似的思考性的结尾。我们现在给出科尔伯特的回忆录最后一页的内容，它既不具备政治特点也没有文学优势，但是却有一定的说服力。我们也可以在此说，当人们想要阅读国王的回忆录时，最好不要把它分割成两部分来读。

除了有关国王让放在他周围的那些记录册的命令

之外，他也观察着利用记录册里的条款，每半年停止一下皇室的消费。这个册子里包含了整个一年当中的所有的花费，而且在下一年他也用同样的方式亲手停止一下消费的状态，这都是为了让皇室的财富用于财政部门。国王通过这种从来没有放弃过的秩序，能看见并且连续六次听见有人很详细地解读他所做的预算。第一次，是当国王发布命令时。第二次，是当国王签署命令时。第三次，是国王听见对于月消费的解读时。第四次，是听见在期限快到时要解决的预算的解读时。第五次，是听到对皇室的财富的整体解读时。第六次，是当他真正了解情况时。

既然我们在探究国王回忆录的起源和最初的支撑点，我们就应该关注一下《路易十四手册》。这些在抄写员漂亮的笔体下写成的小册子，直到 1663 年才和科尔伯特未完成的美好的回忆录具有了双重的使用价值。自 1663 年开始，为了一些数据，抄写员们补充了科尔伯特回忆录，而实际上真正的作者是科尔伯特。科尔伯特回忆录，路易十四手册，国王的回忆录，都坚持了一些基本的内容。这三本书中都提到了：金融创收方面，在 1661 年 9 月富凯被逮捕之前，是关于农场的转让、国家整体的收入和其他的一般收入。路易十四手册中，作者出于一种爱国情怀的坚持，每年都要重新书写转让的细节，比如 1664 年 9 月 5 日的事件是一个教训，就像是科尔伯特给国王的一种临时建议一样。科尔伯特曾经对路易十四说过，就像人们在国王回忆录中重复的一样：无论如何，不应该再为了增加皇室的收入，为了增加巴黎市政厅的租金，而增加间接税，五大农场的转让费、资助费等的负担。不应该让城市的大部分人没有收入，不应该失去国家的森林。国王回忆录中忽视了这些数字,而在科尔伯特回忆录和路易十四手册中体现了出来,为了整体的收入,为了在1661年9月5日就做好关于1661年整个一年的消费、关于1662年大部分时间的消费,还有各种各样的债务,这些数字总共达到了5000万古斤银。在债务和转让之后,最重要的想法是每年要提前做好调整消费和收入的计划。我们在国王回忆录中能看到这个伟大的计划,但这个计划在路易十四手册中是不太清楚的。手册中的数字每年都有一个明显的变化:人头税和间接税每年都在减少;通过法院的条令对利润有赎回和缩减;甚至自1637年和1640年以来的对转让有赎回;在同一块地租上的资助和新的农田的增减;造福于皇室的五大农场的费用的改革;森林的收入完全被转让或者降低到几乎什么也不剩了。这些主要的细节在国王回忆录中被稍微提及,但是在路易十四手册中却是有深入的叙述的。国王回忆录只是强调了事情的大概情况和纲要。因此,这就是为什么在回忆录中,关于1662年敦刻尔克的购买事件没有精确的数字记录,而在手册中提到是在同一年付了4674万古斤银。当森林的整体改革计划被提上议事日程以后,科尔伯特的回忆录中对外省进行了命名,而在1661年的时候人们从这些外省还什么都得不到。在路易十四手册中,根据收入的进展,全面展示了1664年的活动,法兰西岛的森林,苏瓦松、卡昂、阿朗松、鲁昂的财政区,帕切、香槟、勃艮第、都兰和布列塔尼的伯爵领地,瓦卢瓦的公爵领地。在国王回忆录中,森林改革的问题是1662年才被提出来的。

没有科尔伯特回忆录,没有路易十四手册,或者没有我们已经不需要的1665年后的金融概述,我们就不知道如何才能做出如此简单、如此枯燥的总结。对我们来说,这些就是国王回忆录的第一部分内容。在阅读的过程中,我们会对一些明显是借鉴来的金

融事件的精确的记录感到惊讶,会对抄写员在抄写过程中所出现的顺序错误感到惊讶,也会对在作品中为了国家的改革而对国王的高度集中地展示感到惊讶。消费和收入才是问题的关键:通过温和的经济手段和对于金钱的合理使用,法国开始得以重新振兴。这份总结中所涵盖的时期是非常短的:只是从富凯被捕到1665年的这段时期。这份总结也只给我们讲述了刚过去的这一年当中发生的两件金融事件。

我们不仅不知道是谁写了这个金融事件概览,而且看上去这个不熟练且粗糙的抄写员压根就没有仔细阅读他所写的内容:他只是急匆匆地进行誊写。当人们给他口述的时候,他在很大程度上只是根据听到的单词的发音来书写,而不是根据语言的最常用的用法写的。他根据听到的发音发明了一些单词:“Disposision, aplicasion, difigulté, aucmentation, réducsion, cinc”。关于标点符号和特殊字符的缺失不能责备他,因为这是时间原因造成的。因此说只有职业作家和有资质的抄写员才能进行精确地书写。此外,谢天谢地,由于他的同样的疏忽,我们再也不会看到这个很差的抄写员了。

很明显,这一篇是很古老的,而且人们打算把它用于国王回忆录。就像我们将看到的1666年和1667年的内容一样,如果这些不是路易十四的笔记,谁知道是不是只是有人笨拙地毫无次序地安排和构思的内容呢?这不是一个无聊的猜测,因为我们将要读到,1662年的金融概况中,每间隔一段距离就有一些数字是用来标明页码的,我们认为这是对路易十四的五个小活页本的内容的复制。我倾向于认为全部的片段都是由著名的路易十四手册中的片段构成的,因为在这项工作中呈现出和科尔伯特回忆录以及路易十四手册中同样的构思和事件的话,也没有什么可惊讶的。科

尔伯特的想法和国王的想法有着非常亲密的和谐！每一小部分简洁的笔记都是皇家资料来源的证明：路易十四亲手写的内容很少，尤其是对于这种类型的事件，他只是抛出最主要的想法，之后再进行扩充或者通过其他人进行书写。

尽管这是一种粗糙的复制，但是我们可以贡献给路易十四的这一篇内容在国王回忆录中还是有一席之地的。这不仅仅因为它是回忆录的草稿的一部分，也是因为它有着为了王储的教育的回忆录的撰写和校对而表现得最活跃的人的印记。在这很粗糙地复制的文本的字里行间、边缘处，或者背面，抄写员没有写任何东西，而聪明的人加入了一些道德方面的或者政治方面的思考内容，似乎是在寻求后续的写作，即回忆录的编写。这样的编写赋予了事件真正的意义，而且是以一种国王不讨厌的方式来对这些事件进行评价的。这个编写者的几个单词就足以让展现在我们面前的框架生动起来。这就是它的那些奇怪的而且很罕见的思考内容的魅力所在。

1662 年整个一年只有三件大事。在这一年我们对路易十四活页本上的内容进行了区分。第一，关于小麦和面包的分配，他说道："作为人民之父，我允许最远的国家来卸货。"第二，为了敦刻尔克的购买，他说道："宗教是对君主专制政体的加强。"事实上，这种有偿获得有双重的好处：新教失去了大城市，而与此同时，国王的领地再次扩大。不久之后在撰写 1662 年的回忆录时，人们还是坚持这些想法。第三，如同在 1662 年总结的那样，他说："1662 年年末将进行税收改革。我最主要的喜悦、最温和的成绩，就是能看到我的人民的负担每年都在减轻。"

最后，他所采纳的这个复印本的内容就如同一个草稿的作用，在这里他可以显示出要发展扩充的新的想法。他在文章末尾做了

记录，说实际上这是 1665 年最后的时间里发生的最好的一件事情："王后的疾病（奥地利的安娜，逝世于 1666 年 1 月）让国王很担心。这是这位国王最优秀的品质。"王后母亲的疾病，对于他来说就如同对于我们一样，看起来好像是一场和金融完全不沾边的政治事件，但实际上这个事件是对 1661—1663 年的金融状态的短小精练的概括，以及是在 1666—1667 年间的真正的政治回忆录之前的过渡。

第二节
回忆录中包含的金融事件的目录（1661—1665 年）

1661 年

停止总监的工作，并对其提起诉讼的方案持续了 4 个月。

为了支持财政，要准备 400 万古斤银的资金。

取消总监的任务。

虽然工作量大，但是还是要去做。

成立咨询委员会。

选择工作人员、会议日期。

尽管物资匮乏、有困难，国王仍然坚持实行他的政策。

尽管物资匮乏、有困难，但是巨大的成功带来的正确导向，总会让事情进展得很顺利。

通过对金融的整体审核来开始。

所有的收入都用来支出 1662 年全年的消费，甚至支出 1663 年的部分消费。

收益减少的金额和减免的金额共计 2100 万古斤银，另外还有

7000 万古斤银的债务。

在记录册里清楚地记录下收入和支出情况。

通过参与的方式来消除阴谋,解决办法就是给自己农场。

在农场价格方面,年金收入增加了 300 万古斤银,这是按月支付的。

取消每年消费产生的 1200 万古斤银、1500 万古斤银至 2000 万古斤银的债务。

金融总收入每古斤减少了 15 ~ 18 个银币。

通过抵押物增长的三分之一的削减来攻击皇室:尽管皇室通过抵抗在强有力的支撑着。

对法院记录员征税。

建立法院。

1662 年

年初,国家的支出计划。

为了重建秩序、为了惩罚近期以来的混乱所做的记录。

给巴黎、鲁昂和图尔人民分发小麦和面包。

森林的整体改革。

教会的债务的清算和免除。

敦刻尔克的购买。

建立秩序,亲手在下个月的第一天或者第二天停止对上一个月的开支,这样可以建立起秩序,也可以在下一个月拥有最新的、最清楚的记录和回忆。

在没有看到法令的内容之前,不能进行签字。

法院临时发布判决,废除关于 100 万古斤银的人头税。

本金的欠款记录。要成功有很大的阻碍。

为了成功,国王要付出很多。

好处。自1656年以来的重新购买和取消的转让利润高达450亿古斤银(原文如此)。

1200万古斤银的存款,全部用于这次重新购买。

10月份,各种性质的援助权会议。此次的购买费用,包含600万古斤银在内,都是来自存款。

援助和收入的租金达到1200万古斤银。

1663年

年初,要进行对1662年各种收入和消费的审核。

发现1663年的收入增长了2500古斤银。1661年9月的收入从2100万古斤银增长到4600万古斤银。

1661年4800万古斤银的人头税降至1663年的3800万古斤银。

给每一米那(法国古时计量单位)盐3古斤银的减免。

关于间接税和进口税增加300万古斤银。

1637年和1640年间转让援助的重新收回。

建立海军和海运的巨大开支。

船舰的使用,以及为了清理大海和保护他的臣民的海上贸易的庞大开支。

解释一下这篇文章是多么重要。

陆地、水上各种商品的通行税的实行。

取消大量官员参加的选举。该选举产生的影响。

给国内和外国的文人们发放补助金。

大型的豪华建筑的建造。

振兴所有的制造业。

振兴挂毯手工业,绘画业,等等。

1664年

3800万古斤银的人头税减少到3300万古斤银。

东印度和西印度的结盟。

五大农场的费用的改革。

本项工作的困难和实用性。

关于地租的所有的事情。

35 亿古斤银的好处。每一年都要免除人民的人头税。

国库中，在 1664 年的时候给 1662 年和 1663 年的支出返回金额。这种制度将持之以恒。

取消国库官员的存款和部分国库官员的额外收入。

对于捕鱼、鲸鱼油，硫黄和泡碱的商人们进行减免，这是为了贸易的良好发展。

重建在法国的制造业。国王自己穿着本国制造的衣服，并且给他的王室的每个成员都发了布匹。

金融秩序：支配所有的开支；在精确审核后签署所有的法令；每月结束时查看所有的花费；每年开始时亲手停止资金册子里的所有的进款和上一年所有的花费。

亲手结束存款的角色，资金册子和所有真实的状态。

在上一年结束之后的最初的 6 个月使皇室的财富归于议会。

作为国王唯一的安全考虑，永远不要重提这份工作的性质，也不要对如此棘手的材料感到骄傲。

1665 年

自 1614 年以来大不列颠的捐税和担保费，转让的援助。

庞泰夫尔公爵领地的购买：法国历史上还没有任何一位国王实行过这个政策。

至此，我们这篇简短的文章就结束了。这只是一个目录，是国王的伟大想法的一个样本和他在金融方面取得的初步成就的概览。在匿名抄写员之后，我们也展示了科尔伯特，路易十四以及

1666 年和 1667 年的回忆录的最主要的编写人员所增加的内容，这些内容反映了在这份目录和国王将要促成的伟大事业之间的亲密联系。对于这个编写者来说，从 1661 年到 1665 年的金融概述，还有我们熟悉的它们所具有的荣耀，都如同序幕一样，是他的作品的引言部分，因为这些内容填补了至少五年的空白。之后，我们打算重新书写每一个统治时期刚开始的时候的政治历史。

第三节
1661 年和 1662 年的回忆录延迟编写的原因

我们在此要解释一下，为什么由佩里松审查过的关于 1661 年和 1662 年的政治事件不适合被放在回忆录的开始部分，因为它们是以给王储的教育内容的形式很自然地被展现出来的。

在 1661 年年底，路易十四刚刚出生的儿子还不能成为这些教育内容的目标：应该等他再长大一点，应该等他快到七岁的时候，再去接受这些课程的教育，就全当是孩子向成年男子的过渡。这样一来的话，就会让准备回忆录的路易十四很严肃地为了他采取一些措施。在 1666 年和 1667 年的有关事实和思考内容的日志中，路易十四考虑到了所有的王子，而不是只考虑到王储。那个时候，他还不知道这些内容将在最终的编写时被采纳。把关于王子们的权利和义务的想法落到实处，并且给予王储利益，这是国王普遍的想法，这些在日志中已经出现了萌芽状态，这样的想法是一种很幸福的想法。当人们打算编写路易十四回忆录，当人们手头有了一份关于路易十四的最新、最完整的资料时，人们再去寻找在 1661 年和 1662 年发生的那些遥远的事件并且打算把它们用于回忆录

的撰写时,就让人有些无法相信。

我们有证据表明,1662 年的版本的编写工作在 1666 年的时候还没有完成,甚至佩里松在 1661 年就已经开始的编写工作一直持续到 1670 年才完成。而 1666 年的日志,在 1668 年中期以前,采用的都是为了王储的教育而扩展的回忆录的形式。例如,1666 年 2 月 2 日: 在提及英国事务的时候,不要忘记找一些地方对于敦刻尔克条约做一些注释,不要忘记对臣民自己犯下的错误进行反思; 4 月 19 日: 和英国缔结条约时,要想着敦刻尔克的购买事件,这个事件让英国人的条件变得更好了,英国人民要通过他们的反叛行为进行思考。如果说 1662 年的回忆录已经被写好了的话,那么这种类型的观察内容就不应该在 1666 年重复出现,实际上是人们推迟了 1662 年的版本的编写,因为 1666 年的日志中引用的内容证明了人们甚至都没有想着要去写它。

由佩里松审核过的 1666 年的日志的前几页中,撰写日期被标记出来了: 这实际上是编者在告诉路易十四,我这已经是第十个年头在做这件事情了,这十年来我永远走在同一条路上。因此,自马萨林去世,时间已经过去十年了,或者说自富凯失势以后,这已经是第十个年头了,因为自这些事件开始,路易十四开始了他的个人统治。在佩里松写的内容之前,我们至少应该给 1666 年的版本里放置一些其他笔记中的内容,遗憾的是我们只有这些笔记的目录。这份工作是由八个笔记本的内容构成的,这八个笔记本每个都是由五到六篇文章组成的。我们发现,在这八个笔记本的目录中,边缘处都写有笔记。这就证明了在 1666 年人们还是很担心 1661 年的事情。第二个笔记本上有一个题目写到关于新人在宗教方面要忍受的危险的思考内容时,人们做了这样的笔记:“1669 年当双方和解时,要搬移原作的句子。”这个句子具有双重的重要

性：它展示了这八本笔记里关于佩里松的工作的优先权，反映了1669年人们没有编写回忆录的计划，或者至少编写计划已经流产了。

这就证明了自1668年起，1666年的日志已经成为了一场广泛的政治和思想学习的内容。1666年的日志中提及了王储，就好像他还是国王唯一的儿子一样，路易十四让人告诉他："您不要想象了，如果有一天您有了兄弟，我为了给您一些利益，我会装作什么都不知道。"果然，1668年8月5日，王储的第一个弟弟，安茹伯爵出生了，不过他于1671年7月逝世了。

我们能提前假设这个孩子已经去世了吗？路易十四能完全忘记有了第二个儿子这件事而没有丝毫歉意吗？或者是替他执笔的编写者碰巧使用了一种不太合乎礼仪的语言？另外，由于他的第三个儿子出生于1672年6月14日，所以这一页的内容应该是写于第二个儿子去世和第三个儿子出生的时间段内。然而，这并不是文章中唯一一处可以推后那么远的时间。相反，随着反对荷兰和瑞典的不满的、尖刻的声音的出现，人们随处可以感觉到现有的压力，所以1666年和1667年的最终的编写可以移至亚琛从法国脱离出来的和平时期，即1668年5月。

佩里松写了1661年和1662年中发生的一些他很欣赏的事件，我们有关于这些事件的完整内容。所以我们暂时不再去关注这些内容，我们会无视它们，我们会把作者和他的这些作品放在一边，我们要研究的是1666年和1667年的日志。

第四节

1666年和1667年的日志的编写

根据科尔伯特的孤立的回忆录,我们只能推测1661年至1665年的金融概述的目录是国王自己亲笔所写。而对于1666年和1667年来说,路易十四的笔迹只出现在之前的活页本中,出现在解释日志的活页本的内容中。

那些事件被他用短小精练、极具表达力的句子写在活页本中:当时比较重要的事件甚至被按月进行了标明。有时一度被遗忘或者不被熟悉的事件,在一段时间以后就会被重新提起。用几个字所写的思考内容经常会紧跟着对事件的注释。这些内容对于国王手写的这些活页本来说是无价之宝,具有重大的历史价值和道德价值,也和在国王的口述下经过扩展立即写成的日志的内容相呼应。不仅仅因为它们是相同的事实,更因为它们的展示顺序也是一样的。在某些点上,路易十四的活页本和日志的内容有着明显的和谐一致。

因此,1666年的日志包括这些内容:"6月26日,周六。国王给我解释了接下来的文章,他写满了两小页纸的两边"。我们有两边都被国王写满了内容的这两小页纸,它们起到的作用就像目录一样,一篇文章接着一篇文章,其内容在日志中都有所扩展。如果每个月的内容都不是完全精确地和谐一致的话,那么我们需要花点精力把这种和谐一致重新建立起来。我们注意到日志很自如地对一些内容进行了延伸,而且时间段包含了好几个月。例如9月和10月的活页本里的文章,比起9月23日的文章,至少和日志中

题为“陛下9月20日解释的涉及了7月和8月”的文章是不太相符的。再次记录下这些巧合的内容：1666年9月的活页本的内容，是以“巨大的马厩的重建工作”结束的，10月的活页本的内容是以“为了波兰的选举和卢博米尔缔结条约”开始的，而在日志中这两个事件是一件接一件被详细精确地叙述出来的。我们提到了在活页本中有时候被延迟提到的一些已修订过的遗漏了的事件，例如，活页本中对于1666年10月“关于贝勒丰的派遣采取的一些方法”只有只言片语，但在日志中，先提到他在8月21日和22日晚上在荷兰人之后秘密出发，然后在9月1日返回，以及9月2日他所提出建议，然后是“当他用在荷兰达成的条件来迎合博福特”。我们不能说日志是继承了活页本中所有的事件和思考内容，尤其是继承了一些给法国驻西班牙大使昂布兰大主教，给船队的领队博福特先生的“特别命令”，因为这些内容在1666年9月和10月的活页本中都有记录，但在日志中却没有被提及，后来却在回忆录中都有所体现。

活页本中有大量的指示内容，这让人一点都不惊讶：在政治方面，事件的重要性只是相对的。在行动的时刻，所有的行动看起来都是有用的。只有那些命令停留在纸上的时候是没有任何效果，只有那些联合行动会流产。当事件结束以后，人们才开始对事件进行思考的时候，如果这些事件没有任何成果，那么我们就不会再提起它们，我们会让它们成为没有价值的事件。关于重大事件在日志中没有提及，或者在活页本中有标记出来，这些都用来证明活页本中的内容在日期方面都是最初的资料，而且大量的这些简明扼要的指示内容，都是路易十四口述了日志中的细节和思考内容。

“笔记都是为回忆录服务的”，这就是在1666年4月的活页本中写下的内容，是国王亲手写的或者是很像国王的笔迹写的，因此

所有的评论好像都是多余的。

我们很幸运拥有许多国王的活页本。

1666年是最富有的一年：在4月之前什么事情都没有。在资料中间部分记载的月份，只有4月、6月、9月和10月，其中6月和10月的内容是最多的。没有日期的一个片段毫无疑问也是来自同一年的，因为它符合国王在1666年12月23日的日志中写的那些最新的文章。

在活页本和日志中都对1667年的事情记录得不是很全面。我们总共只有两个活页本，每一本上都是四面写了东西却没有任何关于月份的标识。把这篇文章和1667年的日志中的那篇文章进行对比的话，在文章开始和结束的时候，一年当中的日期都没有被记录，这就让我们看出来，其中的事件和思考内容的相似性。

面对这些小小的纸张，面对这些国王自己用尖锐的写法写得没有进行任何推敲的字词句，面对他的行为和所做的图案，我们不禁会产生某种情感，某种尊敬的情感。在1661—1665年的金融概述的目录前面，我们就没有相同的这样的情感，因为在金融概述里面是用第三人称提及了国王，毫无疑问初始的文章是由抄写员写的。另外，这个概述里包含了一些由陌生人写的思考内容，我们把它拿来作为草稿，用于新工作的实行。相反，国王亲手写的活页本，没有经过任何的添加，它们是没有人动过的也没有进行任何内容的混合。参与过日志编写的那些陌生人，都没有敢在活页本中做一些修改或者加入一些评论。现在我们非常高兴能在皇家图书馆看到这些四开本的用白色的纸张保存下来的非常好的内容。

1666年和1667年的日志不是路易十四亲手写的。首先我们应该承认，它没有被拿去到处进行展示。但是除了不是亲手写的，日志的确是国王的直接的作品。当路易十四给我们展示出这

样的月份,这样的日子的时候,我们难道不认为他也是在场的吗?这里的活页本包含了许多文章,都是国王亲自做的解释,我们不应该做出一些思考吗?另外,有这样的句子:“应该让国王向我解释……”还有这样的句子:“国王召唤我来,是为了读一些我曾经写的东西,给我说一些当月的事情……”所以可以说,在某种程度上,就是国王在讲话,是国王在书写,他进行口述,他提出质疑,他自己拓展事件的一些细节,并且拓展一些由于时间带给他的思考。有时候,有些经验教训是以格言警句的方式从他口里说出来的,这是一种圣言;有时候是以短句的方式从他口里说出来的,并带有一丝犹豫。这是一种见解,是能够忍受辩驳的一种见解。我们喜欢听到反驳的声音,但和路易十四辩驳是可能的事吗?如果他愿意联合陌生人来写出他的想法,他就不能产生如此温柔的信任,也不会对他的腼腆的助手们有如此的好心,这都是为了让他们敢在国王的评价旁边写上相反的意见。他们所有人都知道国王的想法,他们会继续写完国王的想法,并且在同样的意思的情况下进行一些拓展。如果人们贡献出一些独立的想法并把它放入口述的文章中,或者写到文章的边缘处的话,人们会发现,他们的评价和国王的评价没有什么两样,他们只是使那些有力量的、有道德的、有机会的好主意更加完美。这是国王真实的声音,是生动的、强调重点的,是专横的。这些内容表明了国王对自己如此坚定、如此信任的一种精神,是一种明确的、积极的语言,很好地展现了他的性格,这些都是回忆录长篇幅的夸张的内容所呈现的,而它们都是从日志中借鉴过来的。据说,为了称颂国王,在回忆录的零零散散的片段中进行了延伸的,并且在夸张的句子中进行过修饰的那些健康的思考内容、公平的评价,都可以在日志的尊贵的、宏伟的文章中找到其渊源。在日志中也一样,关于某些观点,应该追溯它的奇怪的

想法的来源，为了王储的教育的回忆录的编写者尤其滥用了这些资源。

第五节 佩里尼先生是1666年和1667年的日志的主要作者

我们在国王回忆录的最初的那些草稿中辨认出了科尔伯特的一些笔迹。他有可能参与了日志的编写工作吗？面对1666年日志中的这样一个句子，这是我们暂时提出的一个问题："6月的最后一天，议会时间和殿下走进国王办公室的时候，我看见了国王……"人们称呼科尔伯特为殿下，就像以前称呼富凯一样，这是总监和部长们享有的特权。另外，作为王室的秘书，他参与到如此私密的工作中并且为此做出了自己的贡献，一点都不让人惊讶。人们拒绝了我的解释吗？或许，不应该再提起科尔伯特，但是这样的引用不能丢失，而且"殿下"这个称呼将会越来越有尊严地成长：与其说他是国王的部长，不如说他是王储自己。我们知道这是他的官方称呼。这会让人知道他这个人是如此的有影响力，他可以在议会时间陪同不满五岁的王储殿下进入国王办公室。路易十四在这些人中间开始准备回忆录的撰写。

许多人都在同一时间，在国王的口述下替国王执笔，或者轮流执笔，至少在1666年的时候是这样的情况，这一年当中国王有时给一个人口述，有时候给好几个人口述，最常见的情况是他只口述给一个人。只有那么两次或者三次会出现其他的形式："国王告诉我们5月10日或者11日就寝前接见……6月4日晚上接见……

殿下告诉我们……两天之后，殿下告诉我们……”就这样为了随时给国王服务，这些替国王执笔的人应该经常在屋内待着。所有这些都让我们相信这些人就是国王卧室的读者们。

在那个时候正式的读者们都是哪些人呢？我们至少知道最重要的一个，他经常在国王的口述下进行书写，他总是保持在行动状态，他写日志是为了补充完善路易十四的最初的想法，在那些和给王储的回忆录联系在一起的资料中，他进行修改、压缩或者增加内容，因为在其他编者手下出现的笨拙的虔诚需要由一个正直的批评家来包涵，这个人就是佩里尼先生。

所有幸福的相遇都会带来真正的快乐。所有幸福的相遇都会把快乐带给公众。这看起来既不是愚蠢的天真，也不是徒劳的骄傲，而是对于真实的一种高尚的爱。没有如此小的有价值的部分，当涉及的是向我们研究的这些整体的文章或者想法时，我们很高兴能够给模糊的主题予以光明。我要说的是，我感到很羞愧，我把大部分精力都用于阐述人们轻视的手稿，或者对其内容进行缩减或者放弃这些手稿，或者以匿名的方式传送这些手稿。

我们在此不能一一提及那些相继编写过，或者誊写过这些手稿的人的名字，但是我们可以到处看到这个作者的活动，从1661年到1665年的简短的金融概述的内容的增加，到1668年回忆录的片段的修改，一直到1661年和1662年的在佩里松之前的回忆录的研究。他亲自编写了很多的内容，而且也对其他人的工作不停地给予修改，他是国王最欣赏的人（这得归功于路易十四的评价），因为有最好的作品，也是最胆大、最有分寸的作品供他审查，所以这个作者是最值得被后代熟知、并且在国王身边占有一席之地的，他在世时就受到大家的喜欢。

我们认为他是一个天才。我们把他抬高到如此高的高度，会

让他被不认识的普通大众通过严格的批评所抛弃，而他曾经是他们的审查官。我们提前不进行排名，但是考虑到佩里尼和佩里松完成了同一件任务，完成了以国王的名义所撰写的或者所审核的回忆录，他们当中的一位用词简单、有分寸，且品位不错，另一位的思想和语言的夸张夸大了所有的内容，并且因为阿谀奉承甚至连累了路易十四的名气。

尽管根据作品的情况，对每个人都会予以公平的评价，但是佩里尼的名字的发现不仅仅对他个人的名气来说是很重要的事情，而且也解释并证明了路易十四的一个行为，而这个行为的动机我们是无法察觉的。这位默默无闻的议会主席是如何荣幸地被指定为王储的老师的呢？这就是研究博叙埃的历史学家带着不好的情绪提出的问题，因为博叙埃是在佩里尼之后负责王储的教育的。我们徒劳地试着找出一些更好的理由：既然根据勒迪厄的日志，巴黎的大主教德·佩雷菲克斯先生，勒泰利耶先生和公众的意愿指定了博叙埃，那么是蒙托斯耶公爵先生建议并且让接受了当时还名不见经传的一位议会主席佩里尼先生，“今天我们能想起来他，只是因为博叙埃是他的继任者的关系”。好像是路易十四很轻率地，而且是出于对别人的信任而对这么重要的一件事情做出了这样的决定。对于国王而言，这不是一个不认识的人，这是一个有文学修养的法官，一个生活在他的思想中的人。他对于政治和道德想法的阐释都来自对每天的现有事实的思考，那么他对于棘手的皇家教育有什么样的创新之举呢？

在开始讲述佩里尼之前，所有的假设都只是口头上的。为什么不指出那些我试图挨个以不记名的方式向他们推荐的不同的那些人呢？在这些冒险的进程中，为了至少有一些真实性，应该找一个对皇室熟悉的作家，这个作家的文学品位或者说文学学历应

该是和相同的工作有关系,他的写作风格应该和手稿的风格有一定的相似性。

尽管人们经常赞扬路易十四回忆录,甚至赞扬 1666 年和 1667 年版的回忆录,但是他是一个很快让一切都脱离竞争的人。根据奥梅松日志的记录,人们得知从 1666 年起佩里松的回来是很受欢迎的。但是我有权利证明,在我们研究的这三大开本中,没有他的一行字或一个词。但是,为了不对他轻视,我们发现在另外一本手稿中,他的写作特点是相当突出的。

我们能够想到的人是当若,他是修道院的院长,是语法学家,是法兰西学院的成员,是路易十四身边的人,随后负责整理或者复制政治文件、军事文件和行政文件,这些文件的整理都是以皇家图书馆的名义进行的。1666 年的时候,他还是有点年轻的(当时他只有 23 岁),他的写作风格还是很模糊,他还没有转变他的风格。他的侯爵哥哥,是内容很详细、但既没有思想也没有风格的日志的作者,所以不是我们要寻找的合适的回忆录的编写者。

对于巴吕兹来说有同样的困难,科尔伯特本来是想雇佣他参与到该项工作中的。对于夏尔·佩罗而言似乎是天生注定的命运。佩罗来自我们所说的官方机构,即小法兰西学院。"他在 1666 年和 1667 年精确地写道:科尔伯特先生的意图是让我们撰写国王的历史。为了达到这样的效果,我应该在一个册子里写出国王曾经说出来让加入到他的历史中的许多事情。"

我本能地倾向于那些和王储的教育有联系的作家们,或者和其他王子的教育有联系的作家们。应该放弃佛罗莱修道院院长,尤其是学者于埃,他的写作是非常简短的、紧凑的、清晰的,特别地有条不紊,完全不是我们想要的风格。我们明白关于争取博叙埃

的想法不能停止。

另外,在经过思考之后,宗教人士应该被排除在外。国王回忆录的匿名作者关于自身做的一个思考,表明了和教会人士的利益有关的一些想法:“他对国王说,陛下毫无疑问很惊讶我给他讲述了一件和我的专业、和我的职业毫不相关的事情。”

我说我仍然敢去寻找别人吗?没有任何一个人的名字让我看来是很著名的。为了找到一个对我来说很熟悉的写作方法,我翻遍了法兰西学院的记录。谁知道呢?可能孔哈赫老先生为了他的利益不喜欢写太多东西,他会给予路易十四这个恩惠而成为他的秘书吗?就如同他曾经是法兰西学院的秘书一样吗?

当科尔伯特缩减了他的一部分补助金后,胆小的麦瑟瑞最终在他的史册中删除了一部分真实的记录,他没有在人们告诉他之前后悔吗?他应该很骄傲拥有回忆录的一个终身历史学家的名字:但为了麦瑟瑞的名誉,我们最好是在回忆录中看不到他的笔迹。为了成为国王的亲密思想的编写者,他是另外一个没有独立奉献精神的人。相反,如果人们给他自由,他就会唱高调,会把日志转换成史诗:他几乎有着宠臣的地位,他是国王善行的实施者,他把国王的恩惠分发给文人们,他在其中获得很大的一部分抽成。管理小教堂的神甫,把他的《圣女》的后12首诗歌保存了起来,为了让其不要遭遇已经面世的诗歌所遭遇的悲惨命运,如今他在公众心目中赢得了一席之地,因为观众不关心诗歌的结尾,只要国王回忆录的主要作者很著名就可以了。对于作品的这种肤浅的审查,让我在某一刻很犹豫:对他和对于其他人一样,应该放弃这样的肤浅的审查,对此我也不自责。这些聪明的人,因为他们已经有了名气,他们也不埋怨我在他们中间提出给予一个众所周知的被时代抛弃的人引证的权力,这个人还没有任何其它的文学荣誉称号。

写作风格的相似性是愿意承担一部手写稿的首要条件。幸运的是,对于佩里尼而言,在他签名发表的一篇论战性短文中,其写作风格显示出了很惊人的写作风格相似性,所以我们肯定不会弄错。由于我们也拥有他写的另一封信,在这封信中,他的写作习惯显现得更加清楚了。所有的特征都达到了完美的契合。我们也应该注意到这一点。我们比较了一些具有主要特征的形式:例如,我去掉了单词中间或者单词词末的“e”“r”“s”“t”或者把“u”和“v”换成“v”,或者去掉“ay”“ce”,等等。不管下笔是很快速还是很温柔,它都拥有相同的方式,拥有由于缓慢地或者快速地写作方式带来的多样性。对于这段时期而言,他的写作风格的这些特点最明显的标志就是:单词的拼写几乎不固定!并且在那个时候,我们几乎找不到任何区别!唯一让我感到震惊的差别,是在我们将要引用的第一篇小文章中只使用了一次的一个单词,在日志和1666年及1667年的回忆录中被重复了上百次,在这些著作中这个词是主题的核心内容:这个词就是“思考”。短文中有“思考”这个单词,日志和回忆录中经常在写这个单词的时候带一个“x”和两个“ff”。时隔六七年之后,他改变了在写短文时让他看来没有任何特别价值的那个单词的书写方式。因此,经常在同一封信中,他会很任性地把同一个单词写成不同的两三种形式。

这就是在富凯被逮捕之后所发现的文件中的两篇短文。在那些间谍信中间,这两篇显得和总监的悲惨的亲信们的信件格格不入:许多联系人都是女性,她们的习俗和拼写方式让人很震惊。为了把这两篇短文放在同一个包裹里邮寄,或者放在另外一封信里邮寄,它们都被折叠了。我们不知道这是邮寄给谁的,但的确是给富凯身边最亲信的人,即和总监同时期的总检察官。要很好地明白这些,只需要想到佩里尼曾是巴黎议会的成员就足够了。

在第一篇的复制件中,我们没有改变单词的形式,目的是让人们去评价一下这些单词的拼写方式,这样的拼写方式出现在日志或者路易十四回忆录的增加部分和修改部分都不是很好的。

"Vendredi au soir.

"La Répugnance que lay à demander et la creinte de devenir incomode a ceux qui me font lhoneur de me vouloir du bien mon fait faire mlle reflections fascheuses sur la demande que je vous ay prie de faire pour moy. Mais pour faire conoistre a monsieur le P.G. que je n'agis pas en cela par un esprit de mesnage mais par la seule necessité de loccasion presente, je vous suplie de luy dire que si des aprésent jestois en possession du bien qui me doit venir quelque jour je saurois bien me passer du secours qu'il ma fait lhoneur de m'offrir et naurois besoin que de sa faveur: mais que mesme dans lestat present si au lieu de me rembourser le fos de mes quittances il luy plaist de m'assigner un simple usufruit pour quleques années en telz drois qu'il lui plaira dont il retiendra le fons, je seray infiniement satisfait de sa bonté parce qu'elle me donnera moyen de payer les arerages des sommes que je seray conreint d'emprunter en attendant qu'il me vienne de quoy les payer du mien.

"Ou bien encore s'il voulait me faire vendre des rentes ou des gaiges à bien bon marché et faire prendre pour argent mes promesses payables a longs termes.

"Je sais bien que tout cela ce sont des aulmones travesties, et c'est ce qui me fait rougir. Mais j'ay assez de courage pour espérer que par mes services a venir je me purgerois d'une parties de la

bassesse que je fais à cette heure.

"Je suis tout à vous,

"Periony"

我们不想知道,佩里尼先生到底是出于什么样的利益不得不感谢这位利用他总监的权力收受令人羞愧的恩惠的总检察官先生。相当多诚实的人是不愿意盗窃国家财产,不愿意要求把权力转换成财富,或者以卑贱的价格进行买卖,或者进行抵押品的让与,虽然这些都是能带来金钱的。在富凯被捕的时候,每个人都以这样的方式拿一点,这就导致转让费竟高达1600万古斤银。

第二篇短文是一份协议,涉及的尤其是议会的法官的位置:宫廷里的顾问想成为调查主席。佩里尼作为总监的职权是很强大的,因此看起来成为了中间人。因为这封信在卷宗里是在那一封之前,而且很有可能包含了那一封信的内容,这对他来说相当于通行证的作用。信是以这些语句开始的:"人们请求我把这封信送给佩里松先生,为了让你们及时地把它还回来 .....3月2日。"佩里尼的这篇短文,和第一次引用时的写作方式完全相同,没有签名:

> 因为我把这篇短文收起来了,人们来告诉我德·福先生的合同是昨天和德·LV先生签署的,他作为监护人出具了委托书。
>
> 这让我们的事情出现了反转,让我也失去了第一的位置而位居第三了,因为我不认为我要吸引一场竞争。但我们也没有被排除在外,我昨天已经和莫泊先生进行了交换,因为他看起来是支持这些事情的人。事情是没有困难的,通过这个临时措施,许多事情都可以同时进行调整。富凯先生,总是会看到被两个不附属于他的人占据了第三等级的第一个位置和第一等级的第二个位

置，我试着从我这一方面给他们一些必要的教育，让他们在各自新的职位上都发挥作用。

德·M先生将位于第一位而不是他所在的第二位了，而我是没有竞争者的，也没有任何人对我的感受感兴趣。

另外，我只能提供很少的金钱，因为德·M先生为了优先权贡献了一些东西，德·G先生降低了价格，因为他不再认为他的任务是第一位的，也不知道人们可以用他的优先权做什么。

但是在这件事情上，谨慎和勤勉都是很有必要的。在和国王有着频繁来往的关系的特权下，你们让我觉得很荣幸成为了善良和好心的源泉。佩里尼在皇家保护的外衣下，更多的只是在寻找有利于他的东西，他的目标是通过文学和诗歌获得名气。他敢和当时流行的诗人邦色哈德进行比赛。1664年，人们在皇宫的一个小剧院里跳邦色哈德的《乔装的爱》的芭蕾舞，改编成舞蹈的这首诗歌的插画和诗句的作者是“佩里尼主席，国王的读者”。尽管诗歌被改编了，但邦色哈德的辩护者声称，这部芭蕾并没有取得和邦色哈德的同类剧相同的成功。邦色哈德非常高兴地给他的竞争者写了一首四行诗：

读者朋友或者主席朋友，无所谓
假面舞会很漂亮，您听得很好
您乔装的爱就是这样的方式
以至于魔鬼都不知道

主席的反击感觉有一点心情不好：

恶毒的奉承者或者诗人，无所谓
假面舞会很漂亮，朝臣们听得很好

但是对于像你这样的人们
我们很高兴他们什么都不知道
因此说佩里尼是个诗人

他的诗歌从玩笑到严肃的内容,都出自让芭蕾极具韵律的那只手。他拨动琴弦,得到赞美诗一般的句子。邦色哈德的朋友拒绝了佩里尼戏剧的成功:我们不敢说他在赞美诗方面也是很灵巧的。如果通过写作的对比,我们能以非常肯定的方式让他很积极很幸福地参与日志和回忆录的编写工作,相同的证据会让他的诗歌里相当糟糕的篇章变得复杂,而这篇文章里他花费了很大的力气进行了修改。当我还不知道把我们的手稿拿给哪一位去修改时,在我们的回忆录的文本中间特别标明的赞美诗的句子,在我看来值得提一下朗布依埃旅馆的荣誉之一朱莉的小矮人戈多:但是他曾被关闭在旺斯的一个小小的主教的管辖区,在宫廷里,人们只欣赏他的作品中唯一的、也是最古老的作品之一,即为了童年的路易十四而写的《皇家教礼书》。不管佩里尼是不是初始版本的作者,他都很仔细地在他的笔下把所有的内容联系在了一起,从而让这一版本成为了他自己的作品。这是一部独立的作品,还是和回忆录紧密联系的一部作品呢?回忆录,用诗句写成的教育内容在那个时期是深受大众喜欢的。不使用格言,故事箴言,政治教理,改编得很差的诗句,我们就不能展开对十七世纪的王子的教育内容。在这里,关于所有人的义务的集诗句的总体想法,尤其是对于信奉上帝的国王的想法,是和给王储的回忆录的本质有关联的。回忆录里甚至有一句话非常符合诗句的解释。我们认为一个是另一个的主题。回忆录中说:“如果我们忘记完成他的计划,上帝可能就让我们掉进了尘埃中,而他会把我们从尘埃中拉出来的。”这个想法被编译成了这样(诗人是写给上帝的):

自从你的眼神离开了我们
人们看到我们不严肃，亦没有光明
刹那间掉进同样的尘埃中
我们从你强大的手上获得力量
为了让我们高于人性

我们展示在佩里尼眼里看来很重要的那些主要的修改内容的同时，公开了整个的这个片段。文体的一些细节处是多么的贫乏！艺术家用尽力气在空白处想给人以震惊，因为他既不加入他的想法也不投入任何感情：他的成功在于通过新的音律来改变单词。圣经诗歌的启发性的能量几乎在这些热烈的诗句中全部体现了出来。

赞美诗的改编
从不同的赞美诗中提取出来的许多诗句的改编
来吧，人们，来自数百种不同的气候
来称颂这个广阔世界的主人
您来自天穹的上空
天使神圣的合唱
和我们一切庆祝神圣的赞美
他自己形成了如此闪耀、如此美丽的天空
形成坚固的土地，汇聚水流
他自己耸立起高高的山脉
他自己平整了肥沃的土地
谁能比得上这个永恒的君主
谁能登上他永恒的王位
看看大地和天空，几乎是同样的距离
在他面前控诉一种平等的卑鄙

除了他，还有谁能相信他的选择
给牧羊人加冕，把国王赶下台
人们认识您是地球上的上帝
人们害怕您的力量就像害怕打雷一样
国王们，来欣赏这个伟大的国王吧
他赋予了您关于我们的所有权利
看到他脸上的耀眼的光芒
一种神圣的恐惧抓住了你的勇气
他的神圣，惊讶，感动，魅力
您欣赏他的荣耀，因此您变得惊慌
把王国的标志放在他的脚下
从共同的声音中我听见您对他说
所有在我们身上看到的荣耀和伟大
伟大的上帝，我们都把它归功于您的伟大
您的恩惠的光芒照亮了我们，赋予了我们利益和荣誉，生命和桂冠
但是一旦您的目光离开我们
人们看到我们无精打采，受挫，沮丧
人们看到我们没有活力
人们看到我们没有光明
瞬间跌入相同的尘埃中
我们从您强有力的手中获得努力
为了让我们高于人性
如果聚集起来的国王是强大的部队
对这个可爱的生命展现出如此的尊重
不朽的生命应以何种感情

靠近神圣的祭坛
但是他们的灵魂充满了罪恶
不要再相信上帝会解救他们
一点也不想看见他,只是为了不服务于他
我们欠他的生命,我们想让他高兴
在他们罪恶的想法里,一切看起来都很团结
在他面前想要变得可憎
在如此多的忘恩负义的欠他时间的人中
没有一个人注意他的爱情
颤抖吧,大帝
颤抖吧,傲慢的山脉
颤抖吧,森林和山脉
颤抖吧,广阔的田野
颤抖吧,坚硬的心,犯罪的人,拿起武器吧
颤抖吧,因为上帝愤怒地看着你
如果您不能让他平静,我看得到他一触即发的怒气
要在您罪恶的头脑中报复您的罪行
对您来说,人类,对您来说,有罪的固执的人
她在准备武器和永恒的火苗
悲伤、恐惧、麻烦和屠杀
从此将成为你唯一的命运
因此害怕吧,不幸的,这个恐怖的神圣的上帝
要知道他会向我们所担心的那样很快平静下来
不要想着干卑鄙的事情而害怕他吧
害怕是通往最高智慧的道路
害怕吧,你们这些相信无所不能的上帝的人

害怕吧,你们让他的愤怒无精打采
害怕吧,忏悔你们的极其的不幸吧
你们会看到他的怜悯平息了他的怒气
但是不:为了让他心软,为了让他平息
如果太害怕他,只需要爱他
是的:我们想要爱你,上帝,你的强大让他对我们的仁慈感兴趣
是的:我们想要爱你,上帝,你的仁慈支持了他的不幸的逆境
保存永久温柔的财富
为了那些你喜欢的和对你忠诚的人
忏悔,喜欢,或者爱所有的一切
这个上帝,如此的善良,如此的伟大,如此的宽厚,如此的温柔
向他请求免除我们最粗鲁的辛苦
他免除了我们的担忧
而且,如果在他的爱中我们寻找我们的快乐
他知道完全满足我们的愿望
爱他吧,看看,忘恩负义的孱弱的人们
我们的价值是什么,我们是什么
为什么这伟大的上帝每天都这么热情
通过他的恩惠获得我们的爱

我给语言学家说,在这些如此艰难地修改过的亚历山大体诗歌中,至少有一大部分道德思想证明了诗人的努力。但是当这些涉及的是一些平庸的宫廷诗歌,例如说通过给孩子的剑让其知道一个铭文,《乔装的爱》的芭蕾舞的作者就从事了这种让人悲伤的

职业,因为他要花费力气去精心构思只属于孩子的韵律,孩子向他要的是可以玩的东西。1668 年夏天,萨伏瓦的大使喀浩斯幽公爵向王储请假,因为根据宫廷的方法,在向国王表示致敬以后,人们要奉承他的儿子。在这期间,喀浩斯幽公爵没有找到更好的东西作为王子的礼物,只找到一只鼓,报纸上没有忘记鼓吹其完全的战争倾向。在接下来这一年的春天,萨伏瓦公爵在法国皇室的特派员圣·莫里斯侯爵,给王储殿下展示了一只小小的做工精良的鼓,装饰有军队的战利品,相互交缠的海豚,合拢的花环,所有的这些都装饰有宝石和许多铭文。故事的开始是出现在报纸中,故事的结尾碰巧在我们的手稿中。佩里尼作为王储的老师,不能躲避开这只鼓。他的座右铭中有一句是这么说的:

在伟大的路易的声音下,向胜利前进,我跟随着你。

作为回礼,法国的孩子想送给皮埃蒙王子一把剑。但不是孩子自己,而是孩子的老师去找到了一些铭文。人们可以在剑身上写上这几个字"lwvemiet viam aut faciet",这句话可以通过这首牧歌来解释:

走吧,我们急着在那里奔跑
他们的天空让我们下来
我们展示了我们已经选择的道路
这把剑会给我们开启这条道路

人们也可以在剑的手把上刻上另外一个铭文,其主体是一轮新月,单词是 crescere festinal,这个铭文可以通过下列的诗解释:

王子,三月的田地里
到处都是开放的鲜花
哎呀!能看到地里的香气
所有的月桂树都开花了

我们也急切地要长大

王子的老师,如果他不幸写了这些芭蕾诗句,就应该听从于他的诗歌的使用:王子和路易十四都没有要求博叙埃写出这样无聊的文字,而佩里尼几乎就是这种类型的人。

对他而言,皇家教育的职能因此已经开始了。对于他的这一官方任务的任命是从1666年9月9日开始的,报纸上在18号宣布了此事,并且添加内容说他成为教师已经有一年时间了。正式任命时,殿下那个时候五岁。要知道哪怕是在这个年龄之前,佩里尼也会被国王出于信任叫去在他儿子左右进行辅导,就是因为他拥有朗读教士的头衔。他被安排得很好,对他来说没有人能够提供适合如此小的孩子的严肃的娱乐活动。这样就有了一种教育的实习期:佩里尼让自己每天都尽量去了解并且考虑很多。王储在他和路易十四之间就像一个中间人或者更像是一种联系。他坚韧的品格,良好的认知,他的政治和道德视野是1666年开始的日志的秘密工作这一勤勉的事业的证明。当他最终要做出一个选择时,佩里尼希望能够参加国王的选举,他不再是无名小辈了,但是如此美丽的位置不经过斗争是得不到的:宫廷里所有的席位的竞争对手都是很多的。部长有他们的候选人。科尔伯特曾经请他的哥哥吕孔主教给他推荐一些看起来值得向国王推荐的文人。在那之后的1665年2月9日,吕孔给殿下的一封信和主教的另一封给殿下的信都是关于同样的主题。在这封信里有15个人被推荐,这些人是所有的品格高尚的人和有价值的人。而所有的宗教人士,可能是出于这个原因,都没有太多的机会成为路易十四认可的人。博叙埃的名字没有在这份著名的名单里。佩里尼长期以来害怕不能成功。他的不确定的态度和他的忧虑在我们手稿的一个角落里孤立的句子中有所体现,而且这无疑是给国王的调查报告的草稿中

的一个片段:“我一点都不怀疑在我身上出现的缺点会让我每天越来越远离我的计划。但是如果我的竞争对手也像我一样展现在国王有远见的视野下,有可能这就不是什么好事了……”片段的内容就这些了,所以很容易推测他是如何继续写下去的。

选择佩里尼,真的是国王的行为。尽管路易十四习惯了在宫廷看到他不采纳部长们的意见,人们还是很惊讶。蒂雷纳在街上给奥梅松的奥利维埃宣布这条消息时,给他说了一些过分夸大的惊讶的话:“没有科尔伯特先生和勒·泰利耶先生的参与!”

路易十四给秘密的合作者的忠心赋予了他们应得的权利和恩惠。根据国王的想法,这些合作者在准备撰写回忆录或者修改回忆录的同时,把精力主要奉献给了有关王储的政治和道德教育内容。

第六节
国王日志是回忆录的基础

如果一个年轻王子的道德教育和政治教育可以通过书本来准备,最直接采纳此办法,而且最有可能成功的是路易十四,他可以使用他收集的用来撰写自己历史的那些事实,并且在里面加入思考内容,这些思考内容都是有目的性的,而且在每一个敏感的鲜活的思考后面都有着从现实当中借鉴来的具有说服力的威望和更加实用的价值。这些建议都是来自每天发生在孩子的眼皮底下的那些被一览无余的美德、恶习、可笑的事情、政治性的错误和人们的好的或者坏的想法,等等。他借助一些帮助,可以从中发现真正的原因和立竿见影的结果,因为人们已经习惯了就近去观察每

一件特别的事件。置身于当代的人和事中去体会,他能更加自如地接受一些教训,在这些教训中他可以放进去一些熟悉的名字和人。这难道不是一种充满多样性和乐趣的教育吗?如果一个像路易十四这样的国王,他的行为提供了如此丰富的道德和政治思考,他知道公正地有分寸地进行口述,如果他不让对事实的欣赏变成平庸的空洞的叙述,那么在这些事实当中经常会有对自己的赞美吗?或许起初的想法是很幸福的,接下来我们将看到它在实施过程中变成了什么样子。

当路易十四和佩里尼开始着手用最新的事件来编写给王储的思考内容时,他们对他们曾经受过的教育类型进行了创新。

人们经常性地试图用过去的历史来教育王子们。国王的形象、国王生平的简介、美好的思考内容或者适合每个人的性格和行为的格言警句:这些就是那些喜欢奉承的作家们为了培养年轻王子的统治能力和美德而提供的一些作品内容。响亮的或者敏锐的座右铭是很难寻找的。因此,从这个时候起流行起了西班牙萨维德拉的作品,甚至在当时的法国有关于该作品的翻译者和竞争者。

1664年出版的一本书对路易十四的决定有一些影响。国王或者国王的朗读修士,在看到布莱恩维尔的修道院院长从君主专政的历史中总结出了一种道德的和政治的教育,他也打算通过对这些年的统治过程中发生的一些重大事件的研究得出相同的结果。拥有仿效的技能和聪明劲的职业作家,只是通过思考,甚至都不用追求风格就能抓住公众的注意力。如果一个伟大的国王,在他的思考里重视那些他刚刚完成的重大事件,如果他为了他的儿子寻找一种如此高大的思考内容,那么他会写出什么样的作品呢?国王的大神甫布莱恩维尔修道院的院长的荣誉,会让国王的朗读修士佩里尼嫉妒的。佩里尼把他的热忱大半都贡献给了路易十四对

王储的教育的同时,也给他的主人带来了新的荣誉。活页本和日志的内容都来源于路易十四的自尊心。回忆录中体现的教育形式能让人相信他那无私的父爱吗?

“布莱恩维尔先生在他的《法国历史的系统简述》的前言中指出,几个月之前,家庭女教师蒙托斯耶公爵夫人建议我让年轻的王子看到我们的国王们的形象。”这就是这部小小的作品的起源。“这些错误(都是一些奇怪的错误)都是可以原谅的,应该把它们快速地同时编写并且印刷出来,由于王子的出乎意料的成功,让这些错误超越了我们的所有的细心和勤恳。”对于一个三岁的孩子来说如此可悲的奉承是必要的!同时还有一些看上去是按照他的意图撰写的铭文,例如:coelum tempestatesque serena,例如:在他的半身像的底座上,在国王的半身像之后:unus pone seauor。作者对于他的这种方法很满意,根据这种方法,他对每一个统治时期的内容的编写都是以从一些著名的作家那里得来的思考内容和政治格言结束的,他甚至引证了每一个思考内容或者政治性的格言警句的来源。这种总结的方式看上去和他的宏大的主题和历史的重要性很匹配。他用色诺芬的思考内容结束了他的前言部分:“敢于书写国王的历史,始终是一件伟大的事业。”

这个能和拉罗什福科、拉法耶特夫人、塞维涅夫人并驾齐驱的人,会迷失在哪里?看看他的一些反思内容,都只是拉丁语、希腊语、意大利语、西班牙语的引文。这是法拉蒙引用的亚里士多德的话语:“如果法律不拥有绝对权力,那么最终没有任何状态可以继续维持下去。”根据克洛迪翁的说法,皇家的威严需要用法律来武装。根据蒂托·李维的观点,诸神的害怕可以用来刻画克洛维的特点。相当好的思考内容都借鉴给了萨维德拉:对于希尔德里克二世来说,恶毒的王子招致来的臣民的厌恶最终是他们毁灭

的原因,是国家动荡的原因。对于路易十二来说,“国王和臣民的相互关爱是必需的”。胜利者的反抗总是被巧妙地伪装了,就像厄德在查尔斯·勒·桑普朗还未成年时期进行摄政时一样:个人品德荡然无存!国家层面的理由应该更早被提及:人们心照不宣地责备年轻的路易斯的离婚,人们引用了西班牙的阿尔丰斯的三行诗来评价亨利四世:王子的坏品行会默许臣民的放纵。关于菲利普·勒·贝勒的评价很明显:尽管他反对神殿骑士团骑士的方式有些激烈,而且是为了追求个人利益,但是他对文人们的照顾,让人们抹杀了他曾经犯下的错误,让人永远地只记住了他的那些可称赞的品质,有贺拉斯的诗句为证:

Vixere fortes ante Agamemnona
Multi: sed omnes illacrymabiles
Urgentur, ignotique longa
Nocte, carrent quia vate sacro

有着同样成就的十七世纪的阿咖门农,他难道不应该为了个人的名誉或者国王的名誉,而去征服或者迷恋所有的诗歌吗?从路易十四时期开始,灵活的作家开始对国王的统治进行一些思考,而这些思考都是从希腊诗人那里借鉴过来的。路易十四明确了神圣的权力和个人的绝对权力的理论。

所有的思考或者格言都要让国王满意,这种政治道德的口吻就是给王储的回忆录的基调。任何地方都没有臣民的权利的痕迹,所有的人希望得到的是国王的爱。如果这种好意出了差错,那么反抗的可能性就隐约可见。法律和宗教的用处,皇家的特权,国家的理智:就是这些在控制着人们。

作者旨在描写国王的善行来用于王储的教育和娱乐,这就是本书的官方目标。当作者用德·瓜里尼牧歌悲喜剧中的诗句来谴

责游手好闲的国王达戈贝尔特二世和菲利普一世的时候,只有几个格言警句是写给年轻的王子的。他引用了所有作者中最不严肃的作者们的美好的诗句,因此可能也是出于同样的原因他对此不太重视。另外,当人们必须沿着一个强大的国王的足迹前进时,当人们想让天空晴朗、风暴平静时,人们就会变成一个游手好闲的国王。

这本书和作者都享受着公众的喜爱:这本历史简述在1667年和1674年被重新印刷过。布莱恩维尔先生喜欢那些象征英雄的画,1665年,他用画幅的方式为王储殿下制订了有关法国历史的一个计划。1670年,他用同样的方式写了神圣的历史。对于等待用十四行诗写成的关于1672年的运动的准备情况的国王来说,关于1667年的战争的准备或者为了1668年的最后的征战的那些英雄象征,对他来说毫不费力。在路易十四身上,对于荣耀的真正的兴趣是和君主思想的信仰融合在一起的,是和对王储的教育的希望融合在一起的。爱戴国王,能像国王一样思考,这是能有幸给他的儿子提供一些著作的首要条件。布莱恩维尔和佩里尼一样,以这双重的名义,执笔把国王日志改写成了给王储的回忆录。

但是布莱恩维尔对于和事实孤立的那些思考的特有的兴趣,对于是对某种真实的篡改的模仿工作的特有的兴趣,对于从所有的世纪、所有的国家、所有的没有用于特殊事件的坦诚的和直接的语言中提取出来的格言的特有的兴趣,都是和路易十四大胆的开放精神和实践精神很不相符的。甚至当路易十四认识亚里士多德、马里亚纳或者瓜里尼,他还不是把自己的意见强加给别人的人。当我们看到在回忆录的某一个地方引用了西塞隆的句子,我们就能确信这个模糊的回忆不是来自国王,而是来自编写者。对于他来说,只有当思考内容和一些真实存在的事情联系在一起的时候

才有价值，他不是以博学者的身份、哲学家的身份在思考，而是以国王的身份在思考。

另外，对于一个孩子而言，比起所有政治的或者道德方面的思考内容，这还不是在一个充满生机的环境里会丢失的语言。思考内容和格言警句，都是以一种全面的和绝对的方式给出的，含有教育的文化和生活的经验，人只能在一定的年龄阶段才能理解。拉罗什福科公爵是个有着深刻思想的人，如果他在1665年和1666年出版的著名的著作中给王储们提出格言警句般的建议，那么对于王储来说是不能理解的。他在给塞布尔夫人的信中承认说，当人们和如此温柔的精神打交道时，纯粹的道理是没有任何力量的："自从读了您给我邮寄的书（她写的关于孩子教育的一本书），我才能够成为王储先生的家庭教师，而不是我自己写的那些格言警句。"不管这位爱指责别人的人是否后悔成为国王唯一的儿子的家庭教师，但能确定的一点是，他本质的想法是排除掉那些事实、画幅、公众生活或者私人生活中的特殊的场景，而只是抓住那些想法和情感，根据人们每天按照事件、人物和时间所穿的衣服和外表的改变来判断，使用这些来展示人性的优点和缺点，这和所有的实践功能是不相符的。我没有提及他那种对于年轻人来说不是很热情的道德理论，他最好的朋友们很有分寸地给予了批评，虽然没有任何恶意，但对他的事情也没抱任何希望："在出版之前不久，朔姆贝格元帅玛丽·德·奥特福特给他写道：在我看来，这本书中整体充满了许多精神，几乎没有仁慈，以及我整个一生都不知道的事实。我还不能理解这种精神的巧妙之处，在这样的精神中，人们在这个世界上既不了解幸福，也不了解仁慈，更不了解正直。"如果这些神秘的东西被印刷出来，它们从此就失去了人们对于作者的信任。在这，我们只能认为这个哲学绅士是特别专注于他那如同孩童般的空想和形式精神。例如,他是用写给自己的这样的一句观察语来结束的:“我很长时间都没有看到过任何的格言警句了,我相信这一句:‘伟大的错误只属于伟大的人。’”想象一下在这个位置上的这位伟大的梦想家,而蒙托斯耶公爵先生在1668年年末接受了这一职位。不管蒙托斯耶公爵先生的能力多么不行,毫无疑问,他行动时采取的粗鲁的道德方法是比较有用、比较有教育意义的。拉罗什福科的美丽的格言“我听到所有的这些就像是我自己做的”(这可能是描写舍姆贝格夫人写的),这些格言是孩子可以涉及的范畴吗?这里有一点是很值得欣赏的,如果拉罗什福科先生是王储的家庭教师,他可能会给他成年了的皇家学生使用下面的这句话:“懒惰,是很颓废的,能摧毁所有的热情。”但是王储在他童年时能抓住这些道德学家的话语中的深刻含义吗?

我们知道,蒙托斯耶先生认为用格言警句来应对错误是远远不够的。问题在于,王子们的软弱需要人民的力量。拉罗什福科或者帕斯卡尔将会使用一些充满正能量的句子,而关于这一主题蒙托斯耶不是通过话语而是通过行动给出经验教训的。家庭教师的传记里讲到,王储第一次在凡尔赛公园出口处骑马时,他应该是在一个小屋里进行的教育:“蒙托斯耶先生对他说,您看,父亲、母亲和孩子们就是在这样的茅屋下,在这样悲惨的隐蔽条件下生活着,他们无休止地工作就是为了支付装饰您的宫殿的那些黄金,为了提供您餐桌上的那些食物,而他们却因为饥饿而死亡。”孩子的注意力是需要被人吸引的,需要人们在他的耳边、在他的眼皮底下进行活灵活现的教育。观念是一种必要的折中,应该把它用理智的语言,甚至情感的语言表达出来。人们通过外面的事情给他传达美德和阴谋,他就能明白这些。同样,如果人们想培养他战争的爱好,那么军人的游戏、审查,模拟的战争将是对他而言最初的也

是最有用的教育。通过对灵魂的认知或者对人民的统治方面有着灵活思维的大师的生动讲述，那些简短的但极富有表达力的、带有思考的美丽故事，比起那些道德情感和政治视野的抽象的分析而言，会给他带来更多的影响。

路易十四给王储的教育，是建立在对最新事件的叙述基础上的，既不是对拉罗什福科公爵的道德警句的形式的重新复制，也不是对布莱恩维尔修道院院长的政治思考内容的复制。但是这两部在回忆录的编写之前刚刚完成的作品，看起来似乎给回忆录留下了它们的印记：回忆录中通过国王的修道院院长提出的一些政治格言，有借鉴模仿的风格，这个在这份皇家的工作中占有很重要的位置。不难承认，在浏览日志时，许多思考内容尤其是后来被添加进去的思考内容，影响了格言作者的警句的形式：对于路易十四或者对于佩里尼先生而言，有野心声称可以在深度和精确度上赶超之前的作品吗？不要把想要格言警句的人习惯说成是拉罗什福科。

这个时期的政治道德的教育是要向宗教寻求帮助的，宗教学者至少会成为君主的志愿者教师。这两大力量，在路易十四这样的国王的统治下，轻快和谐地朝着同一个目标前进。如果一个牧师写了《君王》或者《一个君王的任务》这样的书，那么他在自己的书中涉及当下的统治权力时，就没有什么可害怕的。1661 年年末，在王储出生的时刻，勒·普·赛诺特的演说家给国王写了一个相同题目的作品，其中指出路易十四和佩里尼为了王子能够竭尽全力提出一些教育理念。

“前言中提到，我时常会想到我是牧师，我正在培养一个天主教的王子，我很自由地讲述一些事情，但是这没有让我远离谦逊的品质，因为我知道国王们都是很神圣的人，我是带着尊敬和温和的心态给出建议的。”在这之后，他又说道：“在道德方面我是有一点严厉的，但我也是以福音书为规范的。”这位很有条理的演说家，是由德·林根德斯雇佣来为了让宣讲的部长意识到他的严肃性，他既没有在作品的形式上有什么创新，也没有在深度上给出任何东西。就像对冗长的说教一样，划分是很重要的。所有的内容是由八部条约构成的，每一部都由八则条款构成。作者的博学多识代替了内容的原创性：他在教士作者中，在圣经写作中，在教会神父中，在教皇的著作中，在像神圣的托马斯这样的伟大的学者中，在非宗教的作者中，在柏拉图、亚里士多德、修昔底德、色诺芬、塔希特、缇特·力维、塞内克、普鲁塔克这些人中轮流汲取经验。至少，他所涉及的范围涵盖了主题的所有部分，而且是逐步展开的：第一，君主关于其他的不同的统治和利益。第二，法国国王的伟大。第三，王子对于上帝的义务。第四，王子对于自己的义务。第五，王子对于臣民的义务。第六，王子对于国家和宗教的义务。这几点构成了关于法律、金融、利益分配的篇章。第七，王子对于他的部长、参议员和朋友的义务。第八，王子在战争中的义务。

对于纯粹说教的这样一部作品而言没有什么比这更好的了：所有大范围展开的问题都是来自勒·普·赛诺特方面。但是为了王储的回忆录的编写者们，他们的教育目标很直接也很明确，就是以国王日志里的事实为依据进行教育，他们忘记了模仿《君主专制》这部著作，他们习惯了奥拉托立会会员的论述。因为没有对于颜色的鲜活的想象，没有对于事件的起伏的丰富的想象，他们把这些都做出牺牲放在了第二位。抽象的模糊的经验教训往往被人们用事实代替了，因为这些事实才能有教育意义和说服力。你们也可以看到在回忆录中勒·普·赛诺特的所有问题都被大范围展开了。对于有着取之不竭的教育资源的说教者而言，国王的义务

就是和其他人一样,是要尽到天主教道德义务的。每个王子都要尽这样的义务,没有人可以有例外。作品是无人称的:作者没有特别感兴趣的读者,是盲目地撒下种子,不知道它会在地球的哪个角落开花结果。但是人们每天都能看到对孩子的教育的变化,人们被允许可以了解对国王的儿子的教育。如果这些教育还是停留在中庸的道路上,这将是很愚蠢的行为或者是很不在乎的行为。我们相信编写者的热忱,他们通过模仿,以流派的哲学家自居,抛开了他们作为家庭教师和历史学家的身份。

勒·普·赛诺特能够通过他的教育的系统的方法吸引佩里尼先生。乐普勒莫因是一位耶稣会教士,有着诗人的风度:他曾在1665年的四开本的著作《统治的艺术》里给对方提供了具有相同性质的普遍性的诱惑。这个宗教里的老手相信了所有的诗歌中大家最喜欢的内容。在他的《自然的祈祷》中,他想给妇女们在通往天堂的道路上撒下玫瑰花并且用茉莉花来进行镶边装饰:这种做法受到了帕斯卡尔的讽刺挖苦。关于圣路易的十首诗歌组成的史诗让他屈居于管理教堂的小神甫之下了。这就是国王们的良师益友。该书是以一篇非常精彩的写给路易十四的前言开始的:一切都很夸张。人们在其中找不到真正有用的建议。诗歌的片段,有韵律的铭文,这些都很像赞美诗,佩里尼是按自己的风格写的。对于一位好父亲的赞美产生的效果就如同开满鲜花的花园。他不会以别的风格来书写,当他在黎世留任部长期间撰写关于路易十三的历史时,艾吉永的公爵夫人和他交流过,对他的作品颇有微词,觉得他写的内容有点像诗歌。

但是诗人往往首先会记着他是位神学家,是最聪明的人。对于盛行的艺术,他会区别其结尾、布局,所采用的统治方式和有用的东西。结局是双重的:人民的财富和王子的荣誉,尤其是在另外一种生活中的人民的财富和王子的荣誉。盛行的品质是：怜悯，廉洁，节制。在关于怜悯的语句中，人们尤其会在伟大的人身上找到怜悯的品质。清除异端、惩罚不信教的人，服从宗教，给予宗教保护的必要性。有许多激情要通过节制保持：骄傲，爱情，快乐，生气。和骄傲相反的是，谦逊的教训对我们而言来自大自然，来自哲学，来自信仰。爱情可以是英勇的，因此我们要区分英勇的爱情和平庸的爱情。友情不是王子们要抵制的东西，他们喜欢的东西应该有精神的恩惠和肉体的恩惠。至于生气，它是所有的感情中最没有皇家威严的。

我们找到了较好的统治的方式，总共有七种：谨慎，公正，自治，好的信仰，仁慈，善良，慷慨。谨慎依次是创造者、观察者和执行者。创造者是发现想法的人，是有精神活力的人，是急中有缓的人。观察者不能是冒失的人。执行者要求在行动过程中要勤奋和坚韧。关于公正感觉是有点不太经院哲学的：关于伟大的节日和热烈的议会是有说法的。作者在对于罪行惩罚、价值和服务的报酬方面寻求平等。关于自治和好的信仰的内容取决于给王储的回忆录的编写者们的品位。在前者中，建议王子不要痛苦，没有人会站在他的位置进行统治，人们展示了他会面临的危险，以及在唯一的一个人的统治下的臣民们会面临的危险，因此国王才会有许多部长。至于善意，这是人类共同的联系，是所有社会里看不见的一种紧密结合，这对王子的自治权和臣民的忠诚而言是很必要的，这是王子的荣耀和名声的基础。觉悟和敬意是他的一个义务：不应该很冒失地把他牵连在内，甚至要对敌人保持敬意。不要忘记这些句子：它们被逐字逐句地放置在回忆录中的一页很奇怪的纸上(1666年的补充内容)，它们的出处很谨慎，既不是这里，也不是在王子自治和选择部长的时候，让人喜欢的作者会对这些出处进行

注释。为了给1666年5月15日的日志里加入的一个关于自吹自大的词,人们做了唯一的一次直接的引用。仁慈,善良也会带来长远的发展。仁慈可以和正义联系在一起,但是也有一定的危险的弹性所在,要尽量避免。当王子惩罚别人的时候,应该首先做好自我防护。人们区别完美的善良和仁慈的善良:贵族有权利拥有一些爱好,王子很容易掌握这些情况。当然文人们也没有忘记关于慷慨的言论。

过分细致的敏锐也找到了属于它们的一席之地,甚至体现在被称为间接税的审核中,这样的审核,从人道主义和实践的角度来看,在建议、金融和武器这三方面是有绝对的必要性的。关于建议方面,希望王子保持满足,不屈不挠且有信心。他应该爱惜自己臣民的财富就像爱惜他们的血液一样,他应该把自己的臣民看成是自己的孩子。他获得的东西很多,通过适度的税收不会失去什么。好好地选择那些要管理金融,要通过自己的方式衡量消费,倾向于向奢侈品收税的那些人,这是通过君主制度的历史提供给神学家的建议。皇家的奢侈品没有受到评判,王子的娱乐活动是被允许的。毋庸置疑,作者想到的是骑兵竞技场的最新的节日,这在给王储的回忆录中也提到了。最新的篇幅里,作者提及了战争既不是反对大自然的意图也不是对抗基督教的法令,只要战争的原因是公正的,只要人们适度地使用武器,只要人们通过训练能预估混乱的状态,人们就能够追逐财富。胜利之后的谦卑,失宠时的坚贞不屈都是王子耳边永远的军号声,在坚强的内心回忆起查理大帝和圣路易的事例,人们就能促使他发动战争。

每一篇都是以奇怪的或者普通的例子结束的,但是作品的主体内容不像赛诺特的作品那样是由作者的引用组成的。勒莫因声称自己满足于这些构思和风格,他展开的那些巧妙的论述,对于回

忆录的编写者而言,很不幸地是对他们的主题的一种修饰,是待开采的宝藏,编写者们轮流地让这些机灵且浮夸的教会人士和有条理的奥拉托立会会员们变成了信仰者。

国王的荣耀和王储的教育,这就是我们要追寻的双重目标,我们不要忘记:一个只是另一个的结果,作为父亲的义务在作为国王的自豪中能找到源泉。为了鼓励年轻的王子能有一个良好的行为,最好的办法就是通过把路易十四和最好的国王们比较,从而来称赞路易十四。关于1661—1665年的金融概述的粗劣的复制件是出自佩里尼潦草的笔下,其中有一个词语总结了这些回忆录的私密的一个想法:"人民之父",这就是给路易十四的称号,这也给他的儿子带来了竞争意识。在我看来,回忆录的内容都是故意写成的,是为了证明法国又有了一个新的路易十二,而且王储们只能沿着他的足迹前行。路易十四周围的人没有渴望拥有一个更大的荣誉。这是法国的誓言,不只是在一定的自由中表达出来的,也是在一部既给国王也给王储经验教训的著作里表达出来的。佩里尼和路易十四可以不赞同这个作品的论调,但是他们利用了这里的想法。

1665年,《黄金遗嘱》出现了一个新的翻译版本,或者是从伊拉斯谟编写的《基督教王子的教育》中节选出来的一个小册子。该翻译版本是打算给王储的。"译者的前言中说到,为了国王的教育,我们应该接受出自不同的人的著作,只要这些著作都是好的。很快就该开始让王储殿下知道他的父辈们的品德了,因为这些品德都只是对父辈们的荣耀的称颂,不应该让他承担太多的教训,而应该选择更好的内容。"译文后面,紧跟着的是节选自随和的国王的家庭教师朱吕斯·波力克斯的"对国王的优缺点描述的语句":"年轻的王子通过这个可以用很少的字词勾勒出要获得的好的品

质和要逃避的坏的品质。”译者通过包含着给王子们的教育内容的高米勒回忆录的第五卷第十八章的内容完成了作品。他写道：“精彩的令人赞叹的篇章值得让人多次重读，在这样的篇章中，作者带着公正的平衡的感情，而且通过基督教的事实，来提倡美德，消除缺点”。另外他补充说，这应该被认为是国王们的教理书。高米勒把译者带给路易十一，路易十一的行为在他看来既不是天主教的，也不是很乖巧的，不是历史学家的格言警句中说的那样。“皇家的家庭教师让他的弟子看到的是路易十一的残暴和坚韧，这是高米勒至今都还没有涉及的，他给弟子建议的是路易十二的善良。他说到，在法国当人们要提起一个难对付的和难以相处的国王，人们就会提及路易十一；当人们要提起一个好的国王的时候，人们就会拿路易十二作为例子，人们把路易十二叫作“人民之父”。

这就是1665年提供给国王的继承人的范例。人们要求他具有男性的而不是女性的虔诚，具有对上帝的命令的聪明的观察。在这些命令中，一个好的国王的义务是被隐藏起来的，例如，“爱自己的同类，就是像爱自己一样爱他的人民”。路易十一是一位爱崇拜、迷信的人，而不是很严谨的人，他是一位好的天主教徒，但是一位很差的基督教徒，所有的作家都对他的未来充满担忧，他们反对这个忧郁的、令人伤心的回忆，或者是路易十二，或者是亨利四世。盖伊·帕庭于1667年8月26日写道：“王储有一点忧郁，我非常希望他是像他的曾祖父亨利四世那样的好国王，而不是像路易十一这样一位虽然充满精力但苛刻、危险甚至有些残酷的人。”他不怜悯任何一个人，而且对他的人民非常的残酷。这就是为什么佩里尼的第一个想法就是要把路易十四塑造成人民之父：“他在1664—1665年的金融概览的复制本里写到，他的工作最主要的欢乐，最温柔的成果是每年可以看到他给他的人民减轻了多少负

担。”路易十四从他如同路易十二那样的统治初期开始转变了，这是一个很强大的历史虚构。金融改革给这种对照提供了借口，大多数人，就像《黄金遗嘱》的译者一样，想找到公平正义。

这篇译文的前言，有所保留也有所暗示，展示了一个比起布莱恩维尔的修道院院长，比起勒莫因和普赛诺特，显得不太那么阿谀奉承的作家。毫无疑问，“他希望王储殿下的所有事情都是很伟大很幸福的，王储的灵魂在出生时就很慷慨，在父爱和家庭的照顾和范例的引导下会更加受到鼓舞”。但是这种政治计划，是由一位匿名者在没有考虑国王的特权的情况下公布的，这看起来更多的是给公众看的，而不是给路易十四看的。这不是一个论战的小册子(科尔伯特的管理在这里进行了整顿)，这是在历史的面纱下对意见的征集。国王回忆录的编写者们明白这一点，他们以自己的方式做出了回应。

作者并不是只停留在开始部分：巴黎圣母院的唱诗班成员和仪事司铎克洛德·乔利的几乎所有的作品，都在刽子手中被烧毁了。在 1665 年，他发表了《伟大人物的恢复》的专论，在这篇专论里他阐述了建立税收的权力只属于人民。法国人，就像在弗朗索瓦·郝特曼的书中所说的，总是很自由的，他们的名字显示了这一点。1663 年，他出版了关于《国王教育的真正的和重要的格言合集》的新的版本以及两封护教论的信，这本合集是 1652 年最大胆的一部著作，是公开反对马萨林主教的“有害的”政策的，议会在 1653 年 1 月 11 日曾判决用火焚烧了这部著作。

在格言警句集和《黄金遗嘱》的法语版本之间，相似性是很明显的。在书里作者提及了相同的作家，在中世纪和 16 世纪时，这些作家当中负责王子们的教育的有吉勒、尼古拉·德·克莱蒙斯，热尔松、克洛德·塞塞尔、克洛德·埃斯庞斯、埃拉思姆。高米勒

回忆录著名的第五卷第十八章，在1652年时，在关于弗朗索瓦二世的加冕礼的诗歌中有它相似的内容，这些诗歌也是给国王们的忠告。1665年版本的前言中几乎所有的构思都在1652年的作品中出现过，但是1652年的作者的写作风格还是很自由、很活跃的。1665年，人们还是很平静、很克制的，这是历史的基调，这是博学多识的人的工作。1652年，人们讲授教义，人们做出总结来反对令人讨厌的部长。面对1665年修改过的内容，尤其是由于1663年的新版内容，不止一位读者会想起1652年版本的优点：要相信克洛德·乔利不会因此而生气。

关于撰写的形式，克洛德·乔利翻译的埃拉斯姆的作品和国王回忆录不太相像。这是93个格言的后续内容：这些语言都是给柏拉图、亚里士多德、色诺芬，有时候是给荷马、萨洛蒙、埃旺吉尔、埃拉姆斯的。在他看来，现代的翻译者都能成为别人思想的传话筒。同样，布莱恩维尔的修道院院长用借鉴来的思考内容武装了他的《历史简述》。有些思考内容应该是很受克洛德·乔利欢迎的，例如这些："王子应该要有所作为来提高他的人民的精神和物质条件。为了避免烦恼或者游手好闲，王子从来都不应该发动战争，也不应该用整晚的时间来打牌或者赌博。"在作品的末尾部分，有十来个格言是用来反对人类的战争灾难的。埃拉斯姆让未来的查理五世远离战争，克洛德·乔利也不鼓励王储去发动战争。我们看到都是根据路易十四的爱好来写的：他最近的言论是关于武器使用的调整，这不仅仅是出于防卫，更是为了进行征战。国王回忆录的编写者们和勒莫因圣父的想法是一致的。

为了在歌颂国王的同时对王储进行教育的例子和激励是一点都不缺的。不倾向于阿谀奉承的作者们把路易十二和亨利四世作为榜样，给皇家的孩子建议了一个尊贵的目标，这在他的父亲的身

上是看不到的。《黄金遗嘱》的法文版前言刺激了佩里尼的规则。这位人民之父,国王的朗读修士声称是上帝让他来到法国的,克洛德·乔利只在我们遥远的历史中隐约看到他的一个被拭去的形象。对路易十四的生平当中几年的道德和政治的研究应该足以证明这一点了。但是国王日志,模仿赛诺特神父和勒莫因神父的作品,把它转化成了一个泛泛而谈的豪华的评论。两位教士作者关于国王义务和统治艺术的整体论文让这些教育尤其是给王储的教育的目的失去了视野。人们自信有足够的才能,不会去编写一部像布莱恩维尔的修道院院长的政治思考类型的、用各种语言组合而成的仿制品。人们想自由地思考和写作,但是,在尝试以拉罗什福科的固定方式模仿了日志的格言警句的写法之后,尽管这些格言警句没有任何文学价值,人们还是把它们放在了没有目的的一些论述中。

这些称赞或者批评不仅仅只是赋予佩里尼或者其他匿名的编写者的,也是给予路易十四自己的,在他的眼里,这些都是被编撰或者修改过的内容,因为在复制本的一些页码上有他亲笔写的印记。那么到底是出现了什么样的偏差,让这些出自活页本中的如此谨慎、如此干巴巴的内容在日记和回忆录的扩展中都被提及了呢?所有内容中埋下的种子都有了惨淡的果实。认识到他的政治作品的伟大性,他徜徉在自己的回忆录中就如同在一面忠实的镜子前自我陶醉一样。的确,这面镜子的边框是广阔的,是装饰过的,但是内嵌的玻璃却是平淡的、质量不稳定的,它没有非常灵巧的工匠所能给予的亮度和很好的光线。在路易十四启发性的目光下,为了王储的教育这笔财富,能代替佩里尼和其他次要的编写者的人,应该是一个叫博叙埃,或者叫伏尔泰的人,这部作品将会是一部具有政治意义且风格独特的代表作。

第七节 回忆录编写期间的王储

法国的路易王储只有七岁时，人们就写了国王回忆录用于他的教育。他还是个小人物，但是王子们显赫的出身使得他们从出生那天起就在这个世界上具有了重要性：出于政治因素的考虑和周围人的谄媚奉承给他们形成的历史让他们学着进入了生活，甚至，我们可以说，在母亲肚子里的时候他们就被教育着如何进入社会。他们的童年环绕着诗意的光环，在那些奉承者的眼里，比起有德行的实用的市民的整体生活，他们的生活更加闪耀着光芒。人们急切地捕捉他们说的第一句话、他们细微的动作。他们什么都还没做就已经拥有一些东西了。对于大部分人来说，孩童时期是他们一生当中唯一有着自己的快乐的时期：他们是这样断言的。成年时期到来后，围绕着他们周围的一切会压垮他们，会让他们有一种无力感：他们就失败了。这是会发生在王储身上的事情。

富凯总监是路易十四独自统治时期的一个毋庸置疑的标志性人物，在他被逮捕的几个星期之后，王储在枫丹白露出生了（1661年11月1日），国王从南特返回时在那里和玛丽·特雷兹重逢（9月8日），加强了皇室的自主权，把他的弟弟流放到很远的地方以此来降低其地位，也刚刚和英国的漂亮的昂里埃特结婚。时间和人物都还没有改变，人们在等待奥地利的安娜的儿子的那22年期间，被安排在王位的第一序列中的加斯东的角色可能会由奥尔良的菲利普取代了。

这个消息对于国王和法国来说都是很幸福的消息，特派员们把这一消息带给了不同的君主，甚至带到了路易十四派遣了大使的那些国家。因此，不是驻扎在伦敦的大使埃斯泰德元帅，而是皇室的普通的宫内侍从拉舍斯奈先生负责给查理二世和约克公爵的官方信件。同样在都灵，对于萨伏瓦公爵和国王的姨妈公爵夫人来说，不是总监的弟弟赛尔维安大使，而是一位普通的宫内侍从伦弗洛伊先生负责他们的信件。在罗马，自 1653 年 12 月开始就没有大使。1661 年 11 月 2 日克雷基公爵被任命担任此职位，他直到 1662 年 4 月才动身去上任，不久之后一位普通的宫内侍从奥维维尔先生也被委派过去了。王室的秘书们也被派遣到下列职位上：盖朗先生巡回佛罗伦萨，在那里大公爵的儿子刚刚娶了辗转于奥尔良、帕尔马和摩德纳的加斯东的女儿。这对于 1662 年的储蓄来说，价值 3000 古斤银。库瓦先生被派往路易十四很重视的一个人身边，那就是马萨林公爵，拉梅耶雷元帅的儿子娶了枢机主教的侄女，即主教的女继承人。“路易十四给她写道：您拥有让我的婚姻很幸福的那个人的姓，当神圣的仁慈让我收获了婚姻的果实王储的时候，我就不再想起你。”据记载，这个可怜的先生在路易十四接待大使的仪式过程中收到了这个消息。

路易十四礼貌地给予那个叫马萨林的软弱无力的继承者以荣誉，是正要拒绝他这样的古老种族的王子。“手稿的笔记显示，给洛林公爵查理四世的信没有得到回复，因为德·洛林先生在国王写信之前就到了王宫。这也可以看出来国王犹豫着要不要给洛林公爵先生写这样的信，因为在 1638 年，在王子出生时，也没有给他写信。虽然国王认为洛林的公爵先生曾经是法国的敌人，但是他没有因为这个困难而停止给对方写信。”在政治上，如此细小的事情也是需要考虑的。

西班牙王室是第一个被通知王储的诞生的。在那个时候，西

班牙王室没有法国强大。菲利普五世的一个小儿子刚刚去世，另外一个儿子在王储出生后的第四天，也就是 1661 年 11 月 5 日出生了：这就是未来的查理二世，因此他的童年没有像路易十四的儿子那么快乐，他刚刚离开襁褓，就不幸地登上了风雨飘摇的王位，不得不开始听人讲述政治事件和灾难了。

路易十四一直在向上帝证明他的认知。12 月 8 日，国王和王后们在沙特尔主教坐堂做弥撒：这是三个人为了和平，为了婚姻，为了王储殿下的出生在许愿。巴斯－劳热教堂将建在枫丹白露附近，这是已经决定了的事情。对于拉瓦里埃尔小姐而言，将会有真正的虔诚让她放弃她那初生的热情，并且挫败夫人的谄媚。

最奇怪的恩惠被准许了。出生在皇宫附近的宫内侍从圣－埃尼昂公爵，从国王那里获得一种被称作“财富助理”的权力，这迫使那些从国王那里得到领地的人要一次性给他收入的五分之一，或者通过协商给他一些类似的东西。他应该从中获利了上万埃居(法国古货币)。在这十四或者十五年期间，他一直克制着。当两个税收承包人开始在都兰和普瓦图向贵族和教会的先生们征税时，出现了一片喧哗声。公爵自己去枫丹白露给国王说他放弃这个权力了。我们明白，为了皇室的新生儿，医生获得的报酬要比宫廷侍从高一些。葛诺，自 1661 年 10 月 10 日以来就是王后的首席医生，在 1662 年 6 月 10 日的收入为 6000 古斤银。

国王家庭生活幸福应当庆祝，所以在 1662 年 6 月 5 日就进行了著名的骑士竞技比赛。当然在同一时期，也不缺其他欢快的活动。通过德·维尔迪约夫人诗意般的描写，通过弗莱希埃拉丁语写成的英雄诗歌，通过凡尔赛市图书馆的珍藏即在独一无二的册子里详细地保存的彩绘版画，尤其是通过国王和拉瓦里埃尔小姐的爱情丑闻,我们了解了这些,因为路易十四曾为了致敬拉瓦里埃尔小姐而参加了这个骑士活动。作为1662年国王回忆录的编写者,在提及这些骑士竞技比赛时,回忆起这个为了女人献媚的事件时,怎么能不觉得尴尬呢?这毕竟不是一个很好的父亲形象的例子啊!路易十四早期有着很好的夫妻感情,因此拥有许多合法的孩子,也因为激情拥有许多类似于亨利四世这样的私生子。

不久之后,给王储的天宫图、颂歌、用拉丁语和法语写的演讲词、军事荣誉的占卜等,像雨后春笋般纷纷出现。如果不是从1661年年末开始的话,在1662年没有一个耶稣教会团体拥有对年轻国王的颂词。演说家或者诗人都很难再次发现新的东西。大部分人掌握的信息之一,如同陷入绝境时的精神食粮,如同一个如此绝妙的谄媚的主题的目标被放置得过高、过远,那就是东方、土耳其、拜占庭、符合耶路撒冷的需求:这是王储必须要征服的东西。邦瑟拉德1662年的芭蕾舞《幸福的大力士》中写道:

不管多远,他的出生已经威胁到了古老的东方的人。

弗莱希耶在他那首拉丁语写的三百一十八行诗的六音步诗中,为了和新的阿尔希德竞争,暗示威尼斯和德国为反对土耳其而请求援助。这就是所有胜利预兆的历史基础。弗朗索瓦·波梅教授是里昂教会学校的修辞学老师,在有关这方面的一篇拉丁语的演讲中极其热情地给路易十四写到,他刚刚做出努力要不惜余力地彻底清除异端:

伟大的国王,当有一天,王储带领一支杰出的船队乘风破浪,去拯救海盗们占领的大海,封锁他们的口岸,摧毁他们的城堡,消灭了阿尔及尔人和突尼斯人,夺取佩鲁兹,向整个东方展示宽宏大量以及法国永远会胜利

的实力的时候，对你而言这是多大的快乐啊！

阿塞利骑士是国王宫廷的宫内侍从，在1667年向王储展示了一首类似的四行诗：

王储的价值是上天选择的
为了取得王位和打击暴君的气焰
在十五岁时就登基
但却将统治到亚洲

基督徒波梅，当他奉承起人来则是口若悬河，不会有丝毫的困难，他很聪明地回归到教师的角色上来，在1664年给王储殿下贡献了他用法文和拉丁语写的第一部字典。古热神甫恶毒地说到，这个字典，只有题目看起来是属于王室的，它里面堆积的所有内容都只是没有经过辨别和选择的内容：

词汇中的拉丁文无视真实。

在这里我们可以说出许多很有文采但却很滑稽的片段，这都是王储还在襁褓中时被撰写的。例如艾迪恩·德·卡西写的这个内容：高卢百合花，在数次战役中被敌人的鲜血玷污，它很高兴能再次被白色覆盖。例如还有一则内容是在塞纳河和埃布罗河之前的相互的祝贺。杜泽纽斯把王储的襁褓写进文章，高米赫写了一些关于他的睡眠的诗歌，这个孩子的确太有精气神了。下面就是一个匿名的人用拉丁文写的给王储的两行诗。我们假设当时最有名的画家之一，也是绘画和雕刻皇家科学院的财务官和成员之一，亨利·博布伦准备画一幅王子的肖像：孩子睡着了，继而出现了哭泣，然后又出现了笑声。那么如何抓住这些脸部特征呢？画家通过下面的话语汲取了经验：

Forma patris generosa mibi est, matrisque venusta;
Has formas, me vis pingere, junge duas.

拉丁语作家自己翻译如下：

结合我父亲的神圣

和我母亲的国色天香

你能画出真正的我的形象吗

法文的诗歌远远不如拉丁语的诗歌优美。卡萨涅神甫创作了二十节、每节分别为十行的诗歌去争取王储的家庭教师的职位。另外一篇不少于二十六节的诗歌，其夸张的手法和内容的平凡让人生厌，但其作者的名字却比较响亮：都扎，他是法兰西学院的成员。同样，我想佩里尼先生会给王储写一些历史方面的著作。

自此，王储的名字就和执政时期的所有的事件联系在一起了。回想起西班牙在英国对于法国大使的侮辱（1662），弗莱希埃似乎说过，这个孩子的出生阻止了两国之间关系的断裂，因为他起到了类似于家庭纽带这样的作用。1662年12月1日，当国王在他的随从的陪伴下，非常谨慎地从查理二世手中取得敦刻尔克时，具有象征意义的装饰显示出王储被整个城市的军队簇拥着，并且国王路易十四和他儿子的名字被拉丁语的铭文环绕着。国王停留之处，无论是他的臣民还是外国友人，所有的人都觉得很荣幸能有机会向国王致敬，也都机不可失地去奉承在国王面前也享有皇家威严的小王子，这是一种礼仪。1666年1月27日，奥地利的安娜去世，当国王和王储的处理方式出现分歧的时候，就像我们在《奥梅松日报》上看到的一样，注重礼节的那些人就会指出来说皇室的随从们对国王和王后是区别对待的，“不是特别针对王储先生的”，王室每个成员的特权都被明显地拒绝了。1667年1月5日，一首感恩赞美诗献给了玛丽·特雷兹的第三个女儿的出生。“这是个新鲜事，据《奥梅松日报》报道，感恩赞美诗只是唱给男性和年长的女孩的。”王储们自身也很早就意识到这些

细微的差别，这些不同的等级制度，这是他们自孩提时就学得很好的东西。纹章学语法和纹章是他们最初的学习课本。虚荣心从他们人生一开始就占据了他们的心灵，而且让他们变得很自然。他们难道就只是为了欣赏他们自身而需要学会阅读吗？王室里每个人的日常情景是可以对他们所在的地位赋予教育意义的。

他们很迅速而且很清楚地知道那些等级。在他们周围，如果是最有经验的或者是最受人尊敬的人在某些事情上犯了错误，王储会让他们改正错误。尤其是当牵扯到国王，王储就会教育所有的人。1665 年，根据杜布瓦王室的第一侍从的报道，王储用手摸着他的家庭女教师拉莫特元帅夫人的衣领，给他的其中一位奉承者说不要犯同样的错误。“怎么样！王子殿下，元帅夫人对他说，在法国只有您拥有这样的自由，就连国王自己都没有这样的自由。”“哦！国王是主人！王储说。”两年之后，也就是 1667 年 5 月 18 日，侍从自己重新回到他的职位上了。杜布瓦说：当王储殿下在尚普拉特勒的时候天气很冷，当时因为火苗很旺，我站在火堆和王储之间，王储一边讲述着火炉烟囱上方的那幅画，一边对我说：“杜布瓦，您转过去背朝国王。”这让我很惊讶。我对他说：“殿下，这不是我不尊敬您，我只是害怕火苗给您带来危险。”他命令我站在旁边。王储的用词极其漂亮，就如同他是个很会玩的风趣的孩子一样。但看上去这个小小的观察者并不是在开玩笑，因为他要从王室的形象前面抽身而去。的确一个王子或者一个图密善，能对一尊雕像或者一幅屋顶绘画做出不由自主的冒犯的叛逆罪行！谁知道他那愚蠢的傲慢将走向何方？尤其这在一个孩子身上是多么艰难！

一切都是国王制定的，一切也都是给国王的，这就是所有事情的教义。他是至高无上的,是唯一的模范。如果王储有时候缺少他应有的品质,我们不敢直接矫正而只能对他说国王不是这么做的。在尚普拉特勒画幅故事发生的三天之后,在贡比涅,王储就像女家庭教师曾要求他做的那样,不是待在床上,而是一边跪在床边祈求上帝,一边在读天主经的首行诗时可笑地开玩笑要糕点吃,在读第二行时要更大块的糕点吃。杜布瓦笑了,这让王储殿下有些恼火,但是杜布瓦告诉他国王可不是这样向上帝祷告的。当王储调皮、不乖乖听话而屡次冒犯他时,国王的名字就是他唯一的保护了。

王储的健康长期以来是国王和整个法国担心的原因所在。他病恹恹的童年让人很害怕他和他那些英年早逝的姐姐、哥哥及表兄弟们的命运一样。1662 年 11 月 18 日,国王的第一个女儿出生了,洗礼名叫安娜 - 伊莎贝尔,可在出生后六个星期就不幸夭折了:我们可以看到路易十四给西班牙国王的信里宣布了 12 月 30 日女儿去世的消息。恰巧两年之后的 11 月 16 日,王后又生了一个女儿,玛丽 - 安娜,逝世于 12 月 26 日。1667 年 1 月 2 日王后又生了第三个女儿,可是没有一点幸福的感觉。直到等了一年半之后,法国才有了国王的第二个儿子,安茹公爵。这是一件让人高兴的事情。"1668 年 8 月 8 日,《奥梅松日报》报道,从巴黎传来消息,王后生了一个男孩。8 月 9 日星期一,我在圣日耳曼为向沉浸在欢乐中的法国致敬。国王刚一起来,整个城市和整个宫廷都与国王同在。我知道王后是周日早上 8 点 45 分生的小孩,国王强烈地感觉到这个孩子的出生带来了比王储先生更多的快乐。原因很简单。第一个孩子是在没有任何期待的情况下在国王结婚第一年就出生的,那个时候国王对男孩的重要性还没有任何想法。而这第二个男孩是在三个女孩出生却又让人很恼火地不幸逝世之后出生的,

是国王非常期待的孩子。我们可以感觉到，一旦王储生病，人们会很担心失去他，但是他的去世将会使事情发生好多变化。有了一个弟弟的王储就容易操纵了，他就不会过于骄傲自满了，因此，这第二个男孩对于国王来说就是一种平衡，有很多的好处。”这个孩子，受洗礼（1669 年 3 月 24 日）取名菲利普，毫无疑问，是因为他的教母是西班牙的王后。可是这个孩子也是身体孱弱，病恹恹地拖了三年之后，也去世了。

如果说路易十四合法的后代都是这么可怜，生命力这么脆弱，那么他的哥哥更加不幸。1662 年 3 月 27 日，英国的昂里埃特生了一个女儿取名玛丽－露易丝，她在十八岁时很伤心地嫁给了西班牙的查理二世。她和王储差不多同龄，孩提时经常一起玩耍，一起跳舞，她可能是被深爱着的，但她在这场婚姻中忍受着很大的痛苦。昂里埃特接下来有了一个儿子，即瓦卢瓦公爵，在 1666 年年末去世了。瓦卢瓦公爵的去世让王储失去了竞争对手。

皇室的死亡和出生一样频繁。1671 年 7 月 13 日，年轻的安茹公爵菲利普的葬礼在圣日耳曼举行。盖伊·帕庭十天之后在向他的一位朋友宣布这个消息时大声喊道：上帝珍藏了王储殿下的弟弟！ 8 月 10 日，他又说道：王宫沉浸在安茹公爵去世的悲伤之中，也沉浸在王储殿下身体抱恙的悲伤之中。八个月之后的 3 月 1 日，玛丽·特雷兹的第三个女儿也被埋葬于她的两个姐姐的坟墓里，作为补偿（如果我们承认在一个母亲的心里另外一个孩子的出生可以让她忘记之前失去的孩子的话），1672 年 6 月 14 日第二个安茹公爵出生了。国王 21 日在荷兰杜斯堡给蒂雷纳的元帅写道：“我的表弟，我只有时间给你说声王后生了一个男孩。出于您对我的友情，我想这个消息会让你高兴的。”人们当然也没有忘记用拉丁语写成诗歌（6 月 14 日）向国王表示祝贺。但是这个孩子也没有比其他孩子存活的时间更长一些。7月7日国王希望借助饮食的改善让他活下去。11月7日,他从凡尔赛宫给孔代的王子写信:“我的表弟,这封信唯一的主题就是给你说一下我失去了我的儿子安茹公爵。”因为孩子已于4日晚上8点离开了人世。至此恐慌结束了,玛丽·特雷兹母爱的痛苦结束了,十一年来,她生了三个儿子三个女儿,却只活下来一个病恹恹的王子,就是王储殿下:她再也没有别的孩子了。

而奥尔良的那个分支却有了新的子嗣。帕拉提的公主夏洛特,这位强壮的德国人接替了英国的很讲究的昂里埃特,在第二位安茹公爵逝世后不到一年的时间,即1673年6月2日,她生了一个孩子取名亚历山大-路易斯,并且接受了瓦卢瓦公爵的称号。我们可以从国王的大弟弟给法国的孩子们的家庭老师的信中看出他的幸福。我们还保存着信里的奇怪的拼写内容。信的背面写着:给我的表妹拉莫特元帅夫人。

马斯特里赫特前面的营地,6月12日。

您总是对我说祝贺我生了儿子,这就是我为什么很容易地相信,您听到我的孩子出生的消息会很高兴。您要相信,我比任何人都希望您能过得幸福,我希望能给您提供帮助。

可是孩子没有活下来。1674年8月2日菲利普出生了,即未来的摄政王(奥尔良公爵),而王储在摄政王这个位子上已经十三年了。最终,死亡让王室在长期以来都无法跨越的这个坎上停了下来。是怎样令人恐惧的速度让王室填补了和这两个生命分离的空白!面对如此多的孩子的葬礼,我们非常清楚王储的生命是特别珍贵的,作为父亲和国王,路易十四是多么地担心他这一族的脆弱的孩子。

法国历代的国王，都是在很年轻的时候结婚，婚姻中所生的合法的孩子们都在很小的年纪就遭遇了死亡，弗朗索瓦一世，路易十四，都把他们的宠爱分享给了他们的妻子和同样生了后代的情人们。感觉被国王抛弃了的王后们，很早就失去了本属于她们的天然的恩惠、力量和快乐。受到其他的爱情带来的活力的影响，合法的后代越来越少，而且这些并非通奸得来的孩子们出生后病恹恹的很快就夭折了：这是他们的父亲有罪的行为带来的生理学上的后果，也是天意的赎罪。

对于路易十四而言，我们可以同时数一下其私生子和其合法出生的孩子的数量。路易十四非常爱他的王储：小王子的牙齿有一点点的不舒服，小王子不像平时那么高兴的时候，如果他不在，他就会让科尔伯特写信给他（1663 年 8 月 28 日）："如果我儿子有一点点不舒服，你要很快地给我确保让他好起来，没有别的消息，我就会休息。"四个月之后，科尔伯特听从国王的指令，去照顾有关拉瓦里埃尔小姐生产时的所有事情。1663 年 12 月 19 日出生的孩子很快就不再是秘密。《奥梅松日报》的最后一页提到，人们是怎样在解雇了一位蒙面的妇女之后，在晚上把外科医生布歇蒙上眼睛带到王宫然后又用同样的方式带出去的。"在午夜弥撒时分（在圣诞节，八天之后），拉瓦里埃尔小姐出现在坎兹－万医院，脸色苍白，整个人都变了，没有人会怀疑她生了要被喂养的儿子。一些孩子是由舒瓦奇夫人照顾的，另一些是……"这一行字被卷宗的装订线给隔开了：很有可能说的是科尔伯特夫人是这个第一位情人的孩子的家庭老师。1665 年 1 月 7 日，拉瓦里埃尔小姐又生了一个儿子，还是由布歇接生的。

她现在就和王室的人一样，不仅仅是因为她拥有夫人的荣誉女儿的称号，更因为每个人好像是国王和她的爱情的共谋。尤其是自从奥地利的安娜去世后，没有仪式能让她位列于国王、王后、王储和国王的弟弟身边。“1666 年 1 月 27 日的《奥梅松日报》提到：为了取悦国王，王后把她带到自己身边，因此她很乖巧。”7 月末时，《奥梅松日报》写道：“在科尔伯特旅行期间，枫丹白露宫里流言蜚语满天飞，说是拉瓦里埃尔小姐的最后一个孩子，在杜勒伊宫里抚养长大的男孩去世了。她已经失去了一个男孩和一个女孩。有人告诉我说这最后一个男孩和国王长得非常像，国王在巴黎的时候经常去看他，而且在他身边的人常常称呼他‘我的王子。’”我们仍然处在 1666 年中期：把私生子和合法的孩子进行相似的对待的意见已经提上议事日程，私生子的母亲无耻地位列于王后的行列了。在玛丽·特雷兹夫人非常辛苦地生产后的半个月之后，即 1667 年 1 月 2 日，宫廷里举行了一场芭蕾舞会，这场舞会混合着舞蹈、音乐、莫里哀式的滑稽剧和意大利的喜剧（毫无疑问，这场舞会给我们展现了国王和拉瓦里埃尔小姐一个挨在另一个身边的形象）。

国王还有 1666 年时出生的一个女孩，玛丽·安娜·德·布本，也就是之后以布鲁瓦小姐的名字而被人熟知的那个女孩。蒙庞西埃小姐告发了这次和之前几次一样神秘而快速的小孩的生产。玛丽·特雷兹夫人在旺塞纳城堡里听一场弥撒的时间，孩子就生了。她借口肚子痛，那天剩下的时间都在床上躺着：“从傍晚快到午夜时分，她一直醒着，因为是个周六，她和舞会上的其他人一样也吃了宵夜，并让人看到她就觉得她似乎也在舞会上一样。”在出发去危机四伏的弗兰德运动时，这个勇敢的皇家情人“向孩子保证了出生的荣耀（这是国王回忆录中的用词），并且出于六年来对孩子妈妈的感情给了她一个舒适的住所”。从此，这个私生子——女孩就可以昂起头走路。通过议会审查过的公开的信件中可以看

出,1667年5月14日,路易十四出发的前夜,沃如尔被设立为给拉瓦里埃尔小姐和她的女儿的公国。从这个时候开始,拉瓦里埃尔小姐被称作拉瓦里埃尔公爵夫人,她的女儿被称为布洛瓦小姐。这位新的公爵夫人在此时隐瞒了她最近一次的怀孕,是因为路易十四把和她在一起之后预计要出生的孩子、和她接下来还会生孩子的事写信告诉了阿尔莱总检察官的缘故吗?据说阿尔莱让人把这个有悖于对国王的忠诚条款改了。作为奖赏,路易十四许可他为了自己的儿子从这个职位上退下来:很快阿尔莱就把这个职位让给了他的儿子。

公爵夫人认为她还是深受国王喜欢的,在国王不在的时候胆子更大了。当她得知王后被召唤去了国王所在的阿韦纳,她就不听从命令了,这不仅仅是蒙庞西埃小姐这样说过,《奥梅松日报》也这样报道。她离开凡尔赛宫去见王后,而王后不得不在拉菲勒接见她,她一点也不担心孩子的家庭教师蒙庞西埃小姐和宫廷的夫人们:这是蒙特斯潘夫人和巴德公主关于她的胆大行为的说辞。她一到达能看见军队的地方,就赶着马车穿过田地一直到达她的情人,甚至王后的眼皮子底下才停下来。蒙庞西埃小姐又说到,国王当时正和王后在一起,然后很快走向拉瓦里埃尔公爵夫人。蒙庞西埃小姐的讲述很兴奋,且充满了狡诈,显示出玛丽·特雷兹非常生气,以及拉瓦里埃尔公爵夫人的竞争对手蒙特斯潘夫人的恶毒的怜悯,因为拉瓦里埃尔公爵夫人敢这样说:“上帝让我成为国王的情妇!如果我很不幸福的话,我是不会出现在王后面前的。”在回程时,在利斯圣母院,拉瓦里埃尔公爵夫人和蒙特斯潘夫人一起去忏悔。她们每个人在忏悔席都做出了怎样的忏悔?在她们的内心深处,她们又向上帝做出了什么样的要求呢?

当国王夺取图尔奈和杜埃回到贡比涅之后，开始频繁地去看望蒙特斯潘夫人。“她坐在王后的马车里看起来非常快乐，她经常和国王一起来，也经常和他开玩笑。”拉瓦里埃尔公爵夫人受宠的时代结束了。当她在这次著名的阿韦纳旅行中把刚出生的孩子抱在自己怀里时，她已经不受国王喜欢了。1667 年 10 月 2 日的这次生产和以前一样小心翼翼，生的是个男孩，这个男孩在 1669 年巴黎议会上被合法地予以承认并赋予了他韦芒杜瓦伯爵的称号。科尔伯特夫人把他像其他孩子一样抚养长大，之后他于 1683 年去世了。

弗兰德运动期间，通过阿韦纳和贡比涅的这些事件，极少有人，甚至在宫廷里也极少有人知道这个秘密。因此弗兰德运动是路易十四感情的危急时刻。他的心离开了美丽迷人的拉瓦里埃尔公爵夫人，尽管她很鲁莽，尽管她对情人的爱很疯狂，和狂妄自大的蒙特斯潘夫人相比，我们反而觉得她显得谦逊了：其他的爱情也会随即被宣布的。

我们没有追踪蒙特斯潘夫人的命运：我们只注意到她的第一个具有皇家血统的孩子的出生。年轻的时候，在国王的舞会上大家只是欣赏她的美貌，当时她的名字还是托奈－夏朗德小姐。1663 年刚刚一结婚，这位迷人的金发女郎就让周围的人垂涎欲滴：这是班塞德的用词。1664 年在爱情化装舞会上她就和国王一起跳舞了。莫特玛尔的精神在某些时候可以用来安慰鼓励被抛弃的王后，她自 1664 年开始在王后的身边，就如同皇宫里的夫人们一样生活了。

同时，在这种信念的支撑下，她赢得了王后的其他夫人的支持，例如，巴德公主，埃尔博弗小姐也叫作埃尔博弗公主，阿马尼亚克伯爵夫人，克雷基公爵夫人，于米耶尔侯爵夫人。这种精神很快

就征服了国王的心：蒙特斯潘夫人很快就取代了她的配偶的牺牲品玛丽·特雷兹。当国王1668年2月从弗朗什—孔泰回来时，新情人的胜利引起了巴德公主和阿马尼亚克伯爵夫人的不满，她们给王后写了一封信控诉国王爱上了蒙特斯潘夫人。1669年是由一个女孩的出生拉开的序幕，这个女孩只活了三岁，接下来一系列非合法的出生给王储带来了许多弟弟和妹妹。

弗兰德运动时期，我们可以认为路易十四的灵魂全部被他爆发的激情消耗了，他的激情高涨，只是其动向发生了变化，这个时期是国王对他的合法的儿子表现出最温柔也是最担忧的关怀的时期。爱情对于他而言只是一个阶段性的娱乐，他还没有预计到由于他的风流导致的皇室的非合法后代的增长带来的困扰。暂时，他既没有获得真正的家庭情感，也没有在国家事务中占优势。他从不同的疗养地和营地发回来给孩子们的家庭老师的信里证实了他对于合法的孩子的健康的担忧，也证实了有时候他对于王储的性格的改善和矫正的愿望。很快把日志改编成为了王储的训言的这种精神和他亲笔写的信、只有几行字的简短的便签的精神是相符的，即便是国王没有签字，人们也能辨认出来是他亲笔所写。这些信件往往带有王室的印章，颜色不是很分明，在折叠起来的信的背面经常会写着：给我的表妹拉莫特元帅夫人。

拉莫特元帅夫人自1664年9月4日开始承担了这一任务。国王在前一夜从维也纳给她写道："我的表妹，因为要给我儿子找个家庭教师，我觉得除了您，我再也找不到更合适的人选了。这就是为什么说如果没有什么事情妨碍您担任这个职位的话，我非常高兴您能担任此职务，您可以让我特意派遣过来的这个人带回您的答复。"她继任了蒙托斯耶公爵夫人的职位，蒙托斯耶侯爵夫人是在上一年8月2日被任命代替纳韦莱元帅夫人担任孩子们的家庭教师这一职位的，就像我们所知道的一样，纳韦莱元帅夫人已经失宠了，和拉瓦里埃尔小姐以及后来成为拉维约维尔伯爵夫人的拉莫特小姐一样，都参与进了路易十四的爱情纠葛当中。拉维约维尔伯爵夫人是个寡妇，一个人养大了她的好几个孩子，是很适合这个职位的。路易斯·德·普里，图西小姐，1657 年在七年的婚姻之后失去了拉莫特－乌当库尔公爵：她和三个很年轻的女儿待在一起。这第二位，1662 年在名为海格利的爱情的皇家舞会上是当日明星。我们不能说这些是这个孩子的早来的恩惠（其实这不是给她的，而是给她姐姐的，因为后来路易十四试图追求她的姐姐），这些恩惠都值得她母亲承担家庭教师这一职位。奥地利的安娜很喜欢这一家人。元帅的弟弟，亨利·德·拉莫特－乌当库尔，自 1639 年起是雷恩的主教，是国王最著名的宫廷神甫。安娜特别向路易十四推荐其作为国王的修士：国王在 1661 年回忆录的最终版本里用铅笔写的一则笔记中的话证实了这一点。在那个时期王宫里反对他的阴谋集团并没有阻止他在 1662 年 6 月 1 日被任命为欧什主教教区的总教，把所有繁重的税都包括在一起计算的话，这个职位价值 65000 古斤银的年金。

家庭教师身上应该具备母爱般的优点，在这一点上元帅的寡妇要比蒙托斯耶公爵夫人有优势。因此，在王储出生之前的前三个星期，即 1661 年 10 月 13 日元帅的寡妇就被指定担任家庭教师一职了。“蒙托斯耶公爵夫人是一个有着伟大气质的妇女，有礼貌，知晓所有的事情。她身上最值得学习的是她的精神，而不是如何选择奶妈的奶水和教育孩子们的用语。拉莫特元帅夫人只是模仿了她的样子和作为家庭教师的风度，她很适合去管理奶妈，去决定婴儿的汤和糊状食物的质量。除此之外，她血液里本身应该就带有这种品质，因为她的妈妈曾经哺乳过国王。”她学着满足国王

的全部要求去照顾玛丽·特雷兹所有的孩子们。在1672年年末，第二位安茹公爵的去世让她几乎失去了工作，因为王储已经11岁了，自四年前就开始接受家庭教师蒙托斯耶公爵的指导了。她的女儿们的婚姻都很光彩夺目，和她们自身的年轻和美貌都不太匹配。三个女儿分别进入了奥蒙王室、旺塔杜尔王室和拉弗特王室，也都拥有了公爵夫人的称号。旺塔杜尔公爵夫人还是拉莫特小姐时，国王就曾接近她向她表达过爱慕之意，她觉得国王的爱让她透不过气来，因为她身上的美德，她被认为是可以在家庭中发挥作为家庭教师的功能的。她的母亲元帅夫人曾经就是作为第二种职业陪伴在王储的孩子们身边的：旺塔杜尔公爵夫人曾是勃艮第公爵的孩子们中最后的幸存者即路易十五的家庭教师。

皇家图书馆的手稿（1957年的增补内容）中包含了路易十四写给拉莫特夫人的信，这些信至今为止还没有被研究过，其页码也是极其混乱的：四十页当中有十九页没有年代标识，当人们把它们装订成册时，只是随意地并列放在了一起。目录是现代人添加进去的，但是出现了各种错误和混乱。一旦日期都很清楚的话，这些信件就会被按照它们写成的时间顺序供人们阅读，它们具有极高的价值和趣味性。毫无疑问，这不是一份极其重要的历史资料，在我们看来，而是像给王储的国王回忆录的很自然的序言，它们值得被放在皇家的这篇很长的文章的开始部分。另外，这也是路易十四写的：只有极少的信件我们不太确定是不是出自路易十四之手。在现实生活中，路易十四把王储们当作孩子们来照顾。在回忆录里，路易十四把王储们当作男人、当作未来的国王在培养，打算给王储们准备好他们的政治前途和道德未来。

这些信笺可也不是都出自1667年，出自弗兰德运动时期。除了这些，也有一些是1668年、1669年，1670年和1671年的，我们认为这些至少都要进行分析,因为这些便条把我们指引到佩里松在路易十四个人统治的第十个年头即1661年回忆录的最终版本的编写时刻。1671年的最新的一张便条上面,我们可以看到国王对他第二个儿子的健康状况非常担心,国王不相信他的儿子竟然会病得那么严重。在国王回到宫廷的几天之后,他发现孩子已经没有了生命特征:这个孩子的死亡再一次让王储成了国王唯一的儿子了。

1667年到1671年间所有的信件都有一个相同的主题,就是孩子们的健康问题,有时候也有关于王储的性格这样的主题。当王储结婚以后,元帅夫人作为王储的家庭教师收到的这些关于他们的健康状况的便条全部来自国王。1682年9月28日和11月6日;1683年3月19日,7月5日,8月25日;1684年5月6日,9月28日:这些日期的便条都是关于孩子们的健康问题、牙齿问题和饮食问题。先暂且放下这些不说,我们追溯到1671年之后的那三张便条,国王没有和家庭教师交流她工作时的一些不负责任的细节表现,而是评价她值得听到一些统治时期的大事件。这些便签中的第二张上有一个"路易斯"的签名,可能是出自国王亲笔所写。

1674年5月27日写于都乐前面的营地

"您对我有很好的建议,祝贺我夺取贝桑松的胜利。我的大部队在这里驻扎,另外我必须承认胜利主要来自于上帝的恩赐。但是我没有让您解释您做的事情,这是出于善意的原则。"

1677年3月24日写于康布雷营地前

"我的表姐,我很惊讶您给我写信提及关于夺取瓦朗西亚的事情。我非常习惯接收到您关于这些事情的

热忱的关注。在这最后胜利的阶段您给我的证据我没有很好地接收到,我向您保证,并且祈求上帝保佑您,我的表姐。”

1692 年 6 月 2 日写于那缪尔城堡前的营地

“很长时间以来,我都知道您对我的感情,这让我很感动。您对于夺取那缪尔的开心丝毫不会让我感到吃惊。您是一位很好的法国人,您可以体会到发生在我身上的所有的幸福,没有人能比得过我对您的友情和欣赏。”

这些相同的信件给家庭教师和国王都带来了荣誉。实际上,想要教育法国国王的儿子就必须成为适合他的很好的法国人。在军队里位列第一行的士兵的寡妇可以因她丈夫的荣誉称号被选择去从事这样的工作:她的高贵的感情和个人化的服务让她值得去从事引导两代王子的孩子这样艰辛的任务。

第八节

国王写给王子们的家庭教师的信

1667 年 5 月 16 日,在把拉瓦里埃尔小姐授予公爵夫人的称号,以及确保她女儿布洛瓦小姐前途的信送交议会审核的两天之后,路易十四和所有的朝臣都参与到弗兰德运动中了。一直到 25 日,王后从这里离开和留在贡比涅的王储会合。从 16 日到 20 日,国王行经了尚普拉特、利昂库尔、布勒特伊,然后于 20 日到达亚眠,在那里集结他的军队。

第一封——1667 年 5 月 21 日写于亚眠

“得知我的孩子们很健康地到达贡比涅,我心情很放松,我也为我儿子的聪明感到开心。利用您和他单独相处的时间让他对您有所畏惧。目前什么也看不出来……我请您给我写信,不用客套。”

我们还能回忆起在贡比涅 5 月 21 日这一天发生在家庭教师和王储之间的那一幕,王储很绅士地要求吃一块点心,要一大块点心,作为交换条件,家庭教师让他在床脚的一块方砖上听写帕特尔的两段诗。侍从杜布瓦笑着给他解释说国王可从来不那样祷告。

第二封——5 月 27 日写于古伊(靠近卡特莱)

“我的孩子们身体很好,我非常开心。王后也写信告诉了我和你同样的消息。她对于孩子们的状态也很满意。我知道您给予了他们您能付出的所有的关心,您也一直是这么做的。”

第三封——6 月 2 日写于夏勒罗伊营地前

“我很高兴,就像您在信里给我保证过的那样,孩子们身体很健康。德·罗昂先生向我证实了您信里写给我的内容。我希望他们一直这样,当我见到我的儿子时他会很聪明、谦逊。我确信他不会特别依恋您。”

6 月 9 日,国王去阿韦纳看望王后。他在那里只待了几天。14 日他就从夏勒罗伊营地返回了。人们没有忘记在阿韦纳时拉瓦里埃尔公爵夫人的捣乱,没有忘记她虚伪的行为和蒙特斯庞夫人获得的成功。

在阿韦纳期间,路易十四挂念着王储身体欠佳。他从阿韦纳给塞吉埃写信:“主事大人,看了您昨晚的信,我一点都不轻松,担心我儿子身体不适。我耐心地等着您确认他身体康复的消息,我

相信您会全力以赴照顾他而且会非常忠诚地照顾他。”13日，几个小时的间隔后他给家庭教师写了两份便签。

第四封——6月13日中午写于阿韦纳

“您经常给我关于我儿子身体状况的消息，这让我非常开心。我希望您很快能确认他的康复。我刚收到的信中说我儿子发烧了，这让我有些担心。当然，您也给我说了，王后的医生达坎也给我说了，这让我的确有些担心。我希望不好的事情赶紧结束，也希望您能走出由于我儿子和女儿给您带来的担心。我觉得对我来说您很乐于助人，我对您感激不尽。明天我将出发去军队，在那里我会在很长一段时间内收不到消息。但是我希望收到的最新的消息会给我带来儿子健康的消息或者类似的好消息。”

第五封——6月13日晚上9点写于阿韦纳

“我刚刚收到您今早上的来信，这让我很担心，因为我看见我儿子的发烧和发热在加剧。我希望不好的事情在发生了之后赶紧结束，希望孩子的身体健康。我已经命令鲁乌瓦告诉您，为了给我新的消息您接下来要做的事情。请尽您最大的可能照顾好您的身体，因为您的健康对很多事情都有必要。我对您所做的一切不再予以赞美，但是我能感觉到这一切就如同您所能期待的一样。”

从14日到17日，国王在夏勒罗伊附近的营地。他从那里写了下面这三封信：

第六封——6月15日写于夏勒罗伊营地

“自从我离开阿韦纳之后，我就一点都没有我儿子的消息了。我已经很着急了。我希望一切都好，希望您

能让我摆脱所有的担心。我发自内心地祝福您，并且送上我对您的友情。”

第七封——6 月 15 日晚上 9 点写于夏勒罗伊营地

“您写信告诉我关于孩子出血的消息让我非常担心，我不知道他是否已经开始好转。您把您知道的详细情况告诉我，我非常高兴。请继续保持这样的做法并且相信我对您的友情。”

第八封——6 月 16 日 5 点写于夏勒罗伊营地

“当我收到您的来信时，我正处于极度的愤怒之中。您的来信让我得到了休息，并且让我希望您带给我的最新的消息是好消息，我已经好久没有收到好消息了。明天我要动身去敌国，暂时顾不上国内的事务了。您知道从哪里给我写信，我请求您利用所有能利用的机会给我写信，并确保我们的友谊常在。”

如果人们想知道王储所患的是什么疾病，只需要看一下罗莱特的缪斯的继承者查理·罗宾每周用诗歌写给夫人的信，也就是说给公众的信。根据 6 月 19 日王后返回贡比涅时的信的内容，我们可以看到：

可以看见百合花似的脸色
从我们的王储，她亲爱的儿子的脸上
隐藏在狡黠的阴影下
这遮盖了他整个漂亮的脸庞
曾经他的两个姐姐也有此症状
因此大家都害怕这种丑恶

在信的边缘处印刷上去的笔记证明这是麻疹和天花。

我们没有 6 月 16 日至 7 月 28 日国王写给元帅夫人的信。国

王在军队里一直待到6月25日夺取了图尔奈广场,以及7月6日夺取了杜埃广场的胜利之后。7月8日,他从营地出发去贡比涅,在那里他和王后一起度过了几天:根据蒙庞斯耶小姐遮遮掩掩的说法,在这期间国王很频繁地去看望蒙特斯庞夫人。王后一直陪伴着他途经蒙蒂迪耶、亚眠、阿拉斯和杜埃,然后返回军队。25日他在奥尔希附近的军营,26日在图尔奈。国王不在的时候,王储和推事就有了些时间待在巴黎,但是当时在巴黎、圣日耳曼和万塞纳都出现了天花,王储返回贡比涅,主事和推事紧接着过来和王储会合了。这就解释了国王写给元帅夫人的下列便签:

第九封——7月28日写于图尔奈

“我通过鲁乌瓦写信告知您我关于孩子们旅行的打算。但是我不知道由于发生在孩子身上的不幸,您是否收到了我的来信。我想再次给您说,我希望您一直和孩子待在贡比涅,直到您确认在圣日耳曼不再有天花。为了让我能得到最新的消息,请您时不时地给我写信告知我您所知道的事情,最后我再告知您我关于您的旅行的想法。明天我要出发去军队了,我会把王后送回阿拉斯。我希望我所听到的事情都成功。不知道我的信会被接收还是会丢失,请允许我在这封信里请求图斯小姐不要彻底把我忘了,请相信我将永远在她身边,给予她所希望从我这里得到的一切。向您致以我最可靠的友情。”

这封拉家常般的极富感情的信让人很喜悦,毋庸置疑,路易十四给家庭教师的漂亮的女儿说这些恭维的话语的时候,他没有想到什么坏处。当时这个女孩大概是十四岁,至多十五岁的样子,她后来成为了拉弗特公爵夫人。她是1662年那场舞会中的当日明星。

7月29日,王后实际上动身去了阿拉斯,国王也陆续在奥德纳尔德、阿尔斯特和登德尔蒙德附近安营扎寨。

第十封——8月5日星期五写于登德尔蒙德附近的营地

“通过我给您写的信,您应该知道我关于孩子们的旅行的想法。我不想让孩子去圣日耳曼,除此之外,我没有什么要说的了。所以要驱散那里的不好的空气,请您传达必要的命令去做这件事情吧。我已经写信给王后让她给您关于我这里的最新消息。最后,我很高兴向您确认我很爱您,我也很爱图斯小姐,我愿做她最谦卑的仆人。”

国王于6日再次宿营于阿尔斯特附近之后,7日宿营于奥德纳尔德附近,10日宿营于里尔前面并且在这里生活了十七天。

第十一封——8月10日晚上5点写于里尔前面的营地

“我收到了您写给我的所有的信件。我看到了瓦卢先生(医生)的信。我很担心我儿子的健康,我希望他很快好起来,我希望您在最短的时间内能告知我他痊愈的好消息。我全心全意地祝福他,并且请接受我对您的友谊。如果我的孩子身体不好,请很快把他带离巴黎,带去圣日耳曼。”

第十二封——8月11日星期四写于利斯勒前面的营地

“您的来信让我非常高兴,但是这封信没有带给我完美的快乐,我的儿子还在发着高烧。我希望会有最新的消息让我摆脱这种担忧,希望您能告知我他不再痛苦。想了想他和我女儿能去的地方,除了圣日耳曼的干净的古老城堡再也没有别的地方了。把他所有的东西都搬进去或者全部买新的,让他们不要去乡下,因为我

们不知道那里是不是空气不好。今年到处都有天花肆虐,所以我们要找到干净的空气,圣日耳曼的古老城堡里的空气是不错的。因为我们不知道天花将会发展成什么样子,我请您照管好图斯小姐,而且做好各种预防措施不要让她也患上天花。您知道我非常担心她,也经常为她祈祷。我不给您说这里发生的事情了,因为我相信王后已经写信告诉您了。所以就致以我的友情来结束这封信。”

通过居伊·巴廷8月12日在巴黎写的这封信来判断,王储健康方面出现的这次新危机让人普遍都很担心:“王储殿下生病了。我们在此祈祷他康复。哦,上帝!希望死亡这个不幸的事情永远不要发生在他身上!我宁愿去死,也不能眼看着王子死在贡比涅,王子对于法国甚至对于整个欧洲都是不可或缺的。”这个危险只持续了几天,毫无疑问,距离8月11日最近的那个周四,也就是8月18日,他写了下面的内容:

第十三封——周四午夜写于利斯勒前面的营地

我没有什么想再说的了。我知道您会按照我的想法把孩子们小心翼翼地带到圣日耳曼,在那里你们会摆脱掉这个不好的事情。要试着不再让不好的事情发生,要试着保证一切正常。我知道您一直是这么做的。因此我一点都不担心,我知道我孩子只有在您的照料下才会变得更好。这样和您说话就是为了让您了解我对您的敬意和友谊。”

第十四封——8月22日星期一写于利斯勒前面的营地

“我刚刚收到一封您的来信,您信里告知我孩子的身体好转了,因此我很开心。我不再给您提旅行的事情

了,因为王后已经告知了您我的想法。我只想告诉您,我在到达圣日耳曼时让您安置孩子的事情不要做了,因为我可能要比预计的时间早回来。您就把他们带到普通的住房里吧,让其他人准备好迎接我们。我知道这个消息会让您很吃惊,但是我觉得这不会让您生气。围城工作进行得很好,我希望结果不会太糟糕。请接受我的友谊。”

孩子的身体好了很多:20日这是孩子自贡比涅康复以来的第一次外出,他去了圣－科尔涅修道院。在他生病期间,人们在这里安排了在圣母院的神奇的画面前进行九日祈祷。同一天,他参观了基督中学,发现他们的教室里有用各种语言写成的歌颂国王的荣誉、向王后和年轻的王子致敬的装饰物。因为他能很好地解释用拉丁文写的各种铭文,并且能意识到人们可以自由地向他提出要求,所以人们都很欣赏他。

佩里尼,出于您的刻苦您只获得荣誉

而我们把相当多神奇的事情都归功于他

为了让大家都知晓这件事情,报纸以诗歌的形式在其空白处写道:佩里尼是殿下非常出色的家庭教师。

居伊·巴廷在26日写到,人们把王储从贡比涅带到了圣日耳曼。据说王储身体很好,一点也没有生病。

27日,里尔回到了国王手中。国王28日安营在马尔凯特,29在哈勒贝克,30日在丹斯。

第十五封——8月30日星期二写于丹斯营地

“我认为敌人不会阻碍我下个月6日和7日待在圣日耳曼。因此我希望您3日把孩子们带来,这样的话当我到达时他们已经安顿下来了。我想您收到这封信不

会生气的，您会因为我对您的满意和友情而感到开心。”

国王安营在布鲁日运河附近。他在信里有记录日期。

第十六封——8 月 31 日写于马里克雷克营地

“我刚刚收到您的一封来信，信里说孩子们的身体好了，我对此非常高兴。和敌人的战争不会阻碍我周三到达圣日耳曼。我相信您对所发生的事情处理得游刃有余，也会确信我对您的友情。”

实际上，国王途经丹斯、里尔、阿拉斯回来了。9 月 4 日，他从和王后相遇的那个城市出发，经过佩隆、穆切和森利斯，于 7 日到达了圣日耳曼。

这一系列的便签能为那些短小精悍的思考内容提供原始资料。这些便签也毫无置疑地建立起了路易十四对待孩子们的热情和耐心。这份感情要经受考验，孩子的疾病让忙于战争和荣誉的国王很恼火，王子优雅的消遣活动很自然地让他从家庭的回忆中抽离出来了。信件很多，尤其是在阿韦纳、夏勒罗伊营地和在里尔前的营地的时候，也就是说，对于路易十四的军事力量或者爱情来说，这是最受批判的三个时期。我们可以注意到一些让人感动的表达：“当我收到您的来信时，我正处于极度愤怒之中（第八封）。”“我刚刚通过勒诺丹医生收到一则消息，这个消息给我带来了不可忽视的快乐，并且给我的心灵带来了世界上最大的平静。我希望您的信里也一样。虽然这些信我都有，但是您可以想象一下我的担心。这是一位忧心忡忡的父亲，因为他对于他的女儿和儿子有着同样的担忧。这不是对他的王国的未来的忧虑。在这位伟大的国王身上，在这位拉瓦里埃尔小姐深爱的，或者说蒙特斯庞夫人深爱的情人身上，可以说有着勇敢的男人的身影，简单来说，他是一个很温柔的感情外露型的深情的男人。这种情况出现在已

经成为祖父的路易十四身上,或者出现在他为数不多的休息的片刻,并不让人感到惊讶。但是这是一位 29 岁的国王,他似乎把内心所有的力量倾注在了工作和享乐上了。他天生就很爱孩子,也很爱他所有的私生子。所以说他和亲切的图斯小姐的亲密不是出自别的感情。

这位如此年轻、如此勇敢的国王,当他不再担心他儿子的健康问题时,他对孩子的关心在回忆录中通过各种各样的形式体现了出来:他所希望的、他所要求王储(第三封,第四封)的,就是希望王储变得越来越聪明,并且性格温和一些。在这样年轻的年龄段就要回归理性了吗?他不用害怕为了提早预防各种错误,就去浇灭年轻的火苗,这样的大胆有些疯狂。感谢上帝,这难道不是件坏事,相反却是很多优点的源泉?我们很惊讶在回忆录中读到这么一段关于王储的"皇家品行"的话语:根据王储一直以来的表现,我们可以认为这些描述里掺杂着编写者的奉承。这也是年轻的王子身边所有人的共识:"这是能看到的最漂亮的孩子和最有觉悟的孩子。"1668 年 10 月 24 日《奥梅松日报》上这样写到。路易十四难道没有觉得在他刚开始执政的那些年,他没有被强制去做一些他让他儿子去做的事情吗?人们让他享受完全的独立,这种似乎称得上是一种教育,毫无疑问没有对他带来任何危险。但是对于五岁半的王储来说,这种温和和聪明谨慎是不是已经就是精神窒息的开始了?王储是不是已经感觉到这种影响将贯穿他的一生?

如果国王已经建议家庭教师致力于培养王储的聪明谨慎,那么当孩子脱离了对他比较温柔、比较宽容的女士们的手心,当他失去了他的第一个家庭教师的时候,即便是在朴素的职位上,他也能回忆起他曾是一个很好的诗人、拥有很好的气质?当《奥梅松日

报》给王储一个可爱的、能干的好孩子的称号时，蒙托斯耶只是出现在我们记录的时刻吗？不是的，蒙托斯耶和博叙埃有许多年出现在他们面前就是为了满足皇家的计划，为了让王储变得更加乖巧和温和。孩子的天性毫无疑问和他的父亲很相像，而他的父亲那个时期的教育让人很悲伤。这就使得路易十四很少管教王储而更多的是让他自由发展。不确定的是，他曾经也是很孱弱的，为了他的健康，如果人们给予他的关心和照顾很少的话，他也是很难抚养长大的。

这些便条体现出的思想更多的是路易十四的性格的体现。他讲述运动时期的事件时毫不卖弄，他既不夸大困难也不吹嘘成功。家庭教师经常会讲述国王给他写信的事情，为了让她拥有自己的话语权，国王从来不提高嗓门责备她。其他的人对于征战有着很大的反响，这种反响可能是根据命令做出的反馈：但是路易十四不是办报纸的人也不是诗人。如果里尔的围城即将结束（第十四封），如果敌人持续的进攻会让他希望迅速回到圣日耳曼（第十五封信和第十六封信），这些都是好消息，这些对家庭教师来说都是让人欢喜的惊喜。没有别的什么了，路易十四也不想和她产生什么别的影响。

这些便签，内容极度简洁，形式也相同，而且都是以非常坦诚的、完全信任的提问的语气或者奉承的语气写给元帅夫人的，这就证明了这些内容出自皇室：路易十四不需要秘书来进行这样的思考，也不需要秘书来写这些东西。别人的手写出的东西会带有那个人的风格和方式。这些便签当中有一部分，无论是形式还是内容，几乎是完全一样的：这些只有在当时是有价值的，只有对写这些便签的人和收到这些便签的人而言是有价值的。有许多家庭的私信，作者是不希望公开的，因为在后代看来它们是不具有任何价

值的东西。没有任何价值吗？这个词或许对于这些真实地展现在我们眼前的短小精悍的便签来说是不正确的。在一个庄严的、尊贵的人身上，应该具有符合人类天性的感情，忧心的温柔和可爱的亲密，路易十四觉得这些精神对他儿子都是很有用的，起到的是一种指引的作用。

第九节
国王写给家庭教师的其他的信（1668—1671年）

其他的便签就不是那么重要了。在这四年期间的便签还没有弗兰德运动时四个月期间的便签数量多。国王显得不太那么忧虑了，因为王储的身体已经略微好转，而且王储离他也不太远了。最新的这些便签是1671年他参观弗兰德城市的时候写的，这些便签显示出了国王更多的精神上的困扰。王储的弟弟濒临死亡，之后他就特别关心孩子们的健康问题，而不再提及对于他们的性格的培养或者提及对他们的教育。

路易十四1667年9月7日从弗兰德回到圣日耳曼，然后在圣日耳曼一直待到11月9日。12月25日，他移到凡尔赛宫，打算首先在巴黎住一段时间，然后再去圣日耳曼住一段时间。12月25日是个星期天。毫无疑问就是从那天开始写了下面的便签：

第十七封——周日晚上写于凡尔赛宫

“关于您按照我的要求告知达坎的事情，我没有什么要补充的了。如果我的儿子不能来圣日耳曼的话，您把我女儿带来。我非常焦急地等着您的消息。请尽量让我在9点之前能收到您的消息。我不想再说其他的了:我知道您不会怀疑我对您的感情。"

弗朗什—孔泰运动开始于2月2日。2月7日那天,国王是在第戎。

第十八封——1668年2月8日星期三写于第戎

"您带给我的关于孩子们的身体健康的消息让我很开心。我希望他们的身体一直非常完美,并且希望能很快见到他们……"

这一年的9月21日,路易十四任命了一位总督给王储:但还是家庭教师监护着他并且像母亲一般照顾着他。王室一行人离开圣日耳曼去了香波城堡,在这里路易十四没有带着孩子,从9月30日一直待到了10月15日。八月初的时候,国王的第二个儿子出生了:这对拉莫特夫人来说是个意外,也是一种担忧。

第十九封——1668年10月10日写于香波城堡

"我的孩子们身体状况很好,而且听到您给我说的关于我儿子的近况,我感到很轻松。我希望在他们到来的时候,能看到他们和我期待的一样健康,我不在的时候,您辛苦了。如果我的友谊能做些什么的话,我觉得您对孩子们的照顾让我非常满意,这或许会让您感到安慰。除了爱您,我不知道还有什么方式可以表达我对您的满意。"

接下来我们给出大家要读的信。这封信的地位是由刚一开始要陈述的事实决定的:国王最终在10月21日回到了圣日耳曼。

第二十封——12日星期五写于香波城堡

"21日周日的时候,我会在圣日耳曼,到时在那里,

我希望看到我的孩子们身体健康。我让蒙托斯耶把我儿子带到我面前来。您呢,您就和我一样焦急地在城堡里等我吧。您不要怀疑,您对孩子们的照顾让我非常满意。为了确认这一点,我给您我全部的友情。请接受我的友情,这是我欠您的情谊,您也值得拥有这份友情。”

1669 年和 1668 年一样,路易十四在秋天伊始的时候,就离开圣日耳曼去了香波城堡, 他在那里从 9 月 18 日待到了 10 月 18 日。也就是在香波城堡他写了下面的这三张便签,这三张便签很有可能不是国王亲笔所写,而是他口述的。便签里的拼写比平时好了很多,香波城堡这个词就像大家平时拼写得那样,而路易十四写的时候总是会写成 chambor。从整体上来看,字体写得也不是太大而且更加笔直,还能看到缩写的格式,比如说用 vre 代替了 votre,这是国王的亲笔信里从来没有出现过的现象。其中最后那两封便签已经于 1806 年在《路易十四作品集》中出版了(第五卷,第 456 页和第 457 页)。这本著作中引用了国王在 9 月 22 日从香波城堡写给蒙托斯耶的信:“我收到了所有您的来信。昨天的那封信让我有些难受,因为达坎发现我儿子有了一些变化。我希望这不是什么大事。您没有把这个小事故写信告诉王后,这点您做的很好,因为这会让人非常不安的。您只需要把类似这样的事情告诉我就好了……要注意所有的状况,哪怕是很小的特殊情况也要注意。”

第二十一封——1669 年 9 月 25 日写于香波城堡

“当我没有看到您写给王后的关于孩子们健康状况的信时,我一直在担心这个事情。不要犹豫,一旦有任何不好的迹象,请直接通知我。我女儿在上一个地点发高烧的事情让我很担心……我非常信任您的照顾,他们一直到现在也很幸运。我等您的好消息。”

第二十二封——1669年10月3日写于香波城堡

“您的来信不需要有借口。只要是您的来信就行。对于我的损失，您最有权评价。感谢上帝，我只是觉得，一定要注意保护好身体。”

第二十三封——1669年10月9日写于香波城堡

“我已看到您的来信，您告诉我说我女儿身体不舒服……我相信您没有忘记告诉我细节和真实情况。”

1670年春天，路易十四将去荷兰参观三年前已经归属他管辖的地方。王后和王储殿下，在洛林的骑士引起的那次赌气之后，暂时和国王缓解了关系，也参加了这次奢华的旅行。王室一行自4月28日出发，于6月7日返回圣日耳曼。对于还不到九岁的年轻的王子来说，这是个节日，可以经历各种冒险的事情，毫无疑问，他会想象着自己在进行一场运动。5月5日，由于倾盆大雨的袭击，朗德勒西附近的一座桥突然断裂，这就迫使王室成员不得不在森林旁边的一个小村庄过夜。国王睡在桌子上，王储殿下睡在他的马车里，所有的女士们几乎都睡在稻草上，所有的人都没有吃晚饭。人们问王储殿下如何看待这次的混乱事件时，王储勇敢地回答说这是他经历的第一次混乱事件，但这不会是最后一次。因此当国王给家庭教师写信询问孩子们的健康状况的时候，王储是和国王在一起的，也就是说国王询问的是他的女儿和幼小的安茹公爵的健康状况。

此外，国王也担心拉瓦里埃尔夫人的孩子们的健康状况，科尔伯特在5月5日的一封信里就告诉国王这些孩子们的身体有些不适，已经由他的妻子照料着。还有蒙托斯耶公爵夫人，怎么能不想到她呢？就在国王出发的前一个月，即3月31日，她生了缅因公爵。国王的时间也要分配给这两位给国王生了孩子的女人，那么

她们的一切全是由国王的那四位长得不是很好看但却很优秀的得力助手照管着：勒泰利耶、德里昂、科尔伯特和鲁乌瓦。

第二十四封——1670年5月19日写于图尔奈

“您带来的关于孩子们的消息让我非常开心，我希望他们两个在我回来的时候都身体很好，我希望看到我女儿的身体比我离开时要更好一些。我相信您对他们友情和对我的友情会让您记着做一切为了他们的事情。请相信我非常满意，对您的感情就像您所希望的一样。”

这封便签的内容没有提及王储，在写下这封便签和下一封便签的中间时刻，发生了一些我们提到了但是没有特别强调的重大事件：因为还没到时候，这里也不是写这些事情的地方。1670年9月1日，由于一场持续的高烧，家庭教师佩里尼先生逝世于圣日耳曼。6日的报纸中提到说国王和整个王室都表达了遗憾之情。孔多姆的主教博叙埃继任了佩里尼的职位，但是年轻的王子在很长一段时间内因为不适应他的新老师所以总是不在学习状态。由于一次间日疟引起发烧，王子的身体变得有些孱弱，接着第二次间日疟又发作了，这让他整个9月份都是在床上度过的。根据临时被任命为副家庭教师于埃的说法：这个病不严重，但很顽固，持续的时间很长。王子生病期间，只有这些人能靠近他并且照顾着他。甚至科尔伯特周围的人，都觉得王子病得不是很严重，因为部长收到了索默赖先生的来信，其中提到皇家的狩猎事件：“1670年9月11日在香波城堡，先生，我非常高兴从您的信里得知王储殿下身体越来越好，国王一直坚持要来能找到五百只野鸡的地方。”几个星期之后，王子的身体好些了。10月5日，路易十四从圣日耳曼给昂吉安公爵写信：“我相信您对我的儿子，即王储的身体好转会感到开心。”于是国王就能去狩猎野鸡了，就像他已经连续两年在

秋天狩猎一样，他带领着宫廷里所有的夫人去了香波城堡。但是于埃说的很对，王子的病情依然很顽固。

第二十五封——1670 年 10 月 19 日写于香波城堡

“我儿子发烧了，我要比预计的时间早些回到圣日耳曼。对在新城堡里的我的女儿来说天气已经太冷了。在我看来，她在你的房间里要比在她自己的房间里好些。考虑一下我给您说的事情，请按照您想的去做吧……我随时听您的吩咐……”

王储的烧退了，不久之后他又再次开始发烧。12 月，国王访问了卢浮宫之后，当《奥梅松日报》给他介绍他作为监护人的利涅王子的儿子莫埃小侯爵时，王储已经基本痊愈了。“王储先生病了，不过现在已经好了。1674 年 2 月 18 日赛维涅夫人这样写道。”

1671 年春天，路易十四去荷兰新征服的或者说占领的地方进行军事防御工程的勘察活动，王储没有像 1670 年那样和王后一起参与国王的这次旅行，他的健康状况是没有去的理由吗？或者是蒙托斯耶和博叙埃先生投了否决票，而佩里尼先生压根不知道投否决票？如果是最后这个原因的话，那是挺遗憾的。因为对于一个九岁半的王子来说，最好是走遍各个省份，在大自然的景色中，在工业和战争的壮丽的场面中接受教育或者放松身心，这比坐在老师的房间里不停地听讲，在课余却对于社会一无所知要好得多。“1671 年 4 月 22 日，赛维涅夫人给她的女儿写道：我从圣日耳曼来，我非常高兴好多人请求我向您行吻手礼，蒙托斯耶先生，贝勒丰元帅……王储殿下也让我给您一个吻。”

国王从 5 月 3 日到 5 月 25 日在敦刻尔克停留了 22 天。

第二十六封——1671 年 5 月 10 日写于敦刻尔克

“尽管我没有让人回复您的来信，我也没有让人看您全部的来信，但是我对您的真实守信很满意，您给我带来了孩子们的真实消息。我不需要告诉您让您继续这么做。您知道的，再也没有什么比这更让我高兴的事情了，请确保您不会忘记继续这样做的。”

路易十四于6月13日至24日，6月28日至7月7日，分别在阿塔停留了两次。由于最后的几封信带来了一些不好的消息，所以他不得不加快了返回的步伐。

第二十七封——1671年6月19日写于阿塔

“我非常高兴您给我带来了孩子们的消息。在得知我儿子安茹公爵发烧的消息的第一时间，我就让瓦洛先生全权召集医生们去解决他及时做出的判断。我相信您不会是最后一个才告知我发生的一切，也不会不认真地告知我真实情况。”

第二十八封——1671年7月4日写于阿塔

“您告知我孩子们的健康状况，我对您的细心越来越满意。我希望我们回到圣日耳曼时，我儿子安茹公爵的身体会处在一个很好的状态。上帝保佑，这个月的14日或者15日我们将在那里，我希望您能安排布置一下，为了能让我的房间在这段时间内都处于空置状态。”

病情发展得特别快，毫无疑问，根据别的消息，7月6日国王从阿塔的同一个城市给蒙托斯耶公爵写道：“昨天，我告知您我们将于下周二或者周三回到圣日耳曼，但是现在我们将于本月11日周六晚上抵达，听到我儿子安茹公爵的病情的消息，我们明天就出发。请加速安排我儿子的搬家事宜，让他尽快搬到新城堡，并且安排他的出发，让他和我们在弗朗孔维尔会合。”

还没等到国王到达,孩子就去世了。王储看起来不是那么的坚强:在7月初的时候,人们和他一起采取了所有的卫生措施和医疗措施,但是为了让他觉得好玩,在他洗澡的时候给他的浴室覆盖着橘子叶、石竹的叶子和各种鲜花,并且给他琵琶和小提琴让他玩耍,同时还有朗热小姐和拉瓦莱特小姐的歌声陪伴着他。疾病在王子们身上和在其他人身上是一样的,都逃脱不了死亡的威胁,死亡对于每一个人都是公平的。博叙埃和蒙托斯耶不赞同这些过于讲究的照顾:他们拿走了琵琶和小提琴。要相信他们可能没有料到王储病得那么严重,他们只是以为王储太柔弱、太懒惰。7月14日,在他的弟弟安茹公爵葬礼的第二天,让人们还在为国王唯一的儿子的命运哭泣的时候,他们不顾及他的气色和衰弱,反对人们把他放在床上。“一年之中有四分之一的时间待在王储身边的侍从杜布瓦讲道:他们嘲笑我,说我不了解王储殿下,所有我看到的只是王储为了躲避学习而已。”杜布瓦讲了一个特别常见的细节来很好地解释了王储是怎样把疾病当儿戏的:“我从来没有见到过一个孩子或者任何一个人像殿下一样如此轻松地对待疾病。”

的确,几乎每一年的秋天,在圣日耳曼他都会发烧。如何摆脱这个不幸的事情呢?通过改变住所吗?这是赛维涅夫人的建议。在7月22日的信里,也就是安茹公爵葬礼后的第九天,宣告了王室下一次出发去的是枫丹白露宫,而不是去之前已经计划好的罗什福尔和香波城堡这两个地方,赛维涅夫人提道:“人们觉得打乱了为秋天所做的那些计划,就是因为王储在这个季节在圣日耳曼的高烧。今年,高烧在此肆虐,但以后不会再出现了。”

通过更加营养丰富的食物来改善吗?这是侍从杜布瓦这么认为的。“他在8月13日的地方日志中写道,在国王的第一位医生瓦洛先生去世之后,他中午不再吃他讨厌的汤类食物了,而是每

天早上吃面包,喝一点水和酒:从此他开始逐渐变得强壮、逐渐成长。”根据杜布瓦的说法,为了使法国不再遭受失去王储的痛苦,1671年8月9日,瓦洛先生死得其所。

这位瓦洛先生明显是个笨拙的人:他认为王储早上不吃面包不喝酒能够生存,另一方面,他不认为国王有一个强壮的体质可以和他的情人们长久地在一起。实际上,人们指出,在去世之前,瓦洛先生曾给国王说,作为他的臣民和他的第一个医生,他有义务告诉国王如果他不改变生活方式,他为了追逐财富不会活到正常人的年龄。对此,国王回答说,如果他不能很快乐地生活,那么活得长久与否他一点都不担心。路易十四否决了他的医生悲观的预言:他没有改变他的风流习惯,上帝也没有不给他很长的时间。聪明的人有权利像这位诚实的瓦洛先生一样思考,当他们得知在1671年2月国王把蒙特斯耶公爵夫人留在身边的时候,还通过贝勒丰和科尔伯特先生的手,在圣·玛丽德·夏约的修女中,让人找到了拉瓦里埃尔夫人。“她在宫廷里完全站住了脚跟,赛维涅夫人于2月18日这样写道。国王见到她时高兴地流下了眼泪,和她进行了许多次温柔的会谈:所有这一切都让人很难理解,所以什么都不说了。”是的,这就是一位国王一些奇怪的事情,他很真诚地爱着自己的孩子,他打算给王储进行一些道德方面的指点。

他对于孩子的父爱从来没有冷淡过:1668年至1671年间,他写给家庭教师的所有的这些便签便是很好的证明。作为国王心爱的儿子,国王总是想培养他进行各方面品德的实践,就如同统治国家的科学一样需要实践。因此,在这段时间内,先是佩里尼负责,后来又由佩里松负责回忆录的继续撰写和修改就证实了这一点。王子们人生中的污点会被消除,会被隐没在他们的统治的荣誉之中。但是,他们的公众生活越是伟大,人们越是对他们的性格

和爱好感兴趣。在给王储的教导中路易十四以智者自居,我们有权利要求他对他自己的所有的行为有所交代。无论如何,这是回忆录的编写者们赋予他的形象。我们一点也不怀疑,他有着作为国王的责任感,至高的权力,在他眼里如同神圣的权力的代表,对他来说要求具备一定的才能,并且要为之做出努力。因此他认为培养他的儿子去适应这个艰难的职业,永远都不会显得太早。我们还记得在1667年他写给家庭教师的便签,这就是当时他要求一个五岁半的孩子要做的事情。“我想让你成为一个诚实的人,你不愿意。”据侍从杜布瓦说,1671年9月29日国王对王储说了这样的话。这句话对于路易十四来说意味着,在任何年龄阶段,都应该做适合他的状况的事情:这就是西塞罗的十进制。如果王储在十岁的时候讨厌学习,不专注于他的主题,拒绝学习他的教理书,路易十四很有理由担心这种不顺从和懒散会逐渐形成他的性格深处的某些东西,担心王储在以后所有的事情上都会变成这样,他就不会成为一个好的国王。但是诚实的人、乖巧温和的人,就如同路易十四赞同他们表现出来的在自己之下的一些美德,这是所有的人都应该具备的最基本的品质。

第十节
回忆录的引言

路易十四小小的活页本里是他记录的1666年和1667年的一些片段式的内容,这些内容是日志的基础材料,而日志则孕育了给王储的回忆录。我们不知道这个具有政治性和道德教育意义的工作的初步想法来自谁,或者是来自国王,或者是来自在国王的口述下撰写日志的那些作家们。日志中路易十四的笔迹无处不在,而在回忆录的修改中我们隔了很远的段落才能认出国王的笔迹。国王的笔迹时不时地出现,让人们意识到他对日志里的想法是负责任的,也让人们知道这些想法的呈现形式是合适的,这样就足够了。回忆录中的事实和评价与日志中的事实和评价的一致性,在这两种写作之间建立起了一种无法拒绝的团结一致性。

当人们一开始借助日志的文章来撰写给王储的教育的回忆录时,就试着要写出一部完整的具有政治性的回忆录。这样的回忆录应该有一个引言部分,或者一个序言部分。这份工作持续了两年,在这两年中有一些关于教育的非常可靠的事件,这份工作对于那些野心不大并且很杰出的作家们来说,对于一位不太爱慕虚荣的国王来说足够了。当然这个范围看起来太小了,随后我们会再继续扩展。这个回忆录没法超越 1661 年的版本的一个很简单的原因,就是人们既想要展现国王的荣耀,也想要展现对王储的教育,这一年提供了一个很好的开端。在马萨林去世后,路易十四亲自执政这件事对他儿子来说就是一件很自豪的例子。关于欧洲和法国的状态、关于得到或者失去年轻的国王的信任的那些主要人物的概况,可以放在金融领域完成的初步的改革审查的内容之前。对于金融领域,我们也可以提一下。我们在之前提及的科尔伯特的回忆录给出了一些事实和想法,我们只需要调整并且扩展一下句子的内容就行了。如果只提及王储或者公众的土地租金、土地出让、农场和丈量,这样的内容显得太少也太枯燥。我们手头上有一些报纸上提到的内政改革、宫廷事件、婚姻、大使们、外国的故事等,我们可以借鉴一下这些不是和数字打交道的内容。所以不要担心没有什么新颖的东西可读;不要担心编写者们没有倾注心血

去收集一些详尽的细节，他们会用妙趣横生的语言写出他们回顾的作品；不要担心文章的简洁性和思想性，人们会满足于从不太清晰的事件中提取出具有普遍意义的教育内容的。

这个引言部分有多长呢？我们不得而知，因为引言的很大一部分内容找不回来了。草稿中显示，这个引言包含了将近五年的历史（1660—1665年），可是，我们却找不到任何关于1663年、1664年和1665年的内容，1662年的内容也很不完整，只有第一年1661年的内容是完整的。对于完全丢失内容的年份，我们没有意识到枯燥无味的金融概览的文本是我们的最初几页的内容，因为这些特殊事件的简短的专业词汇压根不像一个回忆录的内容。对于保存下来的部分内容的研究足够让人们去评价整体内容，并且人们对于没有的那些内容也不会觉得有什么遗憾。

效忠于路易十四的这些编写者们把1666年之前的那些年份的模糊的表面的研究称作引言：对于他们而言，这些只是回忆录的"第一部分"。这是毫无根据的笨拙的说法。因此他们根据自己的划分，把这五年的内容放在一部分，把另外两年放在一部分：这样的分配是不合理的。我们可以问一下他们，为什么在时间跨度很长的第一部分里只包含了极少的确凿的事件，而在第二部分却包含了太多的事件、太多丰富的信息。他们不愿意承认他们曾经是路易十四的忠臣，他们只承认是在路易十四的口述下写了1666年和1667年的日志。对于之前那些年的内容，他们就想了个权宜之计，缩写成金融回忆录，或者写成小道消息或故事，或者写成没有什么价值的回忆录。路易十四放任他们这么做：他被作为自己儿子的政治导师和精神导师提前搬上了历史舞台。他没有意识到他们给他说了许多大而空的话，对于这样一位如此骄傲，什么事都亲自去做而且无所不知的国王来说，从他自己的事情中

得到的这样的内容就是不好的教育。要不然就要假设说，他忘记了他的执政特色，以及他日常生活中所有令人好奇的细节。

那么我们可以认为这是非常谨慎地写成的、充满了沉默的一部分内容吗？如果说刚开始的那几页就充满了掩盖真实的一些内容，那么这对于王储的教育意义在哪里呢？如果开头部分就没有自主权的话，如何让人去相信回忆录中接下来的部分的内容呢？一个简单的引言应该不受相同的批评的袭击：这应该是编写者们的初步工作，它不应该使用国王的名字。人们一点也不惊讶这个回忆录没有真正的回忆录内容丰富：在这个回忆录里汇集起来的事实对于体现 1666 年到 1668 年的国王的聪明来说已经足够了。

对编写者来说，如果那些想法不是代表王室，而是代表个人的想法的话，那么批评家就能很自如地予以讨论了，因为给从国王嘴里说出的话找错，似乎是一件很大胆很冒失的事情：人们会有顾虑，因为这种行为就如同造反或者异端邪说。所有的反抗者都是无政府主义者。所有的人都认为王子是不能犯错的，尤其是根据当时的教义，上帝赋予了国王全能的智慧！如果他不小心犯错了，每个人都应该闭上眼睛视而不见。在同样的邻居身上发现错误时可以这么宽容吗？另外，假设他犯了错误，不需要任何的评论，每个读者都应该很公正地对待这个让人很遗憾的错误。

在有国王签名的页码中发现一些内容要重新改动的人，是很不愿意去扮演这个恶人的角色的。他会辞职不干，因为比起他的捍卫带来的尴尬，真相反而值得被保留下来，但这是件让人心情很不好并且有些悲伤的事情。在共同的批评水平下，他希望国王就是国王，希望有些内容被删减掉，希望能利用他是编者的特权加入一些别的有利的内容。去掉王子的名字，去掉路易十四的名字，作家发表的意见是不受神圣的王室保护的，但这种意见将会更加自

由,也不会很严厉。

这就是1666年的回忆录开头的一页,在这一页里总结了第一部分的内容并且宣告了第二部分的内容。用了多么夸张的手法!语调是多么的谨慎!通过路易十四给他的儿子写的内容,人们可以传递一种学究式有条不紊地自吹自擂的语言吗?皇家的虚荣心以对仗句的方式被表达且流露无遗了:

> 在回忆录的第一部分,包含了将近五年的时间,我让您看看我是怎样在和平年代做事的,在第二部分我打算给您展示一下在战争年代我是怎么表现的。在第一部分里,我很急切地想教给您,一个聪明的王子是通过什么方式给公众带来安宁的生活。在第二部分里,我会教给您如何供应军队的繁杂引起的各种各样的需求。在第一部分里,您经常会看到我是作为一个家庭的父亲的身份,平静地忙于家庭经济的各种事情。在第二部分里,您将看到我会作为一个狡猾的队长,会根据敌人的阵容随时变换职位和行动。最后,在第一部分里,您只能看到军队的重组,收入的增加,公平的法律条款,有利的建筑,有用的和平的收获;在第二部分,您将看到战争人数的增加,船舰的武器配备,弹药,令人担忧的照顾,流血的战争,持续不断的防卫。但是我保证在这种事物的多样性中,您总会看到我对于工作的坚持,对于决策的坚决,对于我的人民的爱护,对于国家强大的热情和对于真正的胜利的欲望。

不可否认的是,对于王储的教育的想法在国王的所有重大事件里是占有一席之地的:这似乎是从1666年的日志就开始的。我们只能从1666年的回忆录的前两次编写的片段里来解读,但是

最后的编写者却删除了这一段：

> 因为我有许多事情，我认为我应该给它留出更多的时间，因此我总是每天工作三次而不是之前的两次了。早晨还是像以前一样，留给解决法律、商业、金融和紧急事件。下午，处理国家的日常事务。晚上，不再像我曾经的习惯那样去消遣放松一下，而是回到房间继续工作，或者和负责战争事宜的鲁乌瓦详谈，或者处理一些需要我自己单独处理的事务。在这之后，我会有些许的休息时刻，我把这些休息时间用来写你们现在正在读的这个回忆录。

我们确定，在回忆录的第一部分的标题装饰下的那些册子的内容上没有路易十四的笔迹，但是可以看出其中有一些想法是经过路易十四处理过的。1666 年之前的最后一次校对，如果没有路易十四用铅笔潦草地在上面写了些内容的话，佩里松在 1669 年和 1671 年就没法完成该项工作。

路易十四参与这样一部很平凡的作品，实际上成为了一种声明。所有的人可以用来替他解释的话语就是：隔了十年之后，他不再对 1661 年和 1662 年的人和事感兴趣。他是出于对佩里松的信任，同意佩里松在没有国王签字的情况下在其内容上做出一些改动和增添，因为佩里松是对国王极度虔诚的朝臣，是一位新的天主教徒，也是一位有才华的人。佩里松的出名不仅仅是出于这次合作，他的出名也证实了他的奴性精神，还有他作为一个道德历史学家的不幸的自命不凡。

以国王的名字来编写回忆录是一件很伟大的事情。编写者们，无论他们是谁，一下子都不能确定最终的提纲。在佩里松的工作开始之前，1661 年已经出现了两个相继的版本了，一个版本是由

八个小册子的内容组成的,另一个版本是五册或六册的内容组成的。在这两部作品中,有着相同的想法,相同的事实,以及几乎相同的编写顺序。在第二部著作里,作品的跨度稍微小了点,也就是说内容不太丰富。那么这两部著作是出自同一个人之手吗?第一部作品只留下了目录,其写作风格相当漂亮、宏大、精确而且坚定。第二部作品的那些部分,在我们看来和第一部作品的写法很相似,是比较接近佩里松的写法的,但是我不敢肯定这些部分的内容是出自佩里松之手。我更倾向于说,在目录部分的空白处增加的内容和所做的一些修改是佩里尼写的。总体来说,这不完全是出自佩里松之手。

八个册子的这个工作的优先权是不容置疑的:在目录的文本上所增加的内容足够建立这种优先权了。在第五册上,我们读一下在前两行之后的笔记:“在这要加入第五册的前十一篇文章。”在接下来的文本中,符合这些文章的想法所处的位置和笔记的作者想要赋予它们的位置一样。另一方面,通过文章的比较,很明显,佩里松后面的校对关注的是由五册或者六册组成的作品:八册组成的作品是人们抛弃了的第一部作品。因此我们就安慰自己说这第一部著作就只有目录而已。对于第二本著作,我们不敢确定它的册数。因为第一册是缺失的,只有第二册和第三册是完整的,第四册没有结尾部分:如果我们和八册的目录对比的话,整部作品的比例缩减了,这种比例不允许我们假设它是超过六本的册子组成的。

1662 年没有像 1661 年那么多的内容,只有一些片段式的内容,一本或者两本草稿,还有出自佩里松之手的不完整的最新的版本。引言的这些不同的文本只能在 1666 年和 1667 年的回忆录之后被拿来研究。因为佩里松在枢机主教马萨林去世之后的第十年

才开始动手写，因此当路易十四在1670年9月1日失去佩里松先生的时候，我们能够承认的是，王储的老师为了王子的教育付出了全部心血。在他生命的最后时刻，为了回忆录的校对工作，他让一位很有名气的作家取代了他的位置。这么说来，在富凯统治时期，他和这位作家之间的友谊对他是很有用的。

第十一节

佩里松加入回忆录的编写工作

富凯的计划是在1664年12月的最后几天完成的，这给他的朋友佩里松先生带来了一时的摧毁。佩里松在对国家的财政挥霍方面成为他的同谋者之后，以一种人们无法赞扬的慷慨大度，成为了富凯身边灵活又能言善辩的防卫者。国王对他不是那么严格，因为对那些身份地位高的人的罪行惩罚的越严重，对第二被告人就越显得宽容。对于这一类人，持久的预防性的监禁已经是一种惩罚了。在1665年中期，蒙托斯耶公爵和圣埃尼昂侯爵得知他已经被释放了，甚至收到了补偿金。在1666年年初，《奥梅松日报》说他就像一个受了恩惠回来的人。奥地利的安娜刚一去世(1666年1月20日)，佩里松很快就在被人们称为王后的《墓志铭》的《历史信件》这部著作中写了这一幕吗？这个片段的内容很短，应该是在位于布鲁亚街道的女修道院的加尔默罗会的拉克鲁瓦的弗朗索瓦和耶稣的特雷兹两位修女的要求下写的，是作为通报信来宣布1月20日的事件的。“他在最后说道：她们寻找对极端的痛苦的轻微解脱。”王后的一生当中，从她出生到去世之间的所有重要的

行为，都被按照时间顺序简要地列举出来了。没有一件事情看起来是个“奇迹或者是一种前所未闻的幸福”，“奥地利的安娜，法国的王后，是所有未来的王后们永远的楷模……整个法国为她的离去而感到遗憾，她在任何地方都没有在她作为创建者的这个王宫里真实。她的永远的持久的雕像成为了祭坛和神圣的地方，这都是她的善行建立起来的。”根据我们的回忆录的表述，如果佩里松先生是这篇文章的作者，那么他和那个世纪的其他有才华的作家都会惊讶于所有的颂词都已经过时了，而历史会“通过简单的叙述记录下这位王后的行为”。一位新教徒以虔诚的团体的名义给王后的匿名的致敬值得被重视，佩里松的行为就是一个机灵的奉承者的行为。

路易十四似乎允许佩里松重新在其左右，佩里松不是那些既没有才能也没有头衔的暴发户之一，那些暴发户因为受到命运的打击而跌入人生黑暗中，他们没有能力从打击中振作起来重新开始一个职业，而佩里松曾经是元老院的参赞和蒙彼利埃行政法院的审查官，他拥有世界上很受人尊敬的荣誉，他短期的失宠只是让他成为了第一任总监而已。作为作家和思想家的名声让他比在现有职位上更有名气，因为他的写作风格锋利而勇敢，他的笔下能产生出很大的价值。

在他的手下，笔变得锋利而勇敢，这是很有价值的。作为曾经的星期六团体的一位表演者、斯居代里小姐的资产阶级社会的合唱团的一员，总监的志愿者律师展现给大家的就像是一位真正的只追求变成颂词作者或者历史学家的演说家。作为富凯的友谊的忠实拥护者，他接受了既成事实，只要路易十四同意让他因此成为一个忠诚的国王服务者、一个国王的名声和荣誉的发言人就可以了。

“路易十四作品集的编者说道：国王接近佩里松，让他在1667年的运动中也追随自己左右，是因为就像人们在他的一篇文章中看到的那样：佩里松擅长奉承艺术。国王在第一个胜利时期的所有的语言和感情的表达，都得益于佩里松。”在这里出现的内容实际上是路易十四的某种内心独白，证明了在里尔统治期间，出于名气的利益考虑，他就已经让佩里松追随在自己左右了。当然我们不能把这个称作是一次对话，因为路易十四从来不用这样的语气讲话，这就足以看出来这样的语气让人听起来是多么的厌烦！1806年的编者告知我们，这个片段在佩里松的文章中出现过，由他的其他著作的编辑苏塞神父在1735年出版过，他把很夸张的东西都归结于佩里松的修辞法。不管这些内容的作者是谁，或者是国王，或者是执笔者，人们都赋予了这些内容一个很耀眼的题目，这对我们来说标记出前几行就已经足够了。最终让人们知道在1666年、1667年和1668年的回忆录中，这些强调的、夸张的句子是经常出现的，即便是佩里松参与到这个奇怪的编写工作中，他也不能通过他的风格习惯弱化这些表达。

国王内心所想和他所说的事情之间有很大的差异，为了让你们看到在这些资源当中体现出来的国王的美德，我很高兴地告诉你们关于我在里尔前面的营地时有幸作为第三方参与的一次会谈。当时通过我们的请求他也表现出了谦逊，因为他提起对所有的臣民的内心感受时，他们的对话都会转移方向，所以为了和我的主题更好地联系在一起，我就不按顺序给你们说了：

国王们的行为举止，和其他人比起来是很不幸福的，因为他们心里所想的不能直接呈现在他们的臣民眼前。大多数情况下，都只能根据他们的兴趣和爱好来评

价他们所有的行为,几乎不能用公平公正去评价他们的行为……

其实我们错了,这并不完全是国王的内心对白。我们可以通过下面的引用来评价。国王是这样表达的:

“让历史来评价我的功过吧。作为深爱我的人,我只请求你们不要奉承我,而是拿出你们的忠诚如实地告诉我,要想建立我的声望,我是不是还有一些事情要做。”

编者加入的:

“我在此打断国王的谈话,是为了回复他,国王从来都不是很坚定。”

“国王继续说到,既然根据您的说法,在这一点上我能够停下来,那我如实地告诉你……”

“当我看到您去追逐一些我不敢去的机会时,我向您承认,无论我的理智告诉我什么,我都不会永远忍受下去……”

我们非常想知道路易十四是和谁展开的这场对话。报纸能告诉我们的是,在里尔占领期间,国王认为他有权利说给所有人。

在这句话里,国王是给谁说话呢:“当我看到您去追逐一些……机会时?”这明显不是说给佩里松先生的。难道是说给蒂雷纳先生的吗?但是,问题在于,就如同他不在场一样,这是以一种间接的方式说出来的。

“我能说的是,我决定利用这次机会(里尔统治期间)让蒂雷纳先生追随着我,让他不要害怕我的名气。”

苏塞神甫,作为佩里松的其他著作的编辑,是唯一一个提出在他的文章里发现的在里尔前面的营地里的国王的谈话应该写进他的作品里的人。因为缺乏别的信息,所以应该这么做。第一句的内容是:“我很高兴地告诉你们关于我在里尔前面的营地时有幸作为第三方参与的一次会谈……”这种表达方式给人感觉是像一封信的某个片段。这些内容是写给斯居代里小姐的吗?因为佩里松在 1671 年至 1688 年期间给她写了大量的历史书信。

曾经有那么一瞬间,我产生了把佩里松从这段美好的历史片段中抹去的想法,没有任何证据,只是想通过简单的猜想,把这些归功于路易十四回忆录的一些匿名作者之一。国王日志中提到的拥有向所有人说话的自由,这种思考难道不是产生于编者参与的对话中吗?尤其是当这位匿名的编者是在行军时伴随在国王左右的国王的秘书之一。因为存在许多的异议,我们还是通过各种方式终止了这样的想法:首先,通过这种一开始就是和回忆录的撰写完全不相符的书信的格式;其次,通过这种演讲的口气或者是没有明确指出是给王储的训话的格式。他被国王提起名字,但是以蒂雷纳同样的方式被提到的。国王提起他,他却不能跟国王说话,这就像在回忆录中一样,是一种间接的对话。

“我应该让你们在我的内心深处再发掘一些东西,我应该告诉你们在我的名声、荣耀、王后、儿子和国家之外已经发生的一些事情。”

不管这个片段是出自作为谈话第三方的作者之手,还是出自佩里松之手,我们坚持认为这个片段是一个独立的片段,和为了王储的教育而写的国王回忆录是完全不一样的。我们就把这个写作的荣誉赋予了佩里松。我们猜测这是写给“沼泽派”(也叫“平原派”,18 世纪法国资产阶级革命时期国民公会中的中间派)的萨夫罗的信,我们认为这个具有历史说服力的片段,对国王是如此地奉承,“人们可以在其来源中看到它的功效,不会被掩埋于年老亲切

的斯居代里小姐家的那条博斯小街道里。国王的名誉和军事上的骁勇善战被如此夸张地称颂,这只能归功于佩里松了。在皇宫里,当若侯爵总是给国王展示一些称颂国王的美丽的诗句和美丽的演讲词。布瓦洛在1665年利用的这次幸运的会面就是在1667年和佩里松的会面。路易十四也是从布洛瓦对他所做的这首颂歌中成长了起来。

每当国王呼叫你的时候
当若总是看到国王被新的荣誉环绕
荣誉是如此地引人注目,如同百合花的光芒一般
通过柔软的紫色蔑视着所有其他国王
从羞耻的享乐中逃离,不再被温柔纠缠
用聪明的想法去征服财富
所有的幸福对他来说没什么
就是向世界展示他就是国王

佩里松的长篇描述正好呼应了路易十四想让世人从他那里有所收获的想法。这篇的奉承笔墨不是很多,因为对路易十四的赞颂已经通过最新取得的耀眼的、快速的成功证明了。这些赞美之词的相同的语调不应该让人不快。国王回忆录的编者们,从国王日志中借鉴了一些事实和思考的基本内容,这些东西在他的眼里、在王室的写作者的笔下,都具有几乎相同的风格。

路易十四发现佩里松是一位很适合他的风格的作家和历史学家。当佩里松打算着手讲述反对西班牙的战争时,国王就接见了他。这还没有涉及对王储的教育,只是用来展现国王的荣耀的一个历史事件,我们可以通过他呈现给国王的写作计划来进行评价。那么,在国王和佩里松之间的中间人是谁呢?佩里松的《历史信件》的编辑,在第三册结尾时,在其他作品的中间出版了这个计划,

他声称这是写给科尔伯特的。在这次出版的三十年之后，皇家图书馆收到了诺阿耶元帅（1758年9月6日）的许多不同的草稿，其中一些是出自佩里松之手，另一些是根据他写的内容复制的。计划书里列举的那些片段，没有任何内容说明是和富凯的强大的继承者有关系的。我们知道科尔伯特在寻找一个好的写手来负责庆祝国王统治时期的重大事件：文笔浮夸的瓦里利亚斯，他对事实没有太多的感情，是第一批写手里的一个。之后是学识渊博的巴鲁兹，他是部长的图书管理员，他至少能发现并且解释外交方面的某些棘手的事情。因此就有了许多享有国王的史学家称号的平庸的作家，享有这些称号有时候是会给补助金的：若只为了赚这些补助金，其实是没有必要的。

佩里松对他的史学家的新身份是很严肃的：他在计划书中写下了他的工作方法。尽管计划书的内容已经出版了，但我们也相信它对于重新写作还是很有用的。我们借鉴了一百年前由诺阿耶元帅提交给国王图书馆的手写稿的文本。这些内容出自一个有着很漂亮的字体的抄写员之手，其字体圆润、紧凑且短小精悍。佩里松只写了题目："国王看到的第一个计划"。

> 我很荣幸地给你们讲一下这个计划，它尽管有些混乱，但都是描写这场战争的。
>
> 我不期望它会以日志的形式出现，也不希望它以简单的回忆录的形式，或者以颂歌、颂词的形式出现，这些形式都是各自有各自的特点和不同的风格，要仔细辨别。
>
> 这就如同以蒂韦利夫、波利比乌斯和其他古老的人的方式写下的伟大的历史一样。
>
> 应该在开始部分就展示一下整个欧洲的状态，尤其

是法国和西班牙这两个王国的状况。这是一个很合适的地方，可以简要地讲述国王的所有美德，可以通过各种各样的方式让人想象国王的伟大之处。作者可以通过隐秘的对比，把路易十四国王和其他国王做一个比较。

对于中断的原因和国王的正确的主张，应该由历史学家而不是律师来解释。用精选的词汇写成并且只包含好的内容的目录，是这两个国王提出的最好理解，也是最好研究的目录，会让最没有知识的人都明白哪怕是最灵活的人也很难完成一部“大部头的著作”。人们反驳它的结尾部分，但反驳的总是它的叙事风格，《国家盾牌》作为一个非常灵活的人的著作，它的主要的基本内容在外国人中产生了很大的反响。

在开头部分，需要有一些知识，也需要避免文章内容过长、晦涩难懂，所以这一部分并不是让人感觉舒服的部分。我在这一部分写了许多的思考内容，我希望能以我的荣誉来保证让大家能从这里继续读下去。

接下来应该致力于几乎现代的史学家没有人知道的、几乎没有一个法国人知道要做的事情：也就是说应该让人了解这场战争中的主要人物，就好像是有人声称没有人了解他们一样。因为这是写给后代的，后代是看不到这些人的，而且去了解他们其实比看到他们更重要。

当人们提到这种形象或者性格时，他们既不是大量存在的，也不会有续篇，但是会被很艺术地并且多样化地分散安置在文章中；人们用四句话介绍他的出生和著名的行动，会仔细地展示每个人的才能和他的能力范围，对他们不会太多地提及但也不会忽略，会让他们被人了解，这些方式会产生令人惊叹的效果。这是让历史生动起来，防止让它变得无聊且不引人入胜的最大的秘密之一。当读者一旦产生了不同的看法，当读者看到每个人物身上都有自己的影子时，读者的精神就形成了令人愉快的风景。

在所有的性格中间，国王的性格应该是最光彩夺目的，也应该是威慑四方的。其他的人物性格只是为了给国王组成一个宫廷或者为国王做参考的。

应该处处称赞国王，但是要通过不是赞美词的那些叙述去表达、去思考，这些表述看起来毫无意义，但却是很生动、很尖锐且优雅的，避免使用所有的属于赞美词的这些表达方式，反而更能让人相信。这不是为了说出一些他应得的修饰语或者神奇的称颂，而是应该让读者们发自内心地称赞。普鲁塔克和昆特·库尔斯一点也没有称赞亚历山大，但是人们发现亚历山大反而受到人们的称颂。

毫无疑问，希望国王同意这个计划。要是没有国王的同意，这项计划就不能实行。但是要看上去让人觉得国王是既没有同意、也不知晓，甚至也没有建议过这项计划。

历史要比日志和回忆录包含的内容更加琐碎。当历史没有什么精彩的事情发生的时候，它一点都没有担心要跨多少步迈过战壕，每天是哪个军团进行护卫。但是，作为回报，关于主要的行动和主要的人物，当涉及的是主人，就是一个有教育意义的例子，是有价值、有威严的，是重大的事情。就像我们讲述国王的范例时，历

史就会反映出并且让许多小事情都变得很有价值，而这些是日志和回忆录会忽视的。历史遇见重大事情的时候，它会以尊贵的、更加书写的方式把它们置于美好的日子里，会在很小的空间里融合很多的信息，但却一点也不会丢失该说的话语。短小的有意义的思考内容，特别的话语，军事演讲，秘密的动机，王子们的利益，谈判，建议，公众的不同的情感，国家的美好的描述，城市，人们和他们的品德，安营扎寨，工程，军队的行军，这些内容都可以在历史中找到一席之地。如果人们把这些都融合或者联结在一起形成一个坚固的整体，充满了多样性、力量和笑声，不是进行讲述而是对其粉饰，让人都能通过想象看到所有写在纸上的东西，通过这样吸引读者，让他们对发生的事情感兴趣，这就不再是历史了，而是登记簿或者更夸张地说是编年史史册了。

佩里松在编写这部原则、申明这部宣言时，我们看到他就多次反对把历史的类型和日志类型或者回忆录类型混淆在一起。要知道他还没有弄清楚路易十四命令的、给予启发和进行再次阅读的工作。毫无疑问国王日志只是个日志，是以事实和想法为基础的日志，但是回忆录明显就是上升到了佩里松设想的那种历史的类型，除了“对国家的合适的描写……”，回忆录的编写者致力于追随法兰西学院的历史学家的足迹。“秘密的动机，王子们的利益，谈判，建议和公众的不同的情感”都能在回忆录中找到它们各自的位置。至于至少在近十年以来很流行的关于“这种方式的人物的肖像和性格”，回忆录里也有一些描写，尤其是就像佩里松想的那样，关于路易十四的人品的描写到处都是。开场白“展示了整个欧洲的状态，对于简要介绍国王的各种美德和让人想象他的伟大而言，开启了很好的领域”,这些不是为了写回忆录而想象的内容,而是那些编写者们很笨拙地在第一部分提及的内容,用来代替序言或者引言的简单的标题。佩里松自认为是个创造者,其实他只不过是个还没被大家发现的抄袭者而已。此外,不需要一个神奇的天才去发现和实施这种办法。不管作者的目的是什么,或者是像在回忆录中体现出来的对王储的教育,或者只是祝贺国王,就像佩里松所说的“是为了给他提供一些参考”,都应该是“读者发自内心的称赞或者教训”。路易十四似乎把他统治时期最美好的年份时的赞美拿来和环绕在他身边的那些美好的精神来竞争,以此来自娱自乐。同时,人们也鼓励欧洲所有的艺术家们来展现他们在巴黎的皇家住所完成的计划。佩里松在家里构建他的卢浮宫的廊柱,回忆录的编写者甚至在国王的眼皮子底下工作。在里尔前面的营地那场著名的会晤就如同是他的许可证,他的代表作,他曾被列入颂扬者艺术家行列中,现在他还只是位于宫廷中的普通侍从的行列。

佩里松也请求不要再把他当作外国人那样对待,而是要通过主人的赞同来鼓励他:“希望国王同意并且赞成这个计划,没有国王的赞同此项计划就不能实现。”当他一旦投入工作,他就再一次地考虑到这个恩惠,如同历史学家不是在他的意识中而是去别处寻求真实和公平的感觉一样。我们将会看到佩里松很害怕被人当作颂词作者。有一页全部是他亲笔书写的内容,给我们展示了尤其是弗朗什—孔泰运动时他坚持要弄清楚的工作。人们给他解释了他要负责的工作的部分:

> 毫无疑问,如果国王要去看这部作品并且进行纠正的话,这将是一部完美的作品。
>
> 这部作品被分成了若干篇文章,每篇文章都有一个

自己的题目,但是如果没有人去阅读的话,也就不会被品味或者被欣赏了。

如果这部作品让国王很满意的话,国王就能回忆起来。根据我写的第一个计划,为了避免颂词的风格,在书中的许多地方,人们都尽量克制着,为了让国王能够很好地判断是不是按照这个计划写的。

特别的、很短时间内的历史要忍受着会被许多大众忘记的状况。

另外,孔泰人是如此的疯狂,他们想象着他们大部分的地方都被卖了。相当骄傲的西班牙人,可能为了将来在他们的历史中能够出现这样的轮回,强调要有一个历史去解释这些事件惊人的神奇的真实情况。

我不担心让弗朗什—孔泰体现出它的价值,因为人们越是高估它的价值,我越是觉得认识到它的价值的行为是很伟大很实用的。但是只有在结束部分才能解释这些内容。

佩里松的历史著作,就像他在1668年写的这部,没有全部展现给我们。草稿中不太完整地包含了第一本,然后是第四本,第五本,第六本,这第六本也是没有完成的。我们要注意一下这个书的划分情况在路易十四回忆录里是没有的。佩里松的工作,还有皇家编写者的工作都是平行进行的,但是各自的工作又都是不一样的。佩里松也给我们说“作品被分成了若干篇文章,每篇都有自己的题目”。实际上我们看到第四本、第五本和第六本每本的前面都有一个目录,其中汇集了所有文章的题目。第一本和其他三本不一样,书的前面是没有目录的。下面的内容就是关于涉及的主题的开始部分:

> 我描写的法国和西班牙之间的最后一场战争，开始于1667年，结束于1668年。但是在这么短的时间内，没有提供为了教育或者是为了娱乐的所有应该提供的东西：大胆的灵活的计划，神奇的成功，重要的谈判，一个欧洲不敢期望的结局。至今仍然让人很惊讶的是，一个年轻的王子，法国人，充满雄心壮志，能够在一场新的运动开始之前发现一切都很简单。在这场运动中，没有什么看起来是抵抗他，欺骗他的。他进行这一个伟大的计划，是为了他的后代。如果可以这样说的话，他的敌人的害怕，他的大部分臣民的愿望，还有几乎他自己的希望，都被他自己因为政治和野心的顾虑终止了，他的聪明或者说更加明确的公平似乎能够证明这些。

现在说没有什么显示出这是为了王储的教育，还有用吗？作者刚开始只涉及“年轻的王子，法国人，充满雄心壮志”这样的话语，接下来展开了对符合“国王看到的第一个计划”（第3～17页）的历史方法的叙述，然后是自从比利牛斯山和平以来西班牙的状态（第7～10页），法国的状态（第10～16页），最后是一些在这个协议之后的那几年里的一些事件的描述：瓦特维尔男爵事件，西班牙驻英国大使曾在英国侮辱埃斯特拉德伯爵事件（第16～23页），罗马的克雷基公爵事件和从凌辱当中获得的补偿（第23～24页），匈牙利反对土耳其人的抵抗事件（第34～76页）。第一本书是这样结尾的：

> 这就是法国君主政体的状态：名气很大，受到各方面的嫉妒和畏惧，受到所有人的怀疑，但也不允许任何人反驳。

最后的这些话证明了我们只有第一本书的一部分内容，因为

抄写者给我们留下了一个句子的开始部分。根据每本完整的书都有大约 150 页的情况(第四本书截止于第 140 页,第五本书是从第 141 页到 297 页),我们可以推理出第一本书的复制件只有大部分的内容,我们只发现 77 页,就像第六本书只有 76 页一样,是不完整的。第一本书的其他部分,第二本和第三本,都在草稿中是缺失的,这些都毫无疑问可以用来解决我们在之前提到的计划的问题,“中断的原因,两个国王列举的理由,在这场战争中主要人物的形象和性格,尤其是国王的形象和性格”,很有可能是弗兰德运动的整个过程,所有的这些内容在书中所占的比重还没有在第四本、第五本和第六本中陈列出来的弗朗什—孔泰运动的比重多。佩里松在他的作品中给出的关于这些内容的比重,显示了和回忆录的不同,回忆录里关于弗朗什—孔泰的入侵这一部分内容处理得还是比较有节制的。

这些经常是一些相同的想法,一些相同的事实,但是这两本著作完全不像。让我们对比一下 1668 年回忆录的开头部分和佩里松的第六本书的开头部分:

> 回忆录——在今年一开始,调停者们就看到三个月时间已经结束了。我曾给他们三个月时间,让西班牙的王后决定采纳哪一种我指定的和平的建议……
>
> 佩里松——关于和平的谈判在 1667 年年末是这样的状态,然后它产生了沉重的反响……国王将去边境视察。

佩里松是按照他的目录写的,目录里的文章都汇集在了每本书的开头部分。我们可以在佩里松的版本里辨认出在回忆录里讲述过的、评价过的事件。这些事件在佩里松的版本里,是以一种在回忆录里并不熟悉的方法论模式呈现的,而且关于城市的每次攻击都有一些“描写的、双方都认可的理由的”增补,而皇家编写者们把这些内容都忽略了。

第四本书

1. 冬季国王旅行的不确定的计划。个人的推测。他真正的计划。他的动机。

2. 弗朗什—孔泰的描写。它的独特性。它的人民的品德和才能。为什么人们把它称为孔泰或者弗朗什—孔泰。西班牙国王统治下的它的政府,那时它的状况。

3. 国王的计划中首先呈现出的困难。如何克服这些困难。

4. 国王在旅行前最后的命令。给作为调停者的王子的信。公众关于这个计划的不同的情感。新的论战册子。国王对孔泰的原来的权力。

5. 国王从巴黎到第戎的旅行。

第五本书

1. 在弗朗什—孔泰占领的入口和位置。整个计划的描写。投资贝桑松。

2. 古代的贝桑松。关于它的描述。它的政府。和西班牙国王的状态。内部的建议。它的投降。

3. 盐田受到侵袭。关于它的描述。它的力量。它的重要性。它神奇的喷泉。它们的用处。

4. 带给国王的两次投降的消息。去都乐时他独自相处的解决办法。双方都认可的理由。它的动机。

5. 都乐的位置。关于它的描写。它的力量。内部的状态。国王担心的各种危险。袭击。在壕沟外护墙上建造的住处。被占领的半月形空地。

6. 格拉蒙伯爵的谈判。地方的让出。

第六本书

1. 去格雷的解决方案。支持和反对的理由。国王的动机。

2. 在诺伊西的指挥下获得的各种成功。

3. 国王到达格雷。袭击格雷的方案。耶纳侯爵和瓦特维尔男爵的到达。瓦特维尔的性格。为什么他去瑞士是无用的。格雷的出让。

4. 国王返回。

目录是由一个句子结束的,这个句子证实了在这里,就像为了国王回忆录一样,人们在谈判即将结束的时刻这样写道:

这第六本书应该包含人们还都不知道的事情:谈判,动机和和平的结局。

同样的思考内容在草稿文本的结束部分被重复了,这个思考内容把我们置身于年轻的胜利者所困扰的奉承当中了。

2月24日早上9点钟,国王经过巴黎到达圣日耳曼,在这之前他已经决定了要返回的日期。接下来的日子充满了快乐,也充斥着巴黎的各个团体的奉承。法兰西学院,尽管它是由审核过的公认的文人组成的一个团体,本来不应该习惯在这样的时机出现,也要求向国王致词并且获得了许可。最著名的诗人们,被要求宽容大度地抓住这个机会为国王的胜利唱赞歌,并且经常重复这样的想法:"应该给他更多的时间去写出本来不属于他该写的那些征战事件。"

结尾部分和开头部分严密吻合。真正的历史是要写出合适的事情,是要注意避免出现颂歌的风格。在回忆录中,在相同的地方,

当国王回来时，没有一个类似称颂的词，这个疏忽是通过佩里松的回忆纠正了的。

佩里松 1668 年在国王回忆录旁边所写的内容，有着不同的意图。这个内容后来又继续由他进行了补充并且完成，他把这些内容放在 1661—1678 年的《路易十四的历史》中，并且于 1749 年发表了（3 卷本）。这个时期公众是能够接触到路易十四回忆录的，因为这一年诺阿耶元帅把它放在了国王的图书馆。在回忆录和佩里松的作品中间的比对，没有引起对路易十四的历史和路易十四回忆录的不同的来源和内容组成的质疑：只需要在这两本著作中比较一下弗朗什—孔泰的运动，只需要比较一下在《佩里松先生的历史信件》之后佩里松关于 1668 年 1 月和 2 月的入侵事件给出的在二十年前已经发表的历史计划，就足以说明问题了。

为了不让人们产生混淆，这两部著作不仅是在形式上完全不同，而且路易十四给予回忆录编写者的自信，和国王一起的西班牙王位继承事件可能会出现的计划，在佩里松的文本中都有出现，很明显，那个时候佩里松没有被计算在皇家编写者当中。

被证实的错误往往都会找到借口。我们也惊叹佩里松的著作中和国王回忆录中的某个部分的内容的高度相似性。这些高度相似的内容出现在回忆录（1661 年）的引言部分或者说第一部分和佩里松的 1678 年的作品《路易十四的故事》的序言部分，这个序言比在 1668 年时写的序言的内容更加的丰富，并且是按照不同材料的顺序写的。很明显在 1678 年内容中，在马萨林逝世之际，为了描写法国和欧洲的状态，重复了 1668 年的版本中的一些内容。然而，诺阿耶元帅 1758 年放在皇家图书馆的草稿的第一卷中就包含了佩里松亲笔写的国王回忆录的引言或者第一部分。因此我们就把这个引言部分的工作归功于佩里松了，接下来回忆录的其他

部分也就写在他的名下了。

之前，我们就证实过佩里松参与回忆录第一部分的校对工作只是在马萨林去世之后的第十年（1671年）开始的。第二部分，也就是说真正的回忆录（1666—1668年），他压根并没有碰触，这个部分都是在1671年之前就写好的。这也就解释了他是怎么能够在1678年的时候把自己在1671年修改过的东西重新拿出来，这些内容是他写于1668年，写的是关于弗兰德和弗朗什—孔泰的战争，那个时候他对国王回忆录一无所知，他是按照自己的想法写了引言，除了想法和事实的基本内容，其他的内容和另一个版本完全不一样。

佩里松只是让人看到了以前写的内容：我们只能通过1806年的编辑在1661年的回忆录的最后几页发表的这些笔记来判断，他给国王图书馆的手写稿提供了一份奇怪的复制件：

> 我把以前写的内容放在这里，把我看到的内容进行了修改。就像剩余部分一样；如果国王阅读了这个部分，用我放在里面的铅笔做了标记的话是非常好的，这样就可以看出来他不喜欢哪些内容了。从第82页开始，是重新写的内容。所有在括号里的或者在引号里的内容，都是我认为要增加的事实或者思考内容。没有标记的剩下的内容不是我想要的材料，尽管我能够把它们缩减或者扩展一下，变换一下语调或者表达方式，但是我有处理这些内容的自由。我把涉及金融部分的内容一字不落地复制了过来。

佩里松的笔记告诉我们的是，对于1661年的回忆录的最后几页的内容，可以在我们能在手写稿中读到的同一年的那些文本的内容中被证实。“以前的工作”，就像佩里松说的，那是别人的工作，是以前的文本,他很乐意去修改。我们能确定的是,他说的不是1661年的那两个文本中的第一本,而是第二本,这第二本出自和他自己的笔迹完全不一样的人之手,这第二本的校对也是出自这个人之手。佩里松担心国王的笔迹会起到控制的作用,就像我们看到的,国王的笔迹已经在1661年佩里松修改过的一些内容上产生了作用。至于"括号或者引号"这些符号,它们也出现在佩里松的手写稿上。之前的B版本中没有提及的编写的所有部分,在佩里松的手写稿中都通过竖直的横线进行了内容的扩展,有些是用墨水写的(第一本),有些是用红色铅笔写的(第二本)。这些直线看上去是同一个人画的,线条很突出,应该是写这个文本的人,也就是佩里松自己画的。因此,我们时刻关注着在科学院院士校对之前的第2281号手写稿的文本。"没有被标记出来的剩余的部分不是我写的……",佩里松说到:在我看来没有什么不清楚的。知道哪些内容不是他写的这是很有意义的:我们把之前的B版本和佩里松的文本放在一起,把在"表达方式"上不同的地方并列放在附录部分,就像佩里松认为的那样"能够对事实或者思考内容进行一些补充"。佩里松不仅"逐字复制了金融方面的内容",而且也复制了在他之前的那个编写版本中的关于他的朋友和恩人富凯的侮辱性的话语。

1806年的编者使用的这个复制本,和我们1661年的最后的内容的手写稿完全不一样,它里面提供了许多佩里松的笔记,这些笔记清楚地揭示了在他的版本之前还有一些其他版本的存在。佩里松提起这些版本的方式正好证明了这些不是出自他的笔下:

> 在这样的思考内容中有很多很好的事件,但是国王在我看见这个之前,在以前的本子里对相同的材料有更多的延伸。

国王在我看到这个之前,在以前的本子里写了一些特别相似的内容:在最后一次校对时,应该修改一下其中一个或者两个地方的内容。

这是唯一的一个我能自由删除内容的地方,因为这个内容曾经被放在别的地方,就像我认为的是在国王看到过的那些册子里。

在我还回去的那个册子里,只有他的谈判持续了四个月,这在日期上就出现了一个很明显的错误,因为他逝世于11月17日,而谈判这件事是在10月10日发生的。这样的话,他的谈判实际上只持续了很短的时间。

最后的引言尤其有意义。"日期上的错误"出自佩里松之外的一位编者。"还给国王的册子"不能是出自他的手。佩里松声称在历史方面很精确:人们通过他的"历史计划"中关于1667—1668年的皇家运动的记录就可以看出来。

佩里松的修改有什么用呢?先前的B版本中对王储的道德和政治教育还不够吗?每个人都可以通过文本的对比来进行欣赏。佩里松加入的思考内容看起来尤其浮夸和空洞,对王储没有一点的实用价值。或者即便这些思考内容是有些价值的,它们也因表达时的语调而变得不合适。编写者的热情,夸张到说这些最好的建议是来自国王,人们完全可以通过更节制更谦逊的方式来欣赏。佩里松认为这样做符合路易十四的要求。我们看到,1668年他给国王提交了一个历史叙述的计划,国王自己是这个历史叙述的主要人物和英雄。1671年询问国王关于他要给王储进行的思想教育的类型,就是很自然的事情了。我们引用的那个很长的笔记是以下面的话语展开的:

如果这让国王很满意的话,他就会愿意告诉我,对

于他的计划是否有太多的思考和建议。我所看到的内容说服我应该再放进去一些思考内容。为了孩子进行书写的国王们,一些人只是留下了些许告诫的话却没有任何故事,这些是不太讨人喜欢的;另一些人是只留下了故事,却没有任何具有教育意义的话语,这是没有多大用处的:最完美的做法应该是把这两种情况结合在一起。我坚持认为王储殿下有需求的事情就有实施的必要性,但是实际上,这只是个草稿,尽管当人们为国王书写的时候,没有人会感到震惊,但是只有当人们完全明白了国王的意图时才会完成这个草稿。

我们在佩里松的语言中感受到他刚刚置身于作品中,他对接下来的步骤有所犹豫。这对他来说,是他的才能的一个新的展现机会。富凯的律师是国王的史学家,这位史学家试着寻找成为一个有思想的作家的途径。他非常有洞察力,他会看到在相同的工作中会有怎样的困难。如果都是一些总体的想法,抽象的观点的话,人们所建议的思想教育是不会受欢迎的,效果也会大打折扣,因为“只有具有教育意义的那些空话是很不受欢迎的”。另一方面,那些事实,如果不带有思考内容的话,是起不到教育作用的。只进行描写、讲述、修改,是远远不够的,应该予以评价,应该从事件当中得出适合某件事件的环境和时代的教训,这个事件可以在生活当中起到指导作用,能准备着完成它的政治任务。

佩里松的计划看上去已经得到了路易十四的同意,因为国王用铅笔做的修改很少而且只是涉及一些细节的内容。我们应该承认,当国王开始让人撰写为了王储的教育的回忆录的时候,他的品位也不是那么的完美。如果说 1666 年和 1667 年的内容,尽管提供给思考部分的材料很重要也很多,但是这两年的内容中包括了

许多模糊的夸张的几页内容，这个缺点在1661年的“思考和建议”部分最为明显，因为关于极少数的事件的思考和建议，在佩里松的笔下就能延伸出很大的篇幅。根据1661年的先前的B文本上佩里松增加的内容，我们在想如果把1666年到1667年的其他部分在交付皇家合作之前也让佩里松修改的话，国王回忆录整体会变成什么样子？我们不太欣赏1666年、1667年和1668年那些匿名的编写者的严肃性，我们更欣赏大家熟悉的修改者佩里尼的优点，他修改了名气很大但文章写得很浮夸很差的科学院院士的文章。

佩里松宫廷里的朋友证实他在佩里尼逝世之际担任起了家庭教师的职位，而据说他为了皈依天主教（1670年10月8日），很谨慎地等待博叙埃的命名，因此经过路易十四的选择，他间接地和这种教育联系在了一起。对于被任命为副家庭教师的博叙埃和于埃来说，被选中担任这个任务，每天和一个生病的、不太听话的、也不太勤劳的孩子待在一起，感觉不是那么令人快乐，而佩里松非常乐意并且很荣幸能和国王交流一种理想的教育，路易十四自己也提议把这作为一个很好的教育的例子。

国王和作家是同谋吗？当国王1671年2月3日在法兰西学院看到作家在《颂词》中第一次向公众揭露他刚刚得知的秘密：“为了他的儿子的皇家教育，这个君主选择了他能发现的最清楚的、最乖巧的、最诚实的、最聪明的事情，就好像他不用再亲自考虑一样。他亲力亲为地投入这项工作中，好像没有人能替代他似的。为了他的儿子，他自己亲笔书写王国的秘密和永远要避免或者要继续的那些经验教训。”没有任何一个声音被允许去扩散这个浮夸的消息。在将近二十年的时间里，《法兰西学院的历史》把佩里松列席在最著名的团队之中。要相信的是，他的同事同时也悄悄地得知，回忆录里不仅仅是有路易十四的笔迹，但是却没有人提及

国王的朗读修士佩里尼,也没有人提及来自法兰西学院的荣誉感,大家都保持了沉默。

第十二节
对回忆录的称颂(1671—1679年)

当佩里松在1671年称赞路易十四把他的娱乐时间都贡献给了为了王储的回忆录的编写时,这个令人欣赏的新主题再次成为公众的焦点。

年轻王子的教育在伟大的王国的文学历史上占有一席之地。所有的有着思想领域工作的人都属于法兰西学院。博叙埃渴望继承默默无闻的神甫的职位,他在1670年受到弗朗索瓦·沙庞蒂埃督政的接见。弗莱什神甫,在1672年和拉辛同一天受到接见,后来因为蒙托斯耶的推荐成为了王储的朗读修士,很快就负责为王子书写狄奥多西大帝的生活,之后于1679年出版。于埃是在1674年到达法兰西学院,被命名为副家庭教师,其实蒙托斯耶可能更倾向于选择博叙埃。另外一位哲学家则不太有名,他是一位像贡多姆和科尔德莫瓦那样的笛卡儿主义者,在1675年几乎同时成为了王储的朗读修士和法兰西学院的成员。在另外一位朗读修士弗莱什研究狄奥多西大帝期间,科尔德莫瓦根据家庭教师的命令,开始着手书写查理曼大帝的生平。很快地,于埃指导的古典作家的版本,就赋予了王储特别睿智的名声:人们觉得这么多的科学知识都教给他了,肯定是不会被白白浪费掉的。就是在出版这个合集的第一批著作的时候,法兰西学院发起关于法国诗歌奖的

竞赛,并定在1677年于圣路易日举行这场竞赛,竞赛围绕的主题是:“论国王为了年轻王子的教育而写的关于他统治期间的回忆录对王储的教育和关心”。

这个主题是经过巧妙选择的:人们可以同时歌颂国王,王子,王子的总督和王子的老师们。自从法兰西学院在国王的管理下之后,再也没有比这更合理的主题了。当塞吉埃骑士于1672年1月逝世时,得知于埃事件的奥利维神甫说,他的同伴跑去感谢国王让他成为了庇护者。国王想要王储成为在文学中如此尊贵的时刻发生的所有事情的见证者,因此王储有权利分享赋予国王的敬意。诗歌比赛(对于演讲的奖励是巴尔扎克遗嘱的收益)的奖金是由三位院士提供的,其中就有佩里松。我们在奥利维的《法兰西学院历史》中看到,所选择的主题不是很让人吃惊:我们试着去相信他是从中得到了启发,目的是让作为合作者之一的他写的对国王回忆录的称颂通过其他人的口口相传而焕然一新。

一个特别的理由给了这个问题一个机会。因此在法兰西学院内部引发了激烈的争论,法兰西学院之外的作家们也加入了进来,争论的主题是为了延续国王的荣誉用法语取代拉丁语的优势。在这两种语言之间的争论可以追溯到好多年前,在1669年,路易·勒·拉布雷尔,国王非常认真的大哥和睿智的历史学家,已经发表了第一个步骤的片段,题目就表明了他的意见:“法语比起拉丁语的优势”。根据法兰西学院佩罗先生的说法,对于要求给凯旋门写的简介,科尔伯特是想用法语来写的,而桑特伊和科米尔神父因为是拉丁语的守护者,所以他们坚持用拉丁语来书写。圣索尔兰的让·德马雷为了我们的语言分别于1670年和1675年写了两部平庸的著作。最后有两位院士进入了比赛,这两位院士都是这个小法兰西学院里负责撰写简介和铭文的:弗朗索瓦·沙庞蒂埃倾向于使用法语,而布尔赛伊斯要使用拉丁语。沙庞蒂埃的演讲很快就出版了,内容中有三部分都是关于“对于凯旋门的简介要用法语书写的拥护”。1676年6月8日的《智者报》很快地分析了这部新的作品。沙庞蒂埃在结束的时候给国王写了一封信,因为国王是唯一一个能够决定这个争议的人。

甚至在学校里,在基督教的中学里,人们也想参与这场争论。根据《智者报》的考量,在克莱蒙中学,1671年11月25日班级开班的隆重讲话时,以巧妙的灵活的诗歌的著名作者著称的卢卡斯神父把拉丁语作为撰写简介时的优势语言。他列举的理由是,一种死的语言是不受变化支配的,拉丁语是所有语言中使用最广泛的一种语言:“如果可以说的话,拉丁语的使用是如此地广泛,就如同这位伟大的国王的象征物太阳的光芒普照四方一样。”拉丁语是最有力量、最简短的,也是最受王储喜爱的一种语言。作者极力通过奉承想要赢得整个宫廷对他的理由的赞同。基督教的官方发言人曾这样答复一位科学院院士:他希望能把这个卓越的语言贡献给王储,也就是他的主人。一个对王储的教育完全陌生的科学院院士有力地反击了他,那就是年轻的达勒芒神甫。1676年12月23日这一天,梅斯姆斯先生受到督政班赛拉德先生的接见。七天之后(1677年1月1日),卢卡斯神父为了让王储来进行评判,给了王储一封漂亮的拉丁语写的信,而同时夏庞蒂埃拿国王当挡箭牌。这位基督徒在拉丁语写的文字中赞颂了王子的知识,他提及了王子周围的所有人来作为证明,因为这些人都致力于王储的教育,都想要能够称颂王储。为了王储的这次号召,达勒芒神甫没有担心,因为在他1676年12月的演讲中,他没有揭露基督教神父的含沙射影,而是按日期顺序提及了王储的教育问题,同时请求国王赋予回忆录一些赞美之词,这个博学的同伴,作为法语语言的护

卫者,就这样悄悄地结束了这场争论。

和以往一样,竞争者总是很多的。获奖的诗歌是拉·莫鲁瓦的作品,他是第戎的财务审查官,自1671年以来,他已经荣获了三次诗歌大奖。《优雅的墨丘利》,非常合适用于合作者之一高乃依的侄子写的戏剧,20岁的丰特奈尔,被称作胜利者,加入这样的思考内容(1677年9月):“对于这些竞争者来说,希望法兰西学院的先生们能为他留出第一空位,其他人才能有更多的勇气去工作。”许多四十多岁的人也比不过拉·莫鲁瓦,比起1677年8月25日这次大奖的负责人达勒芒神甫的诗句,他的诗歌不是那么普通和空洞。“负责人说,当我们颁发口才奖和诗歌奖的时候,请不要忘记也要颁发道德奖。我们将要把这个奖颁发给法兰西所向披靡的国王……这个奖项是一种称颂,是必须要接受的……因为命运让我今天成为你们的头儿,尽管我是所有人中最年轻和最弱的,但今天是我给你们做出例子。我宣布这次比赛完美结束。”他对国王的奉承和当天拉·莫鲁瓦和他的对手们对国王的奉承是一模一样的。我们只注意到这些句子是称颂路易十四的回忆录的。在国王和王储之后,我们刚刚看到的印刷的那五篇,是对总督蒙托斯耶进行的称赞。家庭教师,尤其当他叫作博叙埃的时候,在这些诗人的眼里,在民众的眼里,尤其是在宫廷成员们的眼里,是次要的人物,有一些人几乎就没有提到他。

拉·莫鲁瓦写给国王的句子是这样的:

你自己,在你罕见的战功中,

是战士,是父亲,也是国王的形象,

为了让你的形象活跃起来,你想成为你的胜利的见证人,

在都乐前面的营地,他跟随着你的脚步,走向胜利,

你自己,为了在神圣的计划中教育他,
为了向他保证你臣民的心,
你想,在这只能征服塔热的手下,
在你的统治中给他开创出一幅忠诚的画面,
得益于你的教训,充满了你的品德,
他的脚步将去征服敌人!

“《优雅的墨丘利》中提到,只有两三个人声援丰特奈尔先生。其他人,毫无疑问,对优秀的诗句不太敏感,他们只对诗句的威严和思想的力量感兴趣,他们只为胜利的篇章欢呼。”下面的诗句就是诗人表达的被他的朋友们称赞为最优秀的诗句:

人们,你们相信吗?这出自同一人之手,
怒火的复仇者从来不会空手出发,
在他的手下,勇敢的人会颤抖,骄傲的人会自取其辱,
他给儿子展现了他一生的历史,
如长河般的事件,成堆的伟大的事件,
历史没有被任何游手好闲的时刻打断。
我们一点也看不出他仅仅满足于描绘,
一个能够壮大了我们的帝国的新的帝国……
他那极度的睿智的秘密,
这位英雄只把它留给了他的王储。
所有广阔的计划都是在一瞬间实现的,
留给我们的只是响亮的回声,
只有他儿子的眼睛才能发现它们的诞生,
他看着它们在寂静中绽放……
它们的名称来自他的儿子和弟子,
无论是作为父亲还是作为主人,

他让人展现出的可以继承或者学习的是怎样的高
尚美德呢?

丰特奈尔先生是那些颂扬“伟大的蒙托斯耶”人群中的一员,但是他忘记了博叙埃。第三篇是庆祝国王的:

谁从事实中勾勒出了忠实的回忆
给儿子的这些回忆值得让他去准备胜利
为了恰当地描写伟大的行动
被如此多的国家怀疑的英雄的伟大的行动
溢美之词来自强大的事实
只有创造出这些伟大事实的人才能去描写它们

第四篇是一首程度微弱的颂歌。蒙托斯耶给年轻的英雄说道:

我的王子,今天我承认
只有国王有很高的智慧
这些慷慨的想法
是他的著名的作品
我的教育只持续了十年
让我们首先做出更多的事情吧

第五篇到最后一篇,只有两行诗:

这个伟大的王子经常会自己躲起来
悄悄地把自己关起来工作,而不让人看见

这些就向我们证明了皇室工作中,对于国王的奉承是一点都不顾忌所采用的方式的。毫无疑问,路易十四是会自己躲避起来,但是没有证人他是不会工作的:他有不止一位合作者,但最重要的部分都是归功于一位不让法兰西学院失去名誉的作家。

懂得奉承艺术的作家们会因此找到一条很好的路子。不止一个序言或者题献的书信体诗文是通过作为作家的国王的整个美丽的想法实现的，国王自己成为了他儿子的家庭教师。1677年，法兰西学院的埃斯佩先生，以他的一个兄弟的名义，做出了图拉真的颂词的翻译版本并且献给了王储。其内容如下："和古罗马所有的其他君主相比，我更倾向于给您提供图拉真的例子，因为在他的历史和国王的历史之间有这样一种奇特的联系。就这样，荷兰人的战争和达基亚人的战争，这两场战争都是由于人民对王子颇有微词引起的。他们都展现了和教育有关的代价：图拉真提出培养五千个年轻绅士的品德，为了让他们有一天能够成为最高权力的坚定不移的拥护者。国王负责亲手书写他统治期间的回忆录，为了给大家展示一个真正的君主的义务。在事情和做事方式上，存在着某种细微的、敏感的政治，而且无论个人的目光如何灵活也无法看透，这种政治是专属于国王至高无上且深刻的智力的。"1679年，另外一个皇家学院的院士，在给路易十四的一个用法语书写的序言里也发表了关于国王回忆录的看法。这个称号是皇家编年史的一位匿名编写者提出的，这部编年史一部分是用法语写的，另一部分是用拉丁语写的，其中有伟大的路易十四的画像。这位作者和布尔赛伊斯神甫以及卢卡斯神父一样，坚持捍卫拉丁语而反对法语。"他说：拉丁语中有许多永久的通用的词。"他提及了在雕塑、奖牌、铭文、凯旋门、宫殿和方尖碑上用拉丁语写的简介。他对用法语，甚至用意大利语和西班牙语所书写的路易十四统治历史的时代精神表示遗憾。"把超越古代的这样一个历史用永恒的语言来书写是多么好的一件事啊！希望这些用法语书写的珍贵的评价是出自极其灵巧的人的笔下，在这些评价中，国王甚至展现了他天生的说服力。如果可以这样说的话，这些评价是被用来教育国王的历史学家们的，是为了成为英雄般的美德的唯一且完美的

例子，为了让这个世界变得很有魅力，为了让他的儿子值得被人欣赏。所以这些评价，在我看来，值得用一种通用的语言来书写！”

通过名人的声音赋予路易十四的证明，经常是在阿谀奉承的可笑的模式下展开的，没有什么可以再奉承的了，也没有什么鼓励他坚持的了。在国王和王储身边的那些有权力的人们是怎么看待这部皇家作品的呢？博叙埃，作为年轻的王子的家庭老师，他了解路易十四回忆录吗？他赞同路易十四回忆录吗？他的著作中没有一本提及路易十四回忆录的。他建议把这些好的行为作为给他儿子的教育内容和范例，而不是国王的作品。至于蒙托斯耶，他给国王的一部书信体诗文中是关于几个朝臣对他严厉性的控诉进行的回复，在这封信中，他更是对国王为了王储的教育已经开始书写并且仍在继续书写的回忆录表达了美好的祝愿。他自己收集了一些适合 13 岁（大约 1674 年，根据他的历史中的说法）的孩子的天主教和政治方面的格言，让王储阅读并且展示给他身边的人。在这些格言或者思考内容中，我们看到总督放置了一篇给王储的书信体诗文，在这篇诗文中他没有忘记提及国王回忆录：

“所有这一切邀请您来进行学习：您的出生，您自孩提时的聪明，国王的美德的例子，他给您撰写回忆录和教育内容的辛苦，这一切就如同丰富的源泉，您可以从中汲取给一个伟大的王子的必要的政治科学，以及他平常给您的那些鼓励。”就像在很久之前提到的，在这各种各样的建议中夹杂着奉承的内容。蒙托斯耶加入到：“不仅仅是他的格言教会您国王的义务。”

因此人们经常提及这些著名的国王的回忆录，以至于几乎没有人不知道。这个流言是因为佩里松的一次疏忽开始传播的，那个时候路易十四看上去好像已经放弃了让人编写对王储进行教育的回忆录。一直到了1670年以后,国王才开始大量地让人书写或者口述回忆录。在回忆录的名义下,存在着大量的篇幅是关于军队事务,作战计划,城市和乡村位置的详细的关系,国王为他的统治时期的未来的历史学家们留下了丰富的资料,但是却没有关于他儿子的任何的思考。写给他儿子的回忆录中,主要是由专职作家执笔,国王有时候只是对一个想法发表上一两句看法,回忆录是由政治思想的长期发展构成的。如果国王不是回忆录的作者,那么这些精心写成的,有些至少修改了两三次、在国王收到最终版本阅读之前经过多次草稿的内容,最后就变成了是国王写的,或者我们有理由说是他自己根据他的回忆和行为,把这些内容变成他写给王储的思想指导。在1672年和1678年之间,佩里尼和其他一些曾和他一起工作的人都没有后继者了,佩里松也只是在1671年参与过内容的编写以及对回忆录以前的一个部分的校对而已。

路易十四没有时间或者意愿去拥抱每年都会发生的不同的事件并且从中得出教训。同样,在法国内外事务的行为上,他一点也不接受建议,他不再有文学合作者。在荷兰战争中他亲自指挥的英雄人物是他自己构思出来的,也是他自己很欣赏的人物:这是他写的,或者是一位能够完美地模仿他的笔迹的秘书写的,没有任何一个外人能够涉及军事历史的主题,说好听一点,就是战争日志的主题,这些是路易十四如今唯一担心的内容。那都是一些特别概括性的说明,一些事实的堆砌,甚至对于一个位置或者一个运动的讲述,也只有概括性地用于序言或者结论的寥寥数语。炫耀的话语,有关政治或者思想的长篇描述,很长的推论,凡是这些路易十四在1666年和1671年之间特别喜欢的主题,都没有在他书写的内容中出现。难道是他的品位变了吗?难道是他对佩里松很奇特地超越佩里尼和其他编写者的方法感到厌倦了吗?为了避免那

些无用的内容的扩展和浮夸的句子，他坚持简单地列举了对他来说比较熟悉的事件，也就是说关于战争的事件。他不再用相同的方法展开对于事实的阐述，他的步骤不再是那么冗长，也不再像雄辩家的步骤那样去叙述，在混战当中他会加快步伐，急速地到达具有可操作性的而且能起决定作用的结果，而不用停下来像以前一样分析类似的事件带给他的想法和情感。

如果说这是由选择出来的并且以很艺术的方式呈现出来的事件所构成的真正的军事历史，为了让它与众不同，这个工作是极具教育意义的。但是回忆录的这一部分留给我们的这些很长的片段只能以同样的标题去欣赏：参加运动的军队的名单，地区的分布，随着位置的变迁军队的移动，都是对于历史而言很珍贵的信息，但这不是历史本身。

路易十四打算在他统治的胜利时期提及一下人们在他的军事回忆录中没有找见的历史事件吗？这个问题是没有意义的，因为我们没有办法去解决它。现代的人难道能比我们更多地知道路易十四写的内容吗？我们更愿意相信他们用各种声音赋予国王的称赞。他们称赞国王引导王储了解他的政治秘密，进入他最私密的计划当中。这看起来是在1666年、1667年和1668年的回忆录中想要做的事情。自1672年以来，没有任何地方提到王储已经被指定，国王所写的内容既没有道德教育的特点，也没有政治自信。因此，科学院院士们、法兰西学院大奖的竞争者们，还有蒙托斯耶自己对国王在1671年中断的为了王储的教育内容进行称颂，或者对开始于1672年的军事回忆录的刚开始的那些片段进行称颂：他们或者称颂的是国王已经放弃的之前的一项工作，或者是称颂一项压根不值得被这么赞扬的新工作。

我们没有忘记写给王储的回忆录的起源。科尔伯特关于金融状况的一份回忆录,用来赞扬在1660年到1665年路易十四统治初期的改革,是这部鸿篇巨著的第一个萌芽。佩里尼先生是国王的朗读修士,自从他担任王储的家庭教师以来,负责在和王储玩耍的同时,把国王收集起来的为了展现个人荣誉的一些历史素材的最基本的知识教授给小王子,这是国王决定为了他的儿子的教育所贡献出来的材料。这个想法刚被国王认可,就在接下来的三年期间出现了丰硕的成果。在另外的三年里,即1669—1671年,我们有证据证明这个想法也没有完全被抛弃。因为国王独自不能完成这样的一项文学任务,他就和一些作家联合起来了,他的自信和作家们的名气都给他指明了方向。就这样,他一方面从自己的想法中获取灵感,另一方面控制着别人的工作,把六年的娱乐时间都贡献给了王储的政治教育事业。自1672年以来,他内心充满了强大的成功的力量,手下的笔就如同他的剑一样,为了他的儿子他没有任何可以松懈的时刻,他是为了王储在写作,又是为了自己在写作。当蒙托斯耶在1674年请求国王继续撰写回忆录时,他非常清楚地知道,王储从国王写在纸上的所有内容当中汲取不到任何的为了他的教育的有益内容。“他对他说,在这场您独自对抗这么多联合起来的国家的战争时,如果您的荣耀不允许您去做这件事情,我们希望和平能给您带来快乐。”因此,像在1668年以前,国王的想法确实又转向了另外一个目标:就是他按照科尔伯特提供给他的例子,亲手准备关于他的历史。每个人都有自己的角色:部长写金融方面的内容,国王写战争方面的内容。在这两个时期的间歇期,出现了雇佣的作家的勤劳的作品,可能刚开始的想法就是来自这些匿名的仆人,我们也确定给王储的回忆录是由这些人写的,只是所有的荣誉都通过众人之口,尤其是通过他最后的合作者全部赋予了路易十四。

当时间允许的时候,路易十四似乎也会想起他作为父亲的义务。蒙托斯耶希望和平能给他带来快乐。实际上在奈梅亨条约之后,在"没有见证人"也没有助手的情况下,他亲手写下了一些思考内容,在他的这些思考内容中战争是奇怪的,这些思考内容看上去也有道德教育的意图。唯一的一个片段还是继续存在的:这个片段以十八世纪的一位编写者赋予的题目而被人熟悉:"关于国王职业的思考。"这个片段不是国王写给他的儿子的,但是这个语调让人想起在真正的回忆录中有一席之地的那些直接的鼓励的话语。在1679年之后,王储摆脱了所有的指导方向,不再有总督也不再有家庭老师,而是通过婚姻进入了真正的生活,他不再是哪一个人的弟子,甚至也不再是他父亲的弟子了,不再涉及回忆录了。路易十四毫无疑问地认为,就像每个人都说的那样,1674年蒙托斯耶写给王储的内容是教王储学着去统治国家:"您可以找到国王生活中一个很伟大的例子的完美的复制。"对于王储而言,在他的长期的职业生涯中,成为他的父辈的行为的简单的观众而从来不去模仿他们,是一件很可悲的事情。在历史长河中,他是因为给法国带来了皇室的繁荣复兴而被人们记住的。

第十三节 回忆录中的格言警句或者思考内容

我们知道,为了王储的教育,孔多姆主教写了哪些令人赏心悦目的历史作品,哲学作品,甚至政治作品(尽管有些还有所保留)。但这位伟大的天才的工作和路易十四回忆录之间没有任何可比

性,因为前者的工作让他成为了人类历史上众所周知的家庭教师,而国王回忆录的特殊目标就只是局限于皇家的教育而已。

蒙托斯耶也给王储写了很多东西,作为朗布依埃旅馆的缪斯女神的红人,他是不需要一位秘书去把他的想法进行粉饰的。人们一直承认他是《朱莉的花环》的作者之一,他的年龄和他所进行的思考让他的思想得以加强。总督的功能所产生的想法让他更加专注于能影响年轻的王子心灵的一切东西。因为他从来没有离开过王储,王储的学习和娱乐活动中处处有他的身影,他总是会抓住一切机会培养王储的思想品德,并且会通过事实和例子的生动的教训来教育王子,他收集了所有的适合天主教教徒和国王义务的格言警句和思考内容。因此他习惯于准备一些整体的想法,但是他错在把这些想法和可以给他作为参考或者作为惩罚的例子的那些特别事实割裂开来。当路易十四把他统治时期最主要的行为拿来作为给儿子的教育的基础内容时,蒙托斯耶想以哲学家的方式来教育和培训王储,他借助于唯一的理论,无论他粉饰其想法的顾虑是什么,这些远离真实生活的想法,远离道德家或者理论家花时间积累起来的关于国王义务的抽象的论述,产生了萨维德拉格言的效果。

这不是一部出自他的思考的真正的作品。他没有一个预估的终止计划。关于这一点,我们不得不指出其传记中的一处错误。《蒙托斯耶的一生》的作者,小尼古拉,他写了于泽公爵夫人的回忆录,他的女儿给我们展示了天主教的和政治方面的格言,总督让人把其中一部分内容当作整体构思的一部作品读给了十三岁的王储。他说,这本回忆录由三大部分构成:第一部分处理的是在上帝眼里王子的义务,第二部分内容是臣民眼里王子的义务,第三部分是在邻国的王子和国家眼里王子的行为准则。这个后来成为了蒙托斯耶的计划。但是同样在1679年,蒙托斯耶快要离开王储的时候,他还没有一个清晰的、整体的视角,他不知道如何把所有他曾经写下来的思考内容进行分门别类。这些思考内容极其可观的数量,也让大家陷入了困境。我们得知这位新教徒作家关于这点所写的内容寻求过他的帮助:即让·鲁律师,是萨维德拉的《政治和天主教王子》(1668)的译者,是给王储使用的《世界历史编年史目录》(1672—1675)的作者,他已经把他的翻译版本给了王储,但这并没有阻止后来由于他说了一些宗教的事情而被投入巴士底监狱的命运。人们可以忍受一个教会作家口里说出的这些事情,但是人们不能忍受来自一位新教徒口里说出的事情:

"1679年2月15日,我再次去圣日耳曼。我伟大的老板告诉我他曾要求我的事情,是把那些页码整理好,这十年、十一年以来他一直是获得王储殿下信任的人。为了充实这个如此自豪的职位的责任,他收集起了他的不同的思考的内容。关于这个主题他能带来的所有想法都是由他把所有的教训写在四分之一纸上,每个都和其他的独立分开以便于能够把它们颠倒次序调换位置,就像人们玩纸牌一样,根据最合适的次序或者为了避免混淆把它们进行排序。他有一个很大的珠宝盒,里面放着这些纸张,对于这些他自己已经什么都辨认不出来了,最后我按照他的愿望把这些纸张挨个检查了,就是按照有条理的形式把这些混乱的东西收拾整齐,通过这次如此广泛的整理,他意识到我的目录中的大量的不同的材料就是来自这次整理的内容。他认为我很适合干整理工作,这对于他来说是很有必要的,因为他要做一个题为《一个伟大的王子的教育》的统一的提纲。我承

认我对于这样的建议有些惊讶……他当场叫人去寻找他的珠宝箱，他很快地打开箱子，在那里我看到了六千到七千页纸张。”

我们分享了让·鲁的惊讶：在一辆敞篷车上乱七八糟放置的如此多的详细的想法，每一个想法都有一个很好的标签，让·鲁不用一个一个地去设计它们，他只要有勇气把这个方阵的强大的主体给拆散，能够形成很小的军队，能够给军队中的每个官员和士兵指出合适的位置就行，也就是说，在这六千到七千个想法中，要分辨出哪些是最有用的，它们之间有什么样的关联，人们如何能够把这些想法按组分类整理在一起，每一组能达到的目标是什么。

但是所有的想法都被经过一定的研究进行了调整，蒙托斯耶对这份细致的工作投入了大量的精力。在这方面，他和路易十四是完全不同的：路易十四在他的小册子里，或者在他的日志里，只用一两个字词表达出他的想法、思考，然后他把对这些想法和思考进行再次补充的任务托付给了职业作家们。他自己也不知道应该把这些内容放在什么位置，日志的笔记给我们展示了有很多次人们放弃了对于那些颠倒次序的想法，或者甚至丢失的想法进行分门别类。路易十四不太需要一个宏伟的计划：这是建立在当下的事实基础之上的这种类型的教育的好处，事实引导并且支撑着思考的内容，思考内容是文本的主体内容。但是在一份纯粹的教学法的工作中，宽泛的容易理解的一个范围还是很有必要的。如果一台机器不是通过可以让所有的部分都和谐相处的弹簧的运转，那么融化和浓缩的不好的金属就不能锻造出漂亮的黄金块。他将分成好多小块让它们像沙砾一样到处散播，材料是很珍贵的。对于蒙托斯耶在文学方面的名气，他很生气，根据他的女儿的说法，

这是他的自传想要告诉我们的内容：人们之所以知道蒙托斯耶都是得益于他的格言或者那些思考内容。他利用别人的笔来书写教育计划，这和路易十四用来创造想法的细节内容相比，更加地不那么谨慎，路易十四至少还是自己构思的想法，而且把它们应用在了他的统治期内的一些事件上。

此外，让·鲁律师找到了这数千页纸张的用法。“我要做的第一件事情就是要拿出足够的耐心去挨个阅读这些片段，而且给每个片段都要起一个题目。这已经让我节省了反复阅读的时间，要是没有这个预防措施，这些内容永远都没有结尾。另外，这让我置身于把这些不同的材料都按照某种很清晰的分类进行整理的状态中，然后把这些全部都用在一个主要的目标上：即用于《一个伟大的王子的教育》这个光荣的题目。他承认这些大量的思考内容只在四篇文章中起作用：宗教，思想，政治和战争。“这四大部分构成了我最初的也是最简单的划分。”怎样把这个由让·鲁构思的第一种划分和1729年的回忆录产生的划分协调一致呢：按“上帝，臣民，王子，邻国”这样的分类来划分吗？王子们能给予他们的臣民们的唯一的指导和约束就是思想教育了，而政治和战争看起来似乎更多的是对于外国人而言的，这是真的吗？让·鲁没有让我们感觉到是否蒙托斯耶已经找到了三个大标题：在这样的情况下，他被允许改变这些题目吗？《一生》的作者，在引用了关于宗教的几个格言后，这样说道：“蒙托斯耶公爵只想把第一部分用于他那位令人敬畏的学生的教育。因为时间和健康状况都不允许他完成这部作品的最后两大部分，他只在他的页码里找到了破碎的很难统一的片段。”我们能够承认蒙托斯耶曾经打算做出这些实际上很简单也没有任何新意的划分，让这些思考内容服务于国王对于上帝、臣民和外国人的义务的部分。

这些被自传评价为破碎的没法统一起来的片段没有完全消失。除了他自己收集的一些思考内容并且把它们尽量按顺序叙述之外，据他说，我们有第一章的第一部分的内容：“论王子的宗教”，在这内容之前有一篇给王储的很长的诗体书信。按章节划分，每个主题的整体内容之前都有一封诗体书信，这些就是其写作特点，从整体来看，根据让·鲁律师给我们透漏的内容来看，我们一点也不怀疑它的这个特点。这些片段都存在于草稿中：这是一个很好的模板化写作的复制品，看上去是一个非常现代化的誊写。题目是用金色的字体写的，每一个另起一行的第一个字母都是用蓝色写的，每章的题目都是用红色写的，每一页最多有十六行，每一页都是在一个黑色双线的框里。下面就是它的题目：蒙托斯耶公爵关于王子行为的基督教的和政治方面的思考。我们看到在 1679 年由蒙托斯耶着手计划的这个题目是相当宏大的。

这个草稿很让人感兴趣，因为它在 1729 年的回忆录的引用部分和让·鲁的引用部分之间起到了一个联系作用。十八世纪的作家手头都有一些和我们的手稿相似的复制品，甚至有比我们的手稿更加完整的复制品。他们一般会根据那个时期的习惯分析，而不是一个词一个词地去引用，有时候他只是去精确地复制整个文本的内容，因此他就会接触到草稿。就像他说的，他只想提供写出格言警句的整个想法。让·鲁按照原文逐字逐句地增加了一些思考内容，它们都和草稿的复制本是完全相符的。这种和谐证明了新教徒编年史作者的真诚和抄写员的忠诚。要相信的是，1710 年，也就是蒙托斯耶对纸张进行了整理的三十年之后，让·鲁声称他写了回忆录，他保存了他引用的那些内容的复制本，同时他也在接下来的内容里告诉我们，“他对克洛德先生做了很多的赞颂之后，给他读了蒙托斯耶的九个片段的内容”。

写给王储的诗体书信很长，几乎占据了我们的草稿的三分之一的部分。这些内容在让·鲁的书中没有任何痕迹。1729 年的回忆录是从其中汲取的灵感，所以出现了一些诗体书信的片段。叙述语调是很严肃的：我们在里面认出了严肃的法国皇室高级官员，他对于年轻的奉承者来说，尤其是对于王储来说是一个很恐怖的人。我们引用一下文本的内容，同时为了让它显得短一些，我们会留出一些空白：

> ……如果为了满足您的爱好，为了让人们臣服于您的强大，您只把皇权看成是控制和自由的凭证……您就会在这部回忆录的每一篇文章里找到对您的批判……我收集这些格言是为了让它们成为支持或者反对您的公开的证据……如果上帝让我的希望落空，我害怕人们把这个不幸归根于我的疏忽。就是出于这样的计划我才把这部著作公开的……我应该爱惜我的名声，同时因为我的行为得益于大家，所以我也应该让大家都知道。
>
> ……人们对于国王的顺从，和国王讲话的人们的谨慎和害怕，国王几乎在出生时就从现实中产生的厌恶，奉承者和谄媚者的虚伪诱惑并腐蚀着国王们，和其他人相比，即便是最普通的事情也会向国王们隐瞒。人们从来不会提及国王们的错误，只是会轻微地涉及一些他们的缺点和弱点。人们赋予了国王们不曾拥有的美德，人们向国王们颠倒了一切秩序和所有的思想准则。这部回忆录会让您看到，人们不会引起国王们的注意，而是想让您再次回忆起他们而已。
>
> 您的行为只能够有两个坚固的确定的基础：第一个是相信上帝，第二个是像国王那样生活，而不是像暴君

那样生活。

……一位基督教国王，他有基督教教士作为他的臣民，他应该以基督教的方式生活，在他的心里不应该在所有事情面前都有怜悯心。这是必须的。他应该以此为职业，因为这份职业和他的统治的联系是如此的紧密，以至于他必须要和这唯一的利益绑在一起。

……这些格言警句很难让人去追随，但是它们也不是不可能的。人们可以很好，聪慧，英勇，自由，温柔，贞洁，这些品德往往是被不同的人所拥有的。为什么这些品质不能集中在一个人身上呢？

……人们总是尽可能地不去树立最完美的典型，目的是为了让人们至少都能靠近这些典型吧？

……对您来说有很大用处的，就是在这部作品中弥漫的那种谨慎的自由。没有人像国王们那样，迫切地需要让人们和他们坦诚地说话。

……人们会找出借口或者提供防护来允许他们犯错。人们向他们隐藏了真正的感情，尽管他们的臣民对他们有仇恨、憎恶和抱怨。或者人们对他们说需要惩戒的是那些特别的暴动者和不怀好意的人，而不是说这些话的大众。

……一个古老的哲学家说过，人们教授给国王的孩子们的所有的东西，没有什么比在马上学得更好了，因为他们想要成功，他们就应该和那些马儿联系在一起：那些马儿既不是奉承者也不是谄媚者，它们会把一位王子像马夫一样鲁莽地摔倒在地上。

……如果您没有打算好好利用教育的话，那么最睿

智最有道德的教育也起不到什么作用。

尼禄……马尔库斯奥列里乌斯的儿子。

……当我认为我应该给您服务时,我有勇气惹得您不高兴。我比您大了五十一岁,我不敢声称有一天会统治您,或者从您这得到任何好处。

马基雅弗利的大部分格言都不仅仅是不信教的或者残暴的,或者和好的品德相反的,但是它们是卑鄙的,羞愧的,和荣誉以及胜利是完全相反的,是适合那些小的暴君们的。

……我打算发自内心地,不是通过野心和夸夸其谈,而是通过伟大的灵魂和智慧来教育您。

我们已被告知这是蒙托斯耶撰写的打算给公众的一部“作品”。诗体书信的风格是朴实的,没有图片,人们差点以为这些简洁的内容的作者是从来没有兴趣写一些辉煌的句子的人,其实在格言和回忆录中蒙托斯耶写下了大量的富丽堂皇的句子。是我弄错了:在书信体诗的结尾,人们会看到和格言警句的风格相似的片段。那个格言警句是关于国王的铭文,这一部分几乎是被1729年的自传一字不差地保存了下来。让·鲁应该没有责备他,因为他称赞了和这个自传很相似的其他的内容:

不仅仅是他的格言让你们知晓了一个伟大的国王的义务。他选择太阳作为他的象征,因为这个星球是所有其他君王的行为的范本。他们应该像太阳那样活跃,敏锐,不知疲倦,自由和乐善好施,像太阳一样到处生产富饶,分配财富,让人种植水果,播撒阳光,带来平静,驱散乌云,平静气候,并且到处传播他的仁慈和他的影响力。

《论王子的宗教》的第一章的内容的确是有些不完整,因为草稿中只包含了五十六种格言,而让·鲁却把它们加工成了六七千句。让·鲁在宗教方面做出了详细的划分:“上帝。宗教。国王的信仰。国王关于上帝的、宗教的和他的信仰的义务。”在思想道德方面,他区别了六种事物:“习惯。性情。心情。爱好。品德。缺点。”政治方面有四个部分:“统治的科学。整体的和部分的统治。王子关于这两部分的行为。总体的告诫。”在战争方面,他进行了区别:“关于国家内部的战争。涉及国家外部的战争。整体的格言和特殊的格言。”四大部分的文章就是这样划分的:宗教,思想,政治和战争。在这样细分之后,我们还没有彻底结束,还有另外一种细分法,在这种分法中每个想法都有被提及。划分规则如下:第一,王子自己的行动。第二,王子让别人行动起来。第三,王子观察并且让人观察他的法令和法律。

我们不要控诉蒙托斯耶的精明,我们就把这些精明归咎于一个笨拙的作家的计划吧。这些笨拙的作家们认为,就如同列举编年史的数字或者系谱的各分支那样,把这些想法整整齐齐地写出来,就能够给王子带来更多的荣誉。他们经常会想起用这种可悲的方式编写的这些书,在任何时候,在任何语言中,写的都是关于王子的教育的这些老生常谈的主题。蒙托斯耶在他的工地上有上千块已经打磨好的石块,所有的石块几乎都具有相同的形状和外表,他曾给让·鲁灌输道:“用这些石块给我建造一座高楼,一幢建筑。”让·鲁的工作产生了一个庞大的建筑:石块是一个紧挨着一个,或者是叠着摞起来的,没有用石灰也没有用水泥。这就是他的文学作品的构成方式:他给文章中放置了一个可分成四大块的盒子,第一个盒子里放的全是宗教方面的内容,第二个盒子里是思想方面的内容,第三个盒子里是政治方面的内容,第四个盒子里是

战争方面的内容。每一个盒子都包含一个文件夹，每一个文件夹里都有若干册子，每一个册子里都有许多小册子，每个小册子里都清楚地由1,2,3……列举着内容，有时候这些内容会达到100、200条，等等，“其根据是，材料或多或少都是很丰富且繁杂的”。如果一些小册子里的内容多达上百条，甚至两百条的格言，我就承认保存在草稿的复制件里的第一章的片段不是别的东西，就是第一本小册子，把它按照“上帝”的题目进行分类。实际上，在它所包含的这五十六种格言中，大半的内容里没有显示上帝的名字，也没有一个是关于上帝的思考内容的来源和应用。

我们经过对最重要的思想内容的发展的短暂的分析给出了这一系列的题目。在阅读这些题目时，我们感觉就如同冒险一样。让·鲁只用了五十天的时间就对贪污等盛行的地方进行了整顿。他告诉我们他只是快速地读了一遍，他根据在题目之间发现的联系把这些并列在了一起。他不想丢掉托付给他的任何一页纸张上的内容，他不担心说重复的话，当时间的进程带给他和其他的分类很相似的格言时，他也不害怕重新做相同的事情，他把格言扔进他的内容里，格言能够和其他的联系在一起：为了能和上帝（我们在小册子的第一部分或者在第一章）联系在一起，让·鲁一点也不探问这些想法之间的联系，它们的渐进关系或者细微差别。关于相同主题的格言，甚至有时候是相同的题目的格言之间也存在着巨大的差距，我们对此一点都不觉得惊讶。

关于那些想法本身，它们尽量保持着它们本身的那个样子。蒙托斯耶提到这些想法的时候，是作为天主教和至高无上的国王的虔诚的仆人的身份提出的。路易十四在他的回忆录中没有使用另外的一种语言。为了确认皇家关于统治方面的一些想法，没有必要求助于博叙埃的《神圣文字的政治》，蒙托斯耶很满足：可能

在家庭教师那里学来的科学，在另外一个人身上只是作为奉承者的本能。另一方面，一位主教不会很骄傲地反对自由主义者和异教徒，有时候他禁止这些人使用钢铁和火。

1. 当国王不是通过虔诚服务于上帝的话，他应该通过利益服务于上帝。

2. 是上帝让国王们来进行统治。

3. 在行为中模仿上帝。

4. 学习一切好的行为。

5. 一点都不要忍受让虔诚受到冲击的那些建议。

6. 国家真正的理由和虔诚并不相反。

7. 有害的力量。

8. 使用权力保护宗教。

应该保持宗教的纯洁性，一方面应该保护和宗教斗争的无神论者和不信教的人，另一方面应该保护和宗教断绝关系的那些假的虔诚者。

9. 通过对上帝的认识产生持续的繁荣。

10. 对要惩罚的上帝的赦免。

11. 让命令变得值得人尊重。

……同时要培训聪明的有经验的人，甚至在公众当中挑选出的人。因为在公众当中有知识渊博的人。我们要从每个人身上汲取光明。

12. 国王要更加地服从于上帝，就像他的官员们服从于他一样。

13. 国王的真正的虔诚是关于哪方面的。

比起国家事务，国王要更加地奉献于上帝。比起其他事情来说，国王要更加注重这件事情，但也不要放弃

祈祷和其他神圣的事情,因为上帝想要人们获得他赋予人们的义务,他把人们对其他人的好处,尤其是对公众的好处,认为是对他的好处。

14. 规定自己以一种普通的方式服务上帝。

15. 关于国王应该具有的真正的虔诚。(他指出了几个必要的祈祷的练习):让不信教的人和无神论主义者受到皇权的惩罚……让主教们理应履行他们的神职并且让他们存在着,让青年人在宗教中受教育。

16. 请求并且避免在祈祷中出现幻觉。

17. 服务于上帝的重大事情。

18. 国王要采取的对于异教徒的方式。

……应该让他们生活在自由中,让王国的法律赋予他们这样的权利吧……通过冒失的热忱,或者通过虔诚者的冒失的建议,国王不再使用铁器和火去惩罚异教徒……但是如果国王温柔地对待他们,向他们保证不再使用暴力,不再进行压迫和侮辱,要想一点一点地去引导他们,那么国王就不要在王宫也不要在城里给他们任何压力,不要为了国家的安宁通过法令对他们进行训练。如果最终国王能够不使用暴力去惩罚这些人,那么这些异教徒的反抗就会越来越少。

19. 关注在这个世界上因腐败所引起的罪行。

例如:做爱,发动不公平的战争,促进一个优秀的有能力的人反对一个没有能力且不被赏识的人的公平。

20. 防止国王比起其他人更常犯的错误。

……像丑闻,压迫,暴力,轻视。

21. 喜欢虔诚是以国家利益为托词。

22. 模仿上帝。

……不是诗人、通奸的人、不忠的人、撒谎的人、有暴力的人,嫉妒的人和羡慕者的上帝。

23. 作为人,作为国王,作为天主教徒的王子应尽的义务。

24. 当国王能很好地统治自己的国家的时候,就能很好地服务于上帝。

25. 顺从上帝的法则,惩罚那些违背上帝法则的人。

26. 和臣民顺从国王相比,国王要更加地顺从上帝。

27. 如果一个人要爱自己的话,就要顺从上帝并且爱上帝。

28. 在开始一些事情之前,请求上帝的帮助,并且当事情完成后,要回馈上帝。

29. 因为受到上帝太多的恩惠,就应该更加承认上帝的存在。

30. 在顺境和逆境时都要请求上帝帮助。

31. 国王如何置身于法律之上,国王如何顺从法律。

……他越是利用权力置身于法律之上,他越是应该理智地服从于法律。他对于法律的权力是修改,修正法律,而不是违背法律。

……如果这些法律不是很好,不应该强迫其他人去遵守。如果这些法律是好的,他自己首先应该遵守法律。

32. 国王必须是上帝的法律的臣民,而且应该自觉地服从于他的国家的法律。

……尤其是基本法……

以前,当法律缺失时,没有人有权利要求国王,在这

个世界上只有上帝有权利要求国王。

33. 从宗教和信誉中学习。

34. 必要的阅读。

根据很机灵的那些人的判断，在圣经中加入一些关于这方面的（宗教）的书籍，不要怀疑也不要进行惩罚，国王不会被不信教的或者不谨慎的言行左右的。

35. 比起其他人，上帝会更加严厉地惩罚坏的国王。

36. 赋予国王们权力，是为了国王们能让他们的人民有秩序地生活。

37. 国王只有权力进行公平的评判。

38. 上帝部署了国王们是为了实行他的正义。

39. 国王们应该知道自己的行为只属于上帝。

40. 国王应该意识到上帝赋予他的义务。

41. 君王，是上帝的臣民，是著名人士的臣民。

42. 通过理智和虔诚来衡量有用性。

43. 虔诚和真正的政治是紧密结合在一起的。

44. 真正的虔诚不会损害真正的谨慎。

45. 应该像上帝学习，并且小心谨慎做事以便取得成功。

46. 比起虔诚，没有什么比臣民更爱自己的国王了。

47. 他的国家的利益和他的个人意识让他必须有怜悯之心。

48. 意外发生的那些不幸的很大一部分，是来自国王们对上帝的不了解以及对虔诚的不了解。

……我们可以看到在所有的世纪当中，国王的罪行引起了上帝对于人民的灾难，人民的罪行引发了上帝对

于国王的诅咒。

49. 痛苦的国王应该在上帝面前卑躬屈膝。

50. 国王不应该允许他身边的人犯罪，而是应该把犯罪的人从他的宫廷里清除出去。

51. 他应该强烈地纠正宫廷里的腐败之风，并且让他们学习好的品德。

52. 永远都不应该使用没有宗教信仰的、没有怜悯之心的人，也不要相信他们。

53. 不要成为虚伪的人，也不能成为不信教的人。

54. 要严厉地惩罚那些不虔诚的人和辱骂宗教的人。

55. 禁止去做那些习俗允许但是上帝不允许的事情。

56. 认真阅读圣经。

……尤其是《申命记》第四章，诗经第十五首和《所罗门智慧书》第一章。

在我看来，这个按专业术语的分类法毫无疑问以不奉承的方式给出了蒙托斯耶的回忆录的思路，比起1729年的自传，这显得更加的公平。这个自传没有把这些格言以序号的方式列举出来，而是以段落的形式把句子连接起来，通过极其不自然的方式给了它们一个整体的面貌，这是蒙托斯耶没有想到的。“思考内容构成了这部作品的主题，它是很简单、短小且自然的。一个伟大的意思，一个令人钦佩的理由，一个长期的我们能够看到成果的经验，在教育统治人民的时候对人民有用的一个诚恳的愿望，都是值得表扬和付出代价的。”我们知道他已经缩减了著作的主体内容了。对于每一个思考内容而言，它的可操作性都是非常弱的。让·鲁引用的这些格言警句，很可能是最好的训诫，但却没有表现出特别的多样性、特别丰富的精神。它的九个片段中，只有两个出现在草稿的

五十六种格言里。从字面意思来看，它们几乎是相同的：只有在让·鲁的文本中，那些告诫或者思考内容是以问题的形式构思的，或者是以给年轻的王子审查的方式呈现的。下面的内容就是草稿的第22号的内容，就像我们在让·鲁的回忆录中读到的一样。

在他的国家中，他是上帝的中尉，他应该模仿上帝的问题或自我审查。

王国赋予他的特权让他在他的国家成为了上帝的中尉，成为了上帝在地球上的形象之一。为了这份荣誉，他是不是会试着去模仿真正的上帝，去模仿那个很睿智、很自由、很有善心的上帝，还是通过自己的细心和天意来统治世界，总是很警惕地保存他的东西？或者他愿意把享乐主义的上帝作为例子，总是游手好闲的，昏昏欲睡的，不细心也没有任何行动？或者他愿意模仿那个作为诗人、通奸的人、不伦的人、酗酒的人、偷盗的人、欺骗的人、狡猾的人、暴力的人、劫持的人、妒忌的人、羡慕的人和作恶的人的上帝，沉湎于所有卑鄙的行为、错误的和罪恶的行为？

下面的是第23号的内容：

作为男人，作为国王和天主教徒的义务

如果他不是立刻想到他是一个男人，一个国王，一个天主教徒，如果他不在任何场合都展现出作为这三种人所要求的资格的话：他作为男人的品质，是好的，温和的，是同情其他人的，把病残老弱都看成是他的臣民，他不是凌驾在他们之上的，等等。国王的品质要求他认为他是行动起来统治其他人的，是保护他们的，是给他们公平正义的，是让他们幸福的，等等。作为天主教徒，

是让他去了解、喜欢并且服务上帝的，是要尊敬别人的，去报复侮辱，惩罚不虔诚的人，是让宗教繁荣发展，去感谢从上帝那里得到的恩惠并且好好地使用它，等等？

下面让·鲁记录的思考内容不是来自上帝的，而是来自宗教的(我们可以想起小册子里的划分)：

关于罗马宫廷的看法

如果当教皇和主教停留在教会的范围里，如果他们只参与和信仰以及宗教有关的事情，对他们来说，就没法拥有一种深深的尊敬和一种子女对待父母般的服从。但是如果在宗教事务中，他们想要把人类的政治和他的行为通过规则混淆在一起，用皇权改变主教的权杖和他们的头盔装饰，国王就不会把他们认为是安全的人，教皇就像一个临时的王子一样，国王就会和其他人一起反对他们了？

这样的思考内容是一种直达目的的牢固的语言。作者并不总是知道很好地保留它的方式，总是用简单的方式去说简单的事情。他会给国王建议一点都不要等待对所有人去做好事，不要停止善行的实施，要像上帝一样试着去给所有的臣民做些好事，太阳的格言能给出所有的图像和所有的文体色彩，这些奇怪的文体色彩已经在蒙托斯耶的贫瘠的笔下蔓延开来，已经使用在了给王储的书信体诗中了。这些都是田园诗，人们感觉是置身于牧场之中。人们不引用让·鲁保存的这三个思考内容，这是对蒙托斯耶的文学名声的一种尊重。这值得让大家都知晓，因为这些文体的使用就是最好的证明：人们应该怀疑这是和那些华丽的句子一样、不流畅且空洞的句子。他喜欢这样的写作方式，人们在另外的一个思考内容中也发现了同样的写作方式：关于国王给他们的臣民

施与的好处是通过赋税以外征收的献纳金从臣民里获得的。

下面还有：

> 国王应该像大海一样使用自己的臣民。大海通过地下水的运行让地球通过河流和小溪获得水。他应该像太阳照耀云彩一样去实施他的财富计划。太阳照射之后，从地面产生水蒸气，水蒸气形成雨水，然后通过温柔的丰富的雨水让大地变得更加的肥沃。

这些不同的思考内容，以更加健康的形式，引导国王像上帝那样接受不幸的人的祈祷。这些思考内容在草稿中没有它们的位置，在1729年的自传的草稿中也没有它们的位置。在让·鲁的回忆录中留给我们的最后的思考内容是通过目录学家复制的或者重新组合而成的，经历了很长的一个过程。这就是在让·鲁的书中提出的问题：

> 反抗者是唯一受到惩罚的，而不是所有的罪行都会受到惩罚。
>
> 如果我们仔细思考的话，所有起义或者反抗的人、强大的人，他们是主要的也是唯一要受到惩罚的人，而不是所有的罪行都会受到惩罚，这只是个例子而已，因为一般都是最初的那些人是罪魁祸首，像大海、像风一样的人们，当反抗的人们进行骚乱的时候他们总是很平静？

我们在《蒙托斯耶的一生》这本书当中读到的思考内容，没有他的文体一惯的风格，而是显得更加的广阔，看上去像是演说的风格，这和他平时的形式完全不一样。我们没有任何动机怀疑这个想法来自蒙托斯耶，我们观察到这个思考内容从语言上感觉像是十八世纪的政治抱怨。

国家的动乱是人民产生不满情绪和贵族们产生野心的主要原因。贵族们的野心应该坚决地予以镇压，因为让他们活跃起来的热情从来都是没有道理的。但是人民的不满的情绪是可以处理的，因为平时他们不会没有理由地抱怨。那些贪婪的征税官非常不人道地强制进行的过度的征税，在一段时间内引起了哀诉、抱怨和埋怨。如果人们不对症下药，这种痛苦很快就会转变成恐惧，精疲力尽的人们试着通过驱除或者杀死他们认为是造成他们悲惨命运的那些始作俑者们来寻求赔偿。致命的极端主义会让人们把对于各部分的仇恨转移到国王身上，仇恨可以没有任何借口和理由的公开进行反抗。因为一个聪明的、灵活的王子会展现出最崇高的品德，公平和仁慈。一方面，会惩罚反抗的第一批的人，并且严厉地惩罚那些制造动乱的人；另一方面，他会建立聪明的规则，牵制征税者，牵制法庭让其在人道主义的范围内行事，让人民顺从。

蒙托斯耶对于人民是很仁慈的。在传记作者分析的其他的想法中，我看到他建议国王走进那些匿名的人家中去倾听他们的抱怨。我们还记得王室的高级官员是如何利用王储在凡尔赛宫第一次骑马时的场景。传记作家提及的这种类型的逸闻趣事，让蒙托斯耶在哲学作家群里有了些名气。在法国大革命之前的那几年，蒂尔戈的欣赏者，失去权力的部长蒂尔戈的欣赏者们，让在法兰西学院提名的荣誉臣民中选择蒙托斯耶公爵的生活，就像苏格神甫的生活，和费奈隆的生活一样。在《关于颂词的评论》中，托马斯利用弗莱希埃给蒙托斯耶的葬礼祈祷的机会，给王子列了教育计划：“我们等待找到真正有说服力的想法，我们等待培养出一个灵

魂，有一天这个灵魂中可以产生出一个国家的幸福和荣誉，我们等待能在一位年轻的王子的心中刻画出上帝、宇宙和繁荣（为什么不加入第四个词：意识，1782 年弗莱希埃全集的编者这样说到，弗莱希埃曾经引用了托马斯的这句话）这三个词的艺术，当他拥有了整个权力时，希望这些词能对他起到制约的作用。”就像我们在让·鲁的提纲中看到的那样，我们不再控诉说蒙托斯耶已经忘了上帝或者说压根没有那种意识。至于宇宙和繁荣，这是所有的提纲中的最伟大的词，在回忆录中，路易十四总是挂在嘴边的两个词。比起王子的总督或者家庭教师，这两个词更适合演说家。蒙托斯耶为了王储想了更多的其他的事情。

他的错误在于写了很多，在于把数千条思考内容集中在了一部作品中，但是却没有花时间去消化这些思考内容。最好的家庭教师请求把这些表达出来，不仅仅是要按照语言的顺序和规范，更是要把语言的某些情感，把拥有独立思想的作家用特别不同的方式所禁止流露的那些情感表达出来，尤其是当他不是为了活跃天才的力量、信念和某位帕斯卡尔的热情的时候。类似蒙托斯耶的这种类型的工作没有限制，让·鲁总共统计了六七千页，多少都不重要了：一部著作的厚度不是这部著作的价值，只是题目的一个整体，是思考内容的一个选择，是文体的一种和谐，是在作家和读者的灵魂之间建立的一种生意，因为质量的集合，灵魂的和谐，若没有构思和实施的提纲的话是不可能实现的。

我很自责这么长时间以来我坚持蒙托斯耶的这种中庸的教育方式，如果这些教育方式对于王储来说是未知的，如果是借助于刚出版的让·鲁的回忆录和未出版的草稿发现它们的话，我们认为这只是满足了简单的文学的好奇心。但是蒙托斯耶建议了一个有用的可操作的目的：他的自传作家告诉我们说，他给 13 岁的王储朗读了这些思考内容的一部分,王储觉得这些内容有点过于严肃了,他就在王后甚至国王跟前抱怨蒙托斯耶,蒙托斯耶不得不通过给国王的一封诗体书信来进行辩白。他的计划是,一旦这种教育结束,他会从某种程度上通过这些书面的内容继续他作为王储的总督和精神导师的职能,他向全城居民和宫廷都提及了这层意思。菲利维特·德·拉马尔在 1673 年开始写的一部合集中,在大约 1677 年的时候提到了这个内容:“蒙托斯耶公爵先生写的回忆录是为了王储殿下的教育服务的,他打算当他不再是王室的高级官员的时候把这个回忆录给王储。”蒙托斯耶认为一切都是好的,他把他的思考内容乱七八糟地以片段的状态一直放到了 1679 年,这一年他为了使自己写一部和编年史作品的作者一样的作品,从而向对方寻求帮助,也就是在这个时候他给了要进入社会生活的年轻王子丰富的精神食粮。他认为,在王子愿意的情况下,每天可以让王子朗读一到两篇的思考内容,这些足以在所有不好的时刻,所有不好的事情发生时保护作为男人,作为国王,作为天主教徒的王子!

弗莱希埃在参加蒙托斯耶葬礼的时候说:“请允许我在这里说出这些睿智的健康的格言,这是忠诚之心让他写出的格言,谦虚让他把这些东西隐藏了起来,根据他的愿望,这在王子的生活中会起到很大的作用。”在 1690 年我们只能这样说了。一个孩子可能会利用小分量的思想和政治教育,但条件是这样的利口酒得好喝而且让人心情愉快,但是当人们让他随处能感受到生活的时候,他自己就会通过不同的方式来徜徉于生活之中了。这里只有空想,没有具体的真实的事实。这是蒙托斯耶的回忆录和路易十四的回忆录之间的最基本的区别,路易十四的回忆录更适合给一个人看,这两部回忆录都缺乏魅力,因为人们在其中都感觉不到激情洋溢的

灵魂，因为回忆录的文体既没有多样性，也没有可塑性，但是根据事实建立起来的思考内容，是家庭教师带来的例子。通过国王诚恳的无私的口述，他们给所有的王子写了一部很宝贵的政治和思想教育的作品。

第十四节 回忆录的价值

为了王储，蒙托斯耶表现出了真正的父亲一般的爱和罕见的文学上的大公无私，他从1674年开始就毫不犹豫地在他的第一部作品中把这些思考内容写给了年轻的王子，他希望这份作品对王子来说是有用的。写于同一时期的路易十四回忆录，写的是一系列整体的思考内容，但是其思想政治的教育内容有些高度，对一个孩子来说是不容易接受的，或者说对他体现想法的这个形式还不是很满意，或者认为他的儿子还没到能理解其内容的年龄。1674年，他还没有把回忆录交到王储的手上，是王室的高级官员在给国王的书信体诗中告诉我们的：“我敢担保您能完成这份工作，能从现在开始和这部回忆录的接受者交流一下已经写的内容，您的温柔会让您这么做的。他会从这个优秀的资源中汲取作为一个睿智的骄傲的统治者的所有的原则。我承认除了您给的内容，或许是您的话语，或许是您的信件，或许是您的例子，除此之外，再也没有什么能给王储殿下留下这么多的印象。对您的教育内容的反复阅读会让他把这些都牢记在心里。”关于皇家作品的主题，博叙埃的沉默让人认为这部作品在王子的教育中只占据了一点小小的地位。

可是如果说路易十四在1677年允许法兰西科学院的诗歌来庆祝他的回忆录,这就说明他认为他要给予回忆录的那个人是了解这部作品的。在这个时期,名人的声音宣布的都是不太重要的事情,例如科尔伯特的第四个儿子,16岁的德·奥尔穆瓦先生(王子还没有这么大)的哲学论文中写给王储殿下的献词;例如为了科尔伯特先生在年轻的王子身边给他很欣赏的埃斯当尚先生安排了一个秘书的职位;例如王储殿下赋予《优雅的墨丘利》的恩惠,通过一些冒失的行为,他屈尊给出的这些预兆本应该使我们了解这个作品的主题。

普罗万的一个律师在他的一部很荒谬的回旋体诗中赞扬了王储的美德:

他拥有强大的内心,深刻的智慧,
他拥有不可思议的精神。
在路易之后,让大家欣赏的人是
这个世界上的第二个奇迹人物,
他就是王储。

我们想知道是否路易十四回忆录已经在这种神奇的精神、在这种深刻的智慧及其强大的内心的发展过程中起到了一些作用。王储读过回忆录了吗?他从中受益了吗?和一位如此谦逊的人打交道,他的行为既不否认也不证明在回忆录中展开的皇家的论述,我们从王子的生活中也归纳不出来什么,这让人猜测蒙托斯耶和博叙埃的学生已经了解了他的父亲的思想和政治的建议。

这就是我们得出的最肯定的结论。路易十四在回忆录刚开始的时候,几乎没有想到他的儿子,然后在接下来的每一页内容上都写了他儿子的名字,这只对他自己是有用的,对别人无用。甚至,当回忆录的编写只有那些参与编写工作的人才了解,很明显就是它对那些从回忆录中汲取过灵感，进行过口述或者阅读过的人来说也是产生了一些影响的。

大概在十年的时间内，也就是从 1661 年到 1671 年，路易十四的精神停留在了许多完全不是空想的一些想法上，他把这些想法很快就应用在他作为国王的职能方面。我们可以说，他以给他儿子准备教育方式为借口完善了他的政治教育理念。他的回忆录完全就是一部皇家的作品，因为其形成的方式，就是把他随便写在便条上的一两个字词的意思进行了扩展而写成的。能确信的是，路易十四对于写在报纸上的丰富的杂乱无章的内容基础之上展开的回忆录的每个事件都很感兴趣，而且对于每天的新闻和闲谈引起的各种各样的思考也很感兴趣。他不是一个有着丰富的性格的人，也没有太多的思想火花，但他有着珍贵的天赋：学习的能力。“圣西蒙说道，这是一种自我培养，自我修饰，可以让自己家变得文雅，不用模仿和不拘束地借鉴别人的能力。”这位国王对他的优势很自豪，他用他的整个一生都在践行他给王储重复了无数遍的建议：要懂得倾听，询问，要接受不同的建议。但是在收集到各方面的信息后，国王保留决定权，这是最好的做法。给王储的回忆录，不是别的什么东西，而是包含着许多政治艺术的杂事，是国王面对他的父母，他的臣民和外国人的时候出现的棘手的情况的一系列解决办法，是他作为一个男人和一个天主教徒的一系列义务。通过回忆录，路易十四和他那些拥有智慧并且对人们很了解而且有着写作才华的助手们一起，实现了他父亲孱弱的路易十三几乎在和他一般大时从黎世留手中接受的一切：开始考虑一个王子应该担心的大部分问题。

应该在阿瓦纳先生发表的《黎世留主教的国书和信件》的最漂亮和最睿智的版本里（1858 年，第三卷，第 182–212 页），研究一下在1629年1月国王动身去意大利战争之前,部长当着国王的母亲和其亲信的面读给国王的“一切都是为了他好”的公告。我们能拿来和路易十四的教育内容进行比较的作品,就是黎世留的作品。它们都具有相同的道德和政治指导思想:唯一要看到的是伟大的部长很严肃地对待他的主人,即28岁的国王。要知道当时的路易十四还是个孩子,对于这样的一位父亲口述的或者撰写的内容还是很陌生的。黎世留很用心地把他的想法都融入到了主要的题目中:我们看到有一些想法也是路易十四回忆录中所强调的。他把这些在宫廷中注意到的坏习惯、爱好一个一个都写了下来,他用有表达力的语句解释了要遵守的行为,要征服的胜利。这些都不是冷冰冰的格式,不是像蒙托斯耶的书里的僵硬的浮夸的语言,所有的这些内容组成了那篇文章。我们感觉到一个想不说空话的人的强烈的自信。国王的称颂之词到处都是,这是毫无疑问的,因为这样的学生他不会让嘴巴靠近苦涩的酒杯,但是颂扬的语言是严肃而真诚的。相反地,路易十四在给王储撰写教育内容期间,只把焦点放在自己身上,他所给出的训斥都是在谄媚的语言下让人很压抑的内容。如果我们有这个想法的话,我们可以把这个原因归结于编写者身上,他们的目标就是把国王的想法和行为予以浮夸地扩大。因此,我们可以记录下路易十四教育内容的这一个内在原因。因为路易十四不是亲自执笔,他只是偶尔拿起笔,写几个相互独立的字词,给王储的回忆录中的人为的矫揉造作的内容在黎世留笔下是从来不会出现的,黎世留所写的内容都是很有力量的,也是很活跃的,这是二者最明显的区别。

黎世留给路易十三的建议是有一点无用的:在长达十二年的时间内,在法国一直到黎世留的去世,就只有一个真正的“国王”,那就是黎世留自己。路易十四没有忘记他让人写的思考内容,或

者说在皇室温暖的土壤当中绽放光彩的那些思考内容。他的伟大的统治时期出现的错误和获得的成功在回忆录中都有萌芽。路易十四没有对任何一点发表过自己的想法,自己的打算,或者认为是自己的权利或义务。在他对内和对外的行动上表现出来的自命不凡,已经成为了一种不能超越的既蛮横无理又浮夸的语言。

对于他而言,法国的命运完全是在一个人身上,有血缘关系的王子们,部长们,特权阶层,宗教人士甚至都像最卑微的臣民一样,都是受国王摆布的。顺从,把自己的人格和财富都贡献给国王,这才是所有人的生存之道。"整个国家都是忧心忡忡的",类似在日志中出现的这样的一句话,在回忆录里又重复出现了。路易十四喜欢把自己表现得像一个大家都很害怕的强大的人。1710年,也就是回忆录写完后的差不多四十年的时候在索邦大学的一次商议会上,人们说了什么?因为国王在第十次的税收时已经在犹豫要不要拿走所有人的财富。圣西蒙说道,医生的建议让国王变得更加的强壮,也让他恢复了曾经失去的平静和安宁。然而,日志非常从容地把这个问题和回忆录里的内容切断了:要知道,在人民手中的所有的一切都是属于国王的,藏起来的东西也都是属于国王的。让圣西蒙很是震惊的许多东西在这位30岁的国王眼里是充满了政治信仰的东西。我们从来没有用轻视的语气提起有着血缘关系的王子们尤其是法国国王的大弟弟。那些国王的参议员们都是国王的部下,很像天主教某些修会的会长手下的修道士们,或者发号命令的人手下的下属们:让人满意的是所有有用的想法,所有丰富的想象都不是来自部长们而是来自国王。这样的一种教义,让所有的意志都从属于它,没有什么坏的影响,就如同法国的好的精神给予了路易十四两个很棒的伙计科尔伯特和鲁乌瓦:但是一个自认为拥有所有的科学和智慧,认为他是一个全能的人的国王,是一个有着不是贵族血统的部下的类似法厄同的那种人。总体而言,回忆录还是真实地刻画了路易十四本人。德利昂塑造的是外交事务方面的路易十四,他和科尔伯特一样,对国内的事务不是那么感兴趣。在外交事务方面,他可能被提到过一两次,而在1666—1667年,也就是国内历史占据很大位置的那段时期,科尔伯特几乎没有被提及。路易十四习惯只看到描写法国的繁荣和伟大的一位作者。那么不久以后,应该是只有这一个人来承担这些不幸和灾难的责任。

如果我们不知道在路易十四个人统治期间法国在欧洲的显著的优势,这对于法国和它的国王是不公正的。让人震惊的事件不是弗兰德运动和弗朗什—孔泰运动,因为在这些运动之前发生的事情让这些运动变得容易了一些,而是国王的外交工作。在国王回忆录和日志里关于这点都有详尽的细节描述,在军队和战争策略上所做的改革是回忆录里不能轻视的内容。

路易十四极尽所能吹嘘他的政治品德,尤其是在合约方面的良好的信用。如果他只听到有人谈论外交语言,我们要主动地相信他在这方面很灵活。但是良好的信用,往往是谈判排斥的东西,那么在路易十四的笔下信用能得到庇护吗?事实是让人高兴的(在相同的情况下,既要做到语言上的毫无修饰又要表达出他的不满是很难的一件事),当国王对荷兰人表现出强烈的不满时,他说荷兰人在协议中是很不忠诚的,他们在合同上以完美的方式欺骗了葡萄牙人、西班牙人、英国人,甚至荷兰人自己。1666年,他集中提供给荷兰共和国用于反抗查理二世斯图亚特的海上战争是多么的气派啊。在博福特公爵的命令下,法国舰队的往返为什么缩减了?我们的舰队出现在“欧洲,陆地上,全世界”,这是为了使用在回忆录中通常会出现的那些奢华的词。小小的葡萄牙王国,路

易十四对于它的解放特别地感兴趣,它从法国的在国王权力控制下和圣·罗马神甫权力控制下的神秘的阴谋里能得到什么好处?

它能在法国王后内穆尔小姐的遣送中看到另一种背信弃义。然后这种捐赠对它而言不是什么致命的坏事,因为这个女子很快加速了她的丈夫阿勒丰斯六世的衰败,把这个国家从一个不幸的国王手里解放了出来。

我不是毫无保留地赞同在亚琛和平之前有才能的作家对路易十四政治的称颂。我们欣赏米涅先生的灵活,甚至欣赏他的稳重。但是我不认为他的忠诚等于他的稳重。我至少不想要在1666年的事件上使用下面的句子:“在他为了赢得在欧洲的不同国家的战争和中立而调动所有政治上的活力时,他每次都会参与其中,他的盟友都觉得他很忠诚:他既不同意担负他们的费用,也不愿意贡献太多的友谊。他不想再因为荷兰的要求而抛弃葡萄牙,荷兰人是为了英国人的供给,葡萄牙人和荷兰人都不太忠诚,荷兰人和西班牙人一起针对英国人,而西班牙人又和英国人一起对抗荷兰人。”

赋予路易十四权力,要求他在政治方面实行道德法律的人,他把国王凌驾于其他人之上。据他说,行动、共同的美德都是赋予人民的,而国王们……人们在回忆录里能读到关于这个奇怪的思考内容的扩展,人们会原谅我们没有把国王树立为美好的典型。“尊敬应该归功于国王们,他们做了所有让他们满意的事情。”这是另一个没有记录在回忆录中的格言,但是当它出现时,对路易十四来说很熟悉。这是一个模板式的句子,写这个句子的人让它可以被复制。在皇家编写者的笔下同样的想法不知道出现过多少次呢!皇家的利益包括了一切。这个国王自称是对于法律条文的严厉的执行者,那么为什么从1666年开始,通过对他来说看起来很自然的至高无上的权力的使用，从而强奸了胡格诺派的众所周知的形式上的权力呢？在他的宫廷里，他不能忍受人们的哪怕一丁点的反抗，以便于他的乱党集团没有机会再次产生或者选择出一个新的领袖，但是克伦威尔共和国集团的残余势力如果要求的金额不是特别高的话，就会在他身上找到对抗查理二世的支持力量，因为他和查理二世是连年征战。如何协调皇家的义务和品德呢？为此他经常苦思冥想，为了放弃或者否认阿勒丰斯六世，他对葡萄牙人展现出了或多或少的忠诚吗？我在等待一个答复，一个理论上很好的答复，国王们都是上帝在地球上的代表人物，权力赋予每个皇家人员一个神圣的特征。那么赋予国王的义务有什么用呢？作为对绝对权力的唯一制约，上帝提出的道德法律需要在这个世界上有人认可，如何说服人民他错在利用阴谋去反对一个心术不正的王子，甚至还是在王子的宫廷中利用他的表哥和他的妻子进行的反对？我们可以看到，这个神圣的理论在二十年之后，可以武装起路易十四去反对纪尧姆三世的君主立宪统治。

通过明显的强有力的联系，私人道德和政治道德可以联系在一起。如果对王权没有明确的限制，那么从任何意义上来说都是一件坏事：财富、血缘、臣民的荣誉，没有一个能幸免。如今路易十四通过在议会上通过的法令，让一个把他当作男人来爱而不是当作国王来爱的年轻女子成为沃如尔公爵夫人，很快地，一位已婚妇女就展现出了一种让人无法宽恕的爱。皇家回忆录中对宫廷的这种丑闻都是很开放的，是会公开的予以记录的：不用他们允许或者证明，这是和给王储的教育内容中那些必要的礼仪相反的事情，尽管编写者不想让路易十四如此厚颜无耻地要避免的这些法律失去光芒，他还是担心情妇们的事情给国王和国家带来危险的后果。在路易十四接下来的统治时间里，他甚至忘记了以他的名义给予王储教训，这些教训是已被道德证实过的政治影响的教训。我们知道他强大的意愿是想让这些王子们都成为合法的，他想通过婚姻让这些王子都成为有血缘关系的王子：法国不得不忍受这些旁支的事情。除此之外，在十八世纪的时候，王权还让法国承受了其他的一些侮辱。

在回忆录中，关于道德的实践问题和政治建议经常会转化为论述，这些论述几乎总是老调重弹，那就是对国王的称颂。编写者们的想法就是在这些地方出现了跳跃，不是通过整片的田野，而是根据如同在凡尔赛花园里的那些规则的人造的小道来实现的。他们很努力地通过各种途径发掘思想，但是总会不自觉地脱离主线，他们在半途中会忘记他们要给读者强调的目的。如果我们从头到尾跟随他们的思路的话，我们在开始的时候就会转回来，我们会发现，在不知不觉中我们的旅行好像换了国家，换了地方，我们总是置身于殿堂之中，面对着皇家的雕像，我们要不停歇地进行欣赏。

如果你知道你在这样的偏执当中的角色，你就会把自己毫无保留地交给回忆录的写作者们。在所有的论述中，有些内容很奇怪。比起巴尔扎克笔下的国王的大部分篇章来说，这些内容的词语不那么华丽。当这些论述不是那么坚定的时候，它们的表现方式总是很灵活的，它们有着在那个时期很流行的抽象的特征，或者是属于形象描写家庭中的一分子。但是斯居代里小姐，蒙庞西埃小姐或者赛格蕾小姐，她们的写法不太温柔，她们有着很活跃很令人愉快的写作技巧：她们都是在这个伟大的世界中能言善辩的人。如果句子都是精心琢磨而成的，我们就能在字里行间体会出一定的思想活力，一种真正的思想的丰富性，因为编写者们都是自由观察的，因为他们所表达的这些思考内容是属于他们自己的，他们非常自如地让这所有的思想引起他们的回忆或者想象力。在这里，编写者们从国王那里接收到了一个要扩展的主题：在日记里都没有被提及的想法要直接地表达出来，可是在细节的表达和创造中他们却并不是真正的主人。通过大胆的想法写出来的那些著名的段落应该被排除在外，因为国王看起来没有受到启发，佩里尼毫无疑问要特别吃力地让他承认，既然有一些片段还是处于草稿状态的话，还保留着它们最初始的状态，表达还是很直白而且很鲁莽的话，那么在回忆录的完整版本的任何地方都不会有它们的位置。

除了这些独立存在的而且内容很丰富的页码之外，回忆录的文学工作给认真的观察者提供了一个有趣的场景。国王有了想法，想表达的话，他就会用几个字写下来大概内容。编写者的工作就如同一个宝石工匠的工作，他必须给皇家这块宝石打磨出光彩夺目的雕琢面，他应该在一个珍贵的金属上进行镶嵌。有时候他会因为一些主要的词而感到困惑。我们注意到，在研究国王日志的时候，一些被独立丢掉的句子在回忆录里都找到了非常适合它们的位置。然后编写者们是带着很美好的意愿和耐心让最小的珍珠都发挥作用的：被忽视掉的内容，或者是一些不太重要的碎料，或者是一些过于大胆的想法，我怀疑是佩里尼在日志中忽略掉了，而且是回忆录中也没有记录的内容。

日志和回忆录的对比给我们也带来了其他的东西。最初的想法往往是最好的。如果日志中提到的国王说过的话真的是属于国王自己说过的话，那么这些话语不仅证实了国王有着坚定的信念，他既知道他的发展方向也知道该如何坚决地走下去，但是只看到回忆录的话，就会发现我们没有给国王太多的机会表达。假设我们有权利肢解日志，把日志里的内容都弄得乱七八糟，尤其对于1666年来说，根据这一年的回忆录的第三次的编写所调整的计划来调整回忆录剩下的部分，同时也不进行任何内容的增添，这样形成的日志看上去也不会写得很差。但是这并不总是对于事实的简单的专业术语的堆砌：这些评价都是用积极的适合国王的那些词组表达出来的。有一些文章是从日志里一词不落地被搬到了回忆录里，回忆录能够扩展、改变那些相同的想法，但是却很少能把它们变得更好。

为什么我们在这里给予国王的称赞，要和给日志的第一个作者的称赞一样呢？当我们看到1666年的颂词很啰唆、很夸张的时候，我们不得不把对国王的称赞减弱。我想提起的是回忆录的第一次版本和第二次版本的编写，在这两个版本中国王的笔迹无处不在。路易十四看上去特别喜欢编写者们的漂亮的句子：他阅读那些优美的句子，他赞同那些优美的句子，因为他只在几个字上做了修改，这就证明了这一点。看上去他没有注意到这些事件的次序很乱，后面附着的思考内容也是乱七八糟地一个挨着一个。编写中的这个整体的错误只有在1666年回忆录的第三次编写过程中才完全被改过来了，在这次的编写中路易十四的手无处不在，因此我们不能不把他和最后一次的编写获得的赞扬联系在一起。

我们应该假设一下，如果在他的小册子中，他的作品是完全个人化的，但空洞无物，就像一系列的笔记，没有任何文学价值，如果在日志中也一样，他让人看到他的感情和风格，当下的事件就是他的主要的担忧，在回忆录中那些事件就没有思考内容那么地触动他。那些思考内容实际上都有一个双重的结尾：证明、评价、歌颂他作为国王的行为，教育他的儿子。思考内容赞美的语调让他很高兴，情节发展的过度丰富，想法的极度缺乏让习惯了华丽辞藻和修饰的精神很受伤害，因为这些想法的表达方式都很普通而且意思很模糊。远景和艺术交织在一起，甚至可以不顾透视法则，就会让戏剧赏心悦目。对于路易十四来说,我们永远都不应该忘记他的学习室和他的沙龙一样,就是一幕剧。回忆录的编写者们似乎已经明白了这一点:所有的内容都是通过放大镜展示的,他们给悲剧演员穿上厚底靴,增强他们的声音,因为他们是向全地球、全世界讲话的。

这是主要演员的趋势,也是这种类型的失误之处,尤其是这种带有当时的文学习惯的类型。人们一点也不知道描写历史,简单地评价人物和事件,这样的品质是如此谦逊又如此必要,看上去只是留给编年史作家的,历史学家往往会转向夸张手法和赞颂。最灵活的梅泽瑞也没能摆脱这个共同的缺点,尽管人们称赞他的爱情是真实的:“他说,这个上天的女儿不仅仅找到了庇护所,更是找到了宝座,在这里到处都是高贵的仁慈的灵魂。”让历史更加受到宠爱的是让人梦想的历史学家的头衔,每年可以领取工资,这些人会觉得有许多便利之处或者在写作时可以大胆地放开去写,因为工资来自他们的笔下。和可怜的瓦利亚斯一样,尼古拉·科尔伯特神甫是如何给他的弟弟推荐总监一职的,他完全可以尽全力找到适合他的才能的职位呀!在最杰出的这些人当中,历史拥有着演讲或者诗意的语调:真实改变着家庭,历史宁肯变成不合规则的想象,也不愿成为公平正义的姊妹和同伴。那么发生了什么事情吗?历史著作都几乎没有信誉度,我们通常向这类书籍所寻求的东西,例如人物的肖像,性格的评价,对当代事件的详细叙述,都可以在别的、和历史有着血缘关系的著作中找到。您想了解伟大的孔代、罗克鲁瓦、朗斯、沙朗托战役,您想要了解一位迷人的情人,十八世纪的文学中最有能力的一位法官,您应该在等待博叙埃和伏尔泰的真正的历史作品的同时,先去读一读斯居代里小姐的英雄小说。路易十四回忆录,如果它不能被证明所有的材料都是

在国王的口述下写在日志中的唯一的最确定最广泛的资源的话，它就没有真正的历史作品的威望。仅仅对于其军事内容而言的话，另一份日志中可能接收了来自国王秘书处的所有的叙述，公报看上去是提供了一些不能增加它们的价值的一些细节的内容。

甚至当佩里松提起笔来重新书写引言，或者重写第一部分的内容的时候，他唯一涉及的是，作品的风格没有改变，评价仍然有着和夸张的颂词同样的语调，整体的思考内容退化为空洞的含糊不清的论述。对于他而言，我接受这样的借口：他所工作的资源不属于他自己，这是一个已经被别人扩展过的情节，他认为不得不在别人发展的情节里加入一些金线或者丝线般的内容，他让屋顶负荷过多的那些丰富的修饰，使得第一次的作品的内容越发显得贫瘠。我认为如果佩里松被选择来做这个迟来的校对，那是因为他之前的作品展现了他的志向。弗朗什—孔泰皇家运动的历史学家，他在 1668 年 2 月让整个欧洲为之惊叹，他不需要改变他的方式。主题的宏大看来是要寻求言语的夸张和讲究。他超过了在他之前的那些编写者们，把他们的风格和自己的风格进行对比的话，显得很简单、很谨慎。他也增加了一些对于宗教知识的思考，或者对于一个国王的必要的政治行为的思考，这些关于宗教的思考内容体现出一个新的改变信仰的人的虔诚和对于目前的恩惠的认识。人们特别喜欢能够长期把佩里松的作品和之前的作品进行对比。在给 1661 年和 1662 年的回忆录进行了内容的修改和增添以后，他很好奇地看着这个和 1666 年以及 1667 年的写得很全面很完整的作品的对比。他了解这些作品吗？不久之后，他描写从路易十四执政一直到奈梅亨和平协议的这段历史时，很明显他在引言的文本部分进行了一些改动。没有什么证明他利用了开始于 1666 年结束于亚琛和平时期的真正的国王回忆录。路易十四回忆录大部

分时间都处在佩里松的修订状态中,他一边看那些内容,一边手上拿着铅笔进行修正,因此他证实了那些想法和风格。

我们在路易十四身上看到的学习能力不是白白被训练的:由于不断地听取和不断地批评那些智慧的人,而这些人都是有着丰富的思想且能言善辩的人,路易十四不仅变得能够思考(谁从来没有怀疑过这一点?),而且也能和他们一样写得很好。所以既不是佩里尼,也不是佩里松,更不是其他任何一位职业作家,利用1679年庞彭失宠的机会,通过路易十四把这些想法很好地进行了扩展。人们赋予了这些内容的题目是关于国王职业的思考,这些内容能够和回忆录的其他片段放在一起组合成一个整体,但是人们一点也不惊讶的是路易十四自己写了这些内容,而且是写了唯一的一个初稿。他经常性地从他所说的其他的东西里汲取灵感,从而得到符合他的想法的那些威严且巧妙的形式。此外,没有什么思考内容能更好地符合他的精神的表达,在他的内心深处所有的一切都是皇家的,关于他的思想的表达已经被塑造得非常简洁且宏大了。我们难道只有路易十四亲手写的这一小篇内容吗?对他而言,应该确保在这样一个美好的世纪中的文学历史上占有一席之地。

对于回忆录的作者,尽管我们或许可以指责他们夸张的赞扬,指责在王室里所有的一切都是在国王之下,世界上所有的一切都不是为了法国的利益和野心服务的,或许多余发展的繁荣,风格的生硬和夸张,他们的优点至少都是非常勇敢地完成了如此艰难的一个任务,而且都只对他们自己有了个交代。就像我们平时的做法一样,他们本来能够收集那些从各个时期的政论家和道德家那里借鉴来的思考内容,从亚里士多德到马基雅弗利,从格老修斯到博丹或者到伊索克拉底;能够开启讨论的领域,大肆攻击政治对手,展示为了王权的福音书。拥有了更多的科学之后,他们就不再

是能使人信服的了：路易十四和后代都不欣赏他们的博学多识。

路易十四对写出他的想法和他的人格魅力的这些资料是持什么样的态度呢？古老时代的理论，或者当王权还不是绝对的无可争议的王权的那个时代里的教义，对他有什么借鉴意义呢？甚至是黎世留，他是给这部作品最后添砖加瓦的人，也从来没有被提起过。路易十四读过了这位伟大的部长留给他的无数的政治资料吗？据说当科尔伯特试着寻求一些自主权，他可以依靠这些权利实现他提交给国王的计划时，也没有找到更多的决定权。“陛下，主教先生……”，他经常这样称呼路易十四。我怀疑路易十四一点也不了解黎世留的国书中的一些内容。《历史》和《主教的历史回忆录》，这是议会和国王的律师奥博瑞先生的两部著作，1650 年的《历史》，1662 年的《回忆录》，需要关注一下同样很重要的资料，其中一部分是出自国王之手或者他的秘书之手。还有更多的：路易十四的工作方式让人联想到黎世留的工作方式。国王的小册子的形式是如此的简短和简洁，因此日志继承了国王的小册子的所有优点，并把它应用于日志的每一篇文章。国王的册子能和简明扼要的笔记进行对比，这些笔记是路易十三为了指出他自己建议口述的或者写出来的那些信件的内容和提纲而留在第一页上的。然而路易十四没有提及任何对于黎世留的特别尊敬的回忆，就好像这位部长的荣誉对于王权来说是不光彩的事情一样。回忆录中关于王储要接受教育，尤其有必要学习历史的一个片段，没有引起任何结果：编写者们几乎从来不会为了让现在变得更加理智，为了提出未来的原则而去回忆过去。所以当我们看到西塞隆的名字时有些惊讶，而且这是他在边缘处增加的内容。根据需要，宗教的或者君主专制的古老的传统应该时不时地被强调一下，可是路易十四却很少提及这些，因为他声称这些传统就是起源于他自己。

勒蒙特在他的《关于君主专政》一书中对此做了观察总结。“法国的王权是通过教士写在圣经上的,是通过法官赋予罗马权力的,是通过贵族实施古老的习俗的。路易十四不重视这些基础,或许是他的有限的教育使得他压根不认识这些基础,或许是这三点中没有任何一点适合他。同时,在所有的路易十四口述的、撰写的或者重读过的回忆录中,不管过去的权利是什么性质的,他从来没有引用过任何过去的这些权利。在新的君主专制政体下,所有的一切都证明了国王曾经是个创新改革者,我可以更精确地说国王是个革命者。”勒蒙特在 1809 年写了这部作品,然后却只在 1818 年才出版发行,他读了六卷本的路易十四全集的最新版本,他从里面引用了许多个片段作为他战斗的绝对主义理论的证据。路易十四不想要那些出自所有人之手,并且供所有人使用的历史原因:他只想要以他自己的名义说出的或者启发的一种语言。

这就是我们的兴趣所在,也是这本书的新颖之处。关于国家的行为,关于国王的权力和义务的有价值的著作很多。但是当路易十四登上了历史舞台,其他国王的想法就都不重要了,或者说所有时期的哲学家的想法也就不重要了吗?通过他在法国生活中占据的位置,无论人们做什么,都是他强加给你的。如果他不博得同情,他吸引好奇的人。人们在寻找他,人们想听他讲话,人们想看到他。这就是长期荣耀地生活着的贵族的特权!世纪的命运和这些贵族的命运是交织在一起的,这种生活方式是会影响国家的后代的。路易十四并不是他的回忆录中的唯一的思想,唯一的灵魂,我们对此觉得有些生气!如果不是因为心情不好,不是因为没有欣赏的心情,我们完全可以在阅读的时候很惊讶地说:这是一位多么傲慢的国王!在我们嘴里这不再是一个侮辱的词,这在奥朗日的纪尧姆三世的嘴里也不再是一个侮辱的词,他不能在法国军

队里夺取胜利，于是他喊道：多么傲慢的民族！同时，我们对为了解释这些回忆录而写成的作品非常的满意，通过相同的证据，我们可以说这些就是真正的路易十四的作品。在你们看来其他的问题难道不也都是路易十四回忆录中有所涉及的吗？这是因为路易十四的地位是如此之高，以至于他的荣誉是和他的个人思想联系在一起的，是和最私密的、最有价值的思考内容联系在一起的。如果我们对于大师只有一个微不足道的评价，我们就没有很大胆地去探寻他的文学合作者写的那些内容。让路易十四显得矮小一些，这只是归还给佩里尼先生的一个很美好的荣誉，他曾经被选中以一种独立的姿态去写作，给国王提交思考内容的计划，修改可能是其他人写的东西。至此，我们也没有计算在佩里松的主题中，用于王储的政治和思想教育的主题有多少？佩里松所享受的荣誉，自此以后都是给了拥有另外一个名字的人：佩里尼。

"我即国家"。我们在研究路易十四回忆录时从来没有感觉到这个词的分量，因为他从来没有说出口。尽管我们只能见到他的少量的亲笔写的内容，但是他的想法和他的人物在回忆录里处处存在着。关于日志和活页本，人们确信他这样说了："我即思想。"如果每个扩展开来的思考内容都不是出自他的头脑的话，他也会把它们变成是自己的，这些思考内容都有着唯一的气质，唯一的意愿。只有在独立的草稿中或者被丢弃的笔记中，佩里尼和佩里松的个人意见才会出现一两次。考虑到这些想法都是被修改过的，都是被润色过的，我们就可以用一种统一的语调。这样的话文体就变得平庸了：所有的一切都被披上了一件颜色未定的宽阔的大衣。一尊雕像，当许多艺术家都在雕刻这同一尊雕像时，甚至当许多双最灵巧的手修改过雕像的所有部位时，这个雕像就不能呈现出被唯一一个人雕刻过的大理石的颜色和活力。我们要的就是这

个效果。在这部合集中，路易十四没有爱惜他的合作者带来的他们的独特的视角、他们自己的特点：如果路易十四想让大家认可这部作品只具有皇家的特征的话，那么他完全成功了。

我们相信，因为他口述回忆录的第一个计划是教育自己，通过对他个人的过去的经历和评价的叙述，让他应该在未来要遵循的行为准则深深地印刻在他的思想里，同时让他的后代来审判在他自己的事业中所呈现的一些睿智的、火热的或者自由的内容其实压根不适合他。在一个温和的安静的领域，他的形象可以呈现在最初的提纲中，这样的领域可以很容易地被那些不是一流的作家们发现。当国王决定在他儿子身上实行他给自己的建议时，就没有什么要改变的，既不用改变计划的范围，也不用改变计划的细节。当主要的编写者佩里尼不在的时候，我们在想为什么他不打算把佩里尼替换成那个他指定的负责王储教育的继任者呢？难道他认为博叙埃不太谦逊，而在这个职位上他需要的是一个顺从他的作家？孔多姆神甫从他的学生那里获得的精力孕育着一种主动的力量，一种在回忆录的编写过程中的性格的独立。佩里松被安排去修改不太重要的一个部分的内容，这也就是他全部的工作了。路易十四发现新的编写者在颂歌部分的编写时，如同在建议部分一样缺少分寸，因此他不会长期用这位新的编写者的。

也可能皇家的运气快枯竭了。在他周围没有任何一个人有才能用神圣的棍子让荒漠中的岩石里迸发出水来，回忆录的工作被中断了。路易十四回到休息的状态中了，或者说是回到他真正的国王的角色中了。在他的手中，书写的笔就如同比赛时的剑，或者骑兵队的剑一样，对于天堂般的日子和献媚来说是好的东西：是一种谦卑的武器，是一种没有剑头也没有刀片的武器。尽管他的某些参与给回忆录的内容带来了一些价值，但是我们也不遗憾他

的参与没有持续下去。在法国和欧洲的其他事务让他忙碌起来了，这对他的荣誉而言是更加有用的。他坚持写作是没有什么意义了，我们确信法国没有一个比他更加伟大的作家了。他写的那点内容，不论是具有启发性的还是口述的，都证实了他是一个伟大的思想家。实际上通过回忆录，他准备了他想要后代对于他的计划和行动予以评价，他把他的名誉看得比对他儿子的教育还重。在这样的行为下，就像在其他别的行为里一样，他的能干是通过他的财富来实现的。自恋，这棵在所有人心中的具有强大生命力的树，已经不能再结出比这皇家的根茎结得更多的果实了。

第二章

C H A P T E R 2

《路易十四回忆录》的构成

第一节

国王的活页本和日志（1666年）

重复提起在回忆录的编写研究中已经说过的关于国王的活页本的内容，这是无用的。

我们一点都不会改变它们的布局。

日志也是按照它草稿本身的样子重新复制的。

当我们在日志的边缘处找到类似这样的评论话语时：“了解一下细节。要知道的细节。这可以用于……应该把这篇文章放在前一页的前面。国王给我建议的思考内容。”我们也会把这些内容复制下来。这是日复一日的工作留下来的注释，某一时刻的记忆需要被补充完善和调整。想法总是来得没有次序，经常和围绕着它们的事实是不一样的，但是我们认为它们是很重要的，我们用一个短的句子把这些想法固定下来。在某些地方，国王的人格魅力是体现在普通的编写者不会写的词组里的。

日志明显是给回忆录的写作提供服务的。日志中另起一行时会有一条横线,这是为了让人们能够使用那些内容。我们在边缘处看到的在 1666 年 2 月 14 日的不同的文章前面出现的数字,和国王的六个活页本里的明显相符,因为他在纸张的抬头这样说:“国王给了我他写的六个活页本”。我们辨认出那些数字是罕见地乱七八糟,那些活页纸也不幸地被全部丢失了。但是在 2 月 25 日,国王把在文章的边缘处写的数字集合在一页上,其中的 4、3、5 意味着什么呢? 是国王在 2 月 14 日写的属于第 3、第 4 和第 5 本活页本中增加的内容吗? 在有着相同编号的第 14 篇和第 25 篇的文章的题目之间有着很大的相似性。对于 5 月 15 日给出的文章,更高的数字是从 9 到 19,在我看来同样是属于国王的活页本的。在下面的内容中(1666 年 6 月 26 日),出现的不再是数字,而是字母 ABCD:它们的意思不一样吗? 国王把两个活页本的两面都写满了内容。A 毫无疑问是第一个半页,B 补充完整了这一页。C 和 D 同样每个都是半页。时不时地在边缘处还会出现字母 G 或者 M,G 意味的是要保留下来的事实或者思考内容吗? M 是不是意味着是回忆录(Mémoires)? 在 1667 年的日志中,3 月 29 日和复活节前夜(4 月 9 日)给出的所有文章都从 1 到 45 进行了编号。所有在 7 月 18 日和 19 日给出的文章也都是没有间断地从 1 到 34 进行了编号,12 月 28 日和 29 日的文章都是用数字和字母进行了不规则的编号:毫无疑问,数字代表着另起一行的内容。经常有许多要猜测的内容。我们也尽可能地保存着这些不同的符号,为了文章整体看上去不是那么的奇怪。杂乱无章已经很真实了,我们不再打算用完全无用的复印本来增加内容了。

第二节
国王亲手写的活页本的内容概览

四月

英国的谈判。

英国的谈判引发的不同事件(同上)。

我所做的关于推进和平的努力。

为了让我的舰队和他们会合,荷兰人着急地开出了他们的舰队。

发动战争的既定计划。

军队在乡下的驻扎。

给英国王后的亲笔信。

对英国已经进行的访问。

出席议会会议。

给炮兵的命令。

六月

给荷兰人他们需要的命令。

海岸的商店。

在港口我的大使和土耳其苏丹的事务。

为了阻止荷兰人出行的一封信。

载着葡萄牙王后的八只船舰。

给博福特先生下达命令,让他在里斯本河等待上述的八只船舰并且带领它们。

我得知在葡萄牙海岸有十二只西班牙船舰的消息,我已经命令我的船队监视它们。

公爵领地的事务已经完成。

关于瘟疫给普拉代尔的信件。

关于重组克莱托命令的会议。

关于热尔岛屿的想法。

人们拥有的快乐。

重新配备商店的考虑。

在格热蒙维尔发送摆脱国王结婚的悲哀的命令,并且为此事拨些银两。

和瑞典大使康尼斯马克的会议。

战争胜利的消息。

接下来给博福特先生的命令。

瑞典的调停。

我的双桅战船和西班牙的双桅战船相遇。

关于弗兰德的想法。

在我需要粮食、炮兵和弹药的时候下达命令。

派遣沃邦工程师去布尚。

给冉森教派的建议。

给荷兰人施压,让他们为了自己和丹麦人拿出些银子。

给万博宁恩稍微提一下,让他知道我在弗兰德方面的打算和他的主人的想法很接近,如果我不和他们和解的话,他会对我有着致命的妒忌。

关于克莱托改革的教皇的赦书或谕旨。

派遣到岛上的军队,关于法国和英国之间的战争的消息。

给在君士坦丁堡的我的大使发布有关热那亚人的命令。

关于国王应该给予他的臣民,尤其是给予他的宫廷快乐的思考。

国王应该考虑到阻止在他的臣民和宫廷之间出现的乱七八糟

的事情。

以我想要让夫人们看见的巡视的名义发布建造帐篷的命令。

九月

经常性地给博福特先生命令,所有的命令都是不同的。

博福特经过芒市。

伦敦的大火。

伦敦的大火可能引起的后果。

关于不莱梅港给康尼斯马克的回复。

为了我的舰队和荷兰人的舰队以及丹麦人的舰队的联合陈情书所做的回复。

给昂布兰大主教的命令。

拉佛伊亚德的来信。

韦尔基特的来信。

对瑞典来的协议计划的回复。

涉及曼陀马的罗马教皇的使节的接待。

时不时地巡视。

我的大型马厩的重建。

十月

为了波兰的选举和卢基米尔斯基签署的协议。

不莱梅港的位置。

给庞彭的命令。

博福特在芒什市的旅行。

缺少荷兰方面的声音。

占领鲁比斯。

其他四场战争。

关于裁军给博福特的命令。

上面的不同的意见。我的意见。

舰队的会晤。

陆地上的海军战士、炮手和其他。

在没有其他战争的情况下，给我的陆地军队的船舰配备武器的计划。

关于这场战争的想法。

派人去重新认识弗兰德的地方，尤其是沙尔努瓦。

我的军队的住宿。为了让他们不要给所在的国家增加一点负担，他们在那随时准备着在很短的时间内可以集合起来。

葡萄牙的消息。

关于伦敦大火一事拜访英国王后。

关于海上的下一次运动的计划，为了摧毁英国在芒什市的商业。

为了想要和英国和平相处导致比阿的逝世，对此我不能理解。

拉佛伊亚德和韦尔基特的派遣。

格热蒙维尔的芭蕾舞会，是为了让人看见我在皇宫。

在匈牙利的贸易。

和曾经在突尼斯的所有的法国奴隶一起从杜姆兰返回。

在地中海上两只船舰的武器配备。

在西班牙提出的协议，在这样的结合中为了阻止他们和葡萄牙讲和以及和英国的联系。

来自加拿大的消息，易洛魁人寻求和平。

不莱梅的和解。接下来给庞彭的命令。

在英国吕维尼写的信。

博福特到达布雷斯特。

关于贝勒丰和迪凯纳派遣的解决方案。

克莱维尔骑士在他的旅行中建立的关系。

有人带给我外省动乱的消息。

带来的药方。

图卢兹议会的伟大日子。

胡格诺派关于卡斯特法院告示的要求。

上述的命令。

来自荷兰人关于今年冬季发动战争的解决办法的回复。

葡萄牙的回复。

给圣罗曼德宋德的命令。

在荷兰共和国和许多国王之间商定的联盟。

不莱梅的和解。

米莱的派遣。

和瑞典人一起讨论关于波兰的看法。

关于英国和平的想法。

在弗兰德的企业的想法。

为了让其接受教育派遣的人。

关于荷兰人的安置。

关于从英国来的船舰要在地中海上经过的意见，给博福特的命令。

根据他的不同的想法进行的准备工作。

所有对国家有用的措施。

节日的削减。

第三节

国王日志的文本

一月

2月14日,周日。国王给了我六本他亲笔写的日志,其中包括了去年一月份的时候发生的一些事情的文本。

第四本中的内容:圣罗曼被派遣到葡萄牙去阻止英国国王和葡萄牙以及西班牙会合的计划。内穆尔小姐和这个国王的婚姻。结盟的建议。

第四本中的内容:布尔塞伊斯神甫去朔姆贝格,他是一位有特殊才能的人,通知计划培养他。

第五本中的内容(很重要):要知道我们是否为了布拉邦和其他国家,同时发动对英国和对西班牙的战争,或者只是发动对英国的战争。两方的准备工作。

在等待事件发生的同时做最小的选择,等等。

(召回大使。荷兰大使的回国,担心他处理一些特别的事情。)

来到圣日耳曼的王后母亲的去世。

为了他和他的孩子,给国王的大弟的温柔的话语。

第四本中的内容:派遣纪尧姆·德·福斯特姆贝格公爵去接近科隆的选民和纽因堡的国王(为了去动员在美因兹的选民),布伦瑞克公爵和其他周围的国王,不要给任何的过渡,甚至反对国王想让从弗兰德经过的军队,国王计划不给德国派遣人员。

商议是否人们要重建马尔蒂克或者是否要最终把它摧毁。奥蒙元帅带有一小支军队是为了反对英国人的计划。

第四本中的内容：反对蒙斯特神甫的持久战。

第四本中的内容：时不时付费的军队。步兵增加一个地面，骑兵增加三个地面，为了不让盟国负担他们的费用。给普拉代尔下命令让他阻止混乱以便于整理他们的感情。

第四本中的内容：由科隆的选举者提出的在死亡的情况下平分英国的土地的临时协议，国王假装同意这个协议，知道国王是不可能同意的，对他而言只是为了吸引中间人的悲伤。

第四本中的内容：约束一下洛林的公爵和他的军队，以防他去别的地方参加战争。

第四本中的内容：派遣杜姆兰给勃兰登堡的选举者。（科尔伯特是法国行政法院审查官，为了爱惜他的才能，甚至给他主要的部长们分发一些银子。尽管我悄悄地反对他，他曾想把埃斯特拉德派遣去做大使，但是拒绝给他权力，是时间让我慢慢消除了对他的反对。）

第三本中的内容：丹麦的国王由于他的舰队的存在，对于荷兰人来说是很有必要的。国王贡献了数千埃居就是为了和他们和解。

第五本中的内容：庞彭是派到瑞典的特别大使，为了去和他们一起处理事情，或者总体而言是为了替德国和波兰的国王服务，或者仅仅只是为了替波兰服务。

第五本中的内容：根据法国的事务情况，解决办法是把王子派去波兰，同时带有六千个脚力和五百只马匹。

波兰提供金钱。

第六本中的内容：计划一直是和英国保持和平状态，为了和弗兰德周边发动更有用、更有必要的战争。

为了布拉邦准备的示威游行。

第三本中的内容：在布勒特伊平原的巡视。埃斯塔佩例外地向国王提供供给。他的巡视的好处。

第三本中的内容：对于宫廷军队的规则。（自由和年金）

第二本中的内容：在波兰提供金钱为了让鲁其米尔斯基完成义务。这个国家支付了许多年金。

第二本中的内容：送给勃兰登堡选帝侯的礼物，送给瑞典王后和瑞典王后的礼物。（给伟大的瑞典的总理）

在荷兰分发的金钱为了体现出协商的主人。

第五本中的内容：有用的持续的伟大日子。

第五本中的内容：告诉所有的王子有关王后母亲去世的信息：我要亲自告知法国、西班牙、英国、萨伏瓦，其余的由秘书处告知。

第五本中的内容：关于这个主题，接收到的所有团体的赞美。

第五本中的内容：马萨林关于布列塔尼地区的旅行报告。

第三本中的内容：军队联合起来的海上区域。

第三本中的内容：派遣给统治部门的统治者。

第一本中的内容：在护卫军和近卫骑兵中只能给官员分配任务，和他们本身的任务形成参考：公平，并且体现了更多的感情。

第三本中的内容：荷兰人承诺在没有国王参与的情况不行动。

第四本中的内容：派遣格热维尔神甫去驻扎在美因兹大主教周围。

第四本中的内容：通过兰布尔先生，在乔治公爵和纪尧姆·德·福斯特姆贝格公爵之间达成妥协，我故意让兰布尔先生从他在波兰的大使任期结束后留在原地。

第四本中的内容：在需要的时候，和赛罕公爵通信，是为了在匈牙利引起骚动。

第五本中的内容：通过博福特先生和突尼斯达成协议：贸易自由，部分归还战俘和其他的人换人，温和的价格。

第五本中的内容：阿尔及尔人要求的协议。穿过英国的应答（派遣杜姆兰实行上述条款中的内容并且处理这一项）。

第三本中的内容：派遣维沃纳去反对英国人在土伦焚烧战舰的计划。他们在土伦封闭的港口，在相互离的很远的地方，按照他们的需要带来了双桅战船。

第五本中的内容：议会及时召开的会议，是为了让人们知道什么都不用担心。

第五本中的内容：阻止加来地区鼠疫的蔓延。给所有口岸的命令。

第六本中的内容：发动战争的通知。

第五本中的内容：给雷兹主教的命令，让他友好地和神甫大人写上所有能够在宫廷里发生的事情，相信在一些突发的大事情上，有他在的话，会更好一些。

第四本中的内容：派遣雷塞去布伦瑞克公爵身边。

第四本中的内容：来自巴伐利亚的女选举者和她的丈夫参与的宗教活动。（他希望成为罗马的国王。假装的优越感让他对国王什么都没有说。）

第一本中的内容：宪兵和王后的近卫骑兵的重组，苏格兰的宪兵的增加。

第五本中的内容：于尔桑主教来是为了自我申辩，在他对自己的错误悔改后给予他保护。

第一本中的内容：建立两百个步兵兵团。

第一本中的内容：建立两百个骑兵队的计划，知道现有二十六支骑兵队，还有二十四支队随时准备着，是为了最小程度上的增加。

第一本中的内容：十四个两百人的瑞士军团。

第一本中的内容：在需要的时候，抽走布伦瑞克公爵的军队，害怕他在别的地方发动战争。

二月

对于二月只有最后一页纸上有所提及，并且只包括了两篇国王没有给我解释过的文章。但是第一篇只是关于在王后逝世的时候收到的大使们的恭维的话语。

第二篇的内容：我的兄弟姐妹的打算。当国王把剩下的部分拿给我的时候，应该给我解释一下最后一页的内容。

（6月4日国王给我解释了这个部分的内容。国王让我思考一下关于国王大弟的行为以及国王能从中获取的好处，能从他身边的人身上获取的好处。）

2月20日，国王通知我阅读一些我之前写的东西，并提前告诉我这一个月的事情：在美因兹的选举者和王权之间选择国王和瑞典的王室是合适的，这是为了评判长期以来在他们之间存在的纠纷，虽然王室的选举者声称对于他的邻居们而言是不太合适的机会，但是在这次评判中，选举的双方和两个评判员都是有宗教信仰的，人们担心这些信息被分享出去，所以建议在这种情况下国王应该宣布结束这样的纠纷。尽管这只是事情发展到一定程度的很自然的现象，但是殿下担心国王做出了决定，担心这件事被这位国王过多地进行解读，所以希望他首先像其他两个评判员一样被任命为评判员。

他也给我说了他给博福特公爵发布的积极的命令，是为了让

他去战斗。

（在谈论英国的事务的同时，不要忘记找一些地方去探讨一下敦刻尔克协议，也对臣民们自己本身所犯的错误进行反思，他们在犯错的同时也毁掉了他们的王子的事情，因为他们的王子们迫使他们去同意一些有损于真正的实施者的事情。）

（殿下曾向我建议说，国王应该少关注一些他已经拥有的东西，而是应该更多的关心一下在他的国家里发生的其他事情。）

2月25日，殿下拿给我一页纸，上面写了许多条内容，他给我做了解释：

第四本中的内容：（这些数字和下面的内容看起来指出了要在2月14日国王给的活页纸上增加的内容。）

除了在勃兰登堡的选举中的出席者，我发现国王还让人给他的妻子送了项链，给施韦林公爵送了30000古斤银，给安哈尔特王子送了36000古斤银：在协议的最后，我希望能对这个选举者进行总结，他不仅和我加强了团结，而且为了荷兰国家的防守提供了数万脚力。

第二本中的内容：这个月在荷兰签署了丹麦协议。公开的协议看起来不太重要，因为丹麦国王只是阻止英国国王的船舰进入波罗的海，但是没有禁止商船的进入，而秘密的协议里包含了许多特别条款，其中甚至包括了要关闭英国商人的通道。

第四本中的内容：西班牙人间接地做了好多损害他们在荷兰的力量的事情，他们被确切地告知以蒙斯特主教的名义要除掉他们的两个位置（在阿勒姆和于轮斯塔特的位置），因为这两个位置距离荷兰有三十多古里远，主教在那里发动了战争，这两个地方一点也不团结，也没有自我防卫的打算。可是西班牙人，从他们附近调动了一些军团，假装把他们解雇了，实则是以蒙斯特神甫的名

字，把他们安置在这两个地方的出口处，如果我的威严的军队没有支持它们，没有打败西班牙人的话，这两个地方就会被夺走。

第四本中的内容：在乌登布斯克有八百个囚犯被拉瓦里埃尔和塔兰托的国王俘虏。（告知细节）

第五本中的内容：命令博福特寻找英国人并且对他们进行打击。

第五本中的内容：议会中国王的人来凡尔赛宫找我，是为了给我介绍他们反对在圣丹尼仪式上所做的事情的理由。当时人们向神职人员致敬，我当场对他们的夸夸其谈予以回复，让他们看到我有理由去做我要做的事情，这对我的尊严来说没有任何影响；给他们证明我在没有完全了解之前不会对任何事情做出决定；我让他们看到在他们给我介绍的事情里，他们忘记了对他们自己要做的不同的事情。

（我做了这次演讲，因为我不想让议会认为我试图通过这种方式使它受轻视，但是它会看到我像给个体的人一样，也会赋予它公平正义。）

第五本中的内容：各方都发来命令让准备战争。

第五本中的内容：派遣杜姆兰去突尼斯执行协议，甚至押送一些战俘去做交换。

第五本中的内容：派遣一些特别的人去阿尔及利亚处理上一个月他们提出的建议。

第五本中的内容：葡萄牙国王的大使看到他和英国的国王一起来和我会合的话，对他的国王有利。他派遣了他的侄子去英国，就是为了观察一下是否有进入谈判的可能性，他的侄子于本月返回，带来了好消息。

但是我认为，没有荷兰人的参与，我应该不会进入任何谈判环

节的。这就是为什么我觉得我应该告诉英国的国王,没有他们我什么都不会做,而且他是否想要在协议提及的条件下去理解对方,我首先很轻松地放弃了这个想法。但是为了不让他们以此为借口让荷兰人知道我和他有着秘密地贸易往来,我自己让蒂雷纳先生告诉他们的大使所有的以这种方式做的事情。

第四本中的内容:在这个月我得知蒙斯特主教给我派遣来一个人是为了和我说妥协的事情。

第四本中的内容:关于勃兰登堡协议的条款,殿下向我解释了他在这件事情上遇到的困难,这位选帝侯和欧兰吉王朝有着联姻关系,在一些城市甚至发放补助金,就是为了排斥法官们的决定。

给波兰王后的信。在这封信里,殿下在海上和陆地都发现波兰遇到了一些困难,而这是他曾经许诺要给波兰提供的帮助,也不能寄希望于和瑞典签署的协议,波兰王后很镇定地说她不能保证今年会毫无阻碍地从法国那里获得一直想要的东西。

写这封信的原因实际上是因为在信里解释过的那些困难和波兰王后对于选举的不确定性。在英国人的战争中,殿下希望他能负责所有的事情并且做的更多一些。

尽管有荷兰的军队,我还是想说法国人是最好的,不仅仅是因为由拉瓦里尔埃指挥的法国军队发挥了很大的作用,同时也是因为其他军队的首领是塔兰托的王子和奥佛涅的公爵,这两个人也都是法国人。

3 月 7 日,在阅读上一个月在不同宫廷的捐赠情况时,殿下启发我去思考他和大国以及小国之间的行为:一些国家是优雅的,另一些则是软弱的。对于优雅的大国通过正当的方式去相处,对于另一些国家,就要予以小恩小惠,就像我们要通过利益吸引给我

们服务的臣民一样。

巡视回来时，我得知殿下已经于3月15日、16日、17日把他的军队集结到了穆尚，为了一些不重要的事情，但是为了强调记录，他折损了一位比桑的上尉（骑士）。

（每个阶段的规则）

（每个论述的规则）

这件事让他在他的地盘上有机会对于纪律的必要性展开思考；关于他给予人民好处的思考；当王子不仅仅是攻打敌人，同时也为了自己的军队而斗争时，臣民对于王子的义务的思考；关于在这样的保卫战中的公平正义的思考，因为臣民应该完全服从，并且等待君主和他们共同的主人对于他们的错误的惩罚。不应该让他们一个反对另一个，因为对他来说所有的都是平等的。不应该责备那些给他们提供各种服务的人，各种职业的人都有所贡献，耕种者是军粮的供应官，是手工艺者，是储备商店，等等……

（爱他们所有的人，相信所有的人都给我们提供了服务。他从来不属于他们的一部分，但是总是他们的评审官和共同的父亲。）

本月26日，殿下在凡尔赛宫获悉，神甫先生们给他解决并提供了八十万埃居，并且第二天他们通过议员对他进行了赞美。我知道24日星期二，当殿下做完弥撒时看到许多神甫先生围绕着他，然后他就给他们说了一些关于这件事情的好话，这些话语对他们产生了很好的效果。

30日的时候，收到一则消息：埋伏在敌人区域内的第二军团的十二名火枪手被两百个龙骑兵发现并且驱赶走了。这十二名火枪手退回到一个村庄，在那里他们打算在一个房子里进行防卫时被发现了，但是敌人在驱逐他们时在屋里放了火。他们利用最后的时间进行了自卫，直到火势驱逐他们离开。但是，为了占领教堂

他们还是自己想办法一直坚持到天亮,他们比敌人有更多的办法,敌人没有办法强迫他们,就给他们留了位置,直到科尔伯特意识到他们的危险把他们撤回来。

4月5日星期一,殿下在凡尔赛宫给我在一张纸上写了三月份的事情,也给我解释了其中的几条内容。

教皇通过他的谕旨,强迫我对那四位拒绝签署文件的主教进行指责,我估计这件事情是很棘手的,这涉及既要给宗教服务,但是也不能伤害国家的有特权的人。这就是为什么我不能轻率地解决这件事情的原因,我想知道各方面的意见,这样就会让我看起来能够成为最有能力去以这种方式评判的人。经过我的大法官的调停,我感觉自己像是国家里最灵活的会出主意的人。我给总理和国王的人写信,就是想看看我能给巴黎的议会提供什么样的说辞,我甚至私下里采纳了最灵活的一些主教的意见。

上个月有人告诉我,派遣的蒙斯特主教终于来向我建议,问我是否会通过缔结和平协议把布雷达给他保留下来。只要能让我高兴,他会给我提供服务,他各处的军队也会给我提供服务。但是我给他说,在我的领导和他的主人之间没有任何的战争,所以他没有必要和我缔结和平。我给他证明说,如果他想和荷兰谈判,我很乐意给他提供帮助。我就是这样立刻给所有国家提供建议的人,这些国家也都很感谢我。实际上最后和蒙斯特还是进行了协商,我这边派遣的是科尔伯特。

勃兰登堡的候选帝让科尔伯特感觉到他会很自如地联合我去打击荷兰,并且说我有权利处理布拉邦,他有权利处理格尔德兰公国。

西班牙的王后向我申请给皇后的护照,以便于在她需要的时候,穿过我的港口去德国。我同意了,并且发号命令说她可以穿过

我的各个港口，并且会受到和我一样尊贵的待遇。

英国的王后希望我能让法国和英国和好，我给她提供了一个建议，她也同意了这个协议在她的皇宫里签署：因为尽管她的宫殿在法国，但看上去仍然像是一个中立的地方。但是英国的国王认为我是一个侵略者，没有任何迹象表明他会来这里和我缔结和平协议。

我得到消息说庞彭已经找到了瑞典的王后和上议院，在不分割我的利益的情况下去解决问题，但是他们好像一点都不同意和波兰相关的事情。

我得到消息说葡萄牙和西班牙的协议终止了，我认为圣罗曼的到来将会起到一些作用。

根据已经开始执行的协议获得了一些成功，所以我继续准备为了各种目的的战争。

因为荷兰弥撒期间，在埃斯特拉德的牧师身上发生了一个很大的丑闻事件。鉴于不能再发生其他类似的事件，所有的国家都在进行修整。

我给议会的上议院提出要求，让他们继续从事关于寄存物品接收者的破产的不同的审判权。

我对在重大日子里实施的一些规章制度条款很满意，但是还是存在着一些困难，我找到了一些办法去保存那些比较好的条款，却没有去管理其他剩余的条款，我保存了那些关于同一件事的我的新的规章制度，我明白这些对我来说都是很好的。

我也想检验一下塔隆利用这次机会所做的辩护。在这次辩护中，神职人员认为自己受到了伤害，为了去除所有的来自各方面的抱怨，我命令律师只告诉我他没有打算触犯宗教的权力，然后我把这件事情告诉了主教们，既没有写信也没有写任何东西，只是给他

们自由,让他们感到满意并且记在心上,让他们自己解除对他们的审查。

4 月 19 日星期日,殿下给了我四篇文章并进行了解释。

直到现在,我自己很着急地想推进内穆尔小姐的婚事,可是葡萄牙的大使找了许多借口逃避这件事情。但是现在事情已经解决了,她来向我告别了。

(国王 5 月 15 日告诉我说这件事情已经延期了。)

我继续推行法律改革,当我完成了大部分内容后,我就会在所有的军团里实行,并且等待更多的补充内容。

我把朗格多克政府交给了维尔纳伊先生,不仅仅因为他是我的叔叔,更因为他总是对我很忠诚,我甚至认为他重新从英国回来就是为了给我服务。

我的弟弟有掌管这个政府的意图,但是尽管我给他展示了所有可能的友好,我不认为可以给他这个权利。我知道,根据我自己的经验,把各个政府交给具有同样皇家血缘的王子,主要是法国的王子们手里,会是一件很可怕的事情。我知道我的儿子还很小,在我的少数党执政期间发生的事情有可能再次重现。另外每一届政府只能给三年的统治时间,这不是为了把权力给予那些我们能够控制的人的手里。然而,我的弟弟和妹妹很不理智,他们为了自己的个人利益总是有别的想法,他们看到我不给他们这样的恩惠而大动肝火,他们通过几页草稿上写的演讲让大家知道了他们的悲伤,但是我认为我应该坚持我的想法让他们回来,因为在一段时间以后,他们认识到他们的错误,会很诚恳地请求我的原谅。

当国王给了我他承诺的关于金融的文章时,不应该忘记在那些涉及战争消耗的文章里写上我为了士兵的调整所做的事情,不要忘记提起那些例子,那些强有力的例子。

（都是关于铁甲、剑和抚恤金的事情。每个军团只有 60 个人有抚恤金，但是这却给别的人带来了希望，国王昨晚也是这么说的。殿下也公开提到了关于蒙斯特取得的和平和他的军队的回归。）

在和英国人协商的协议的后续部分，不要忘记在关于葡萄牙大使所提的建议的文章里做些批注，那些建议在没有荷兰人参与的情况下时，殿下是不会听的，他不想让英国的国王利用这次机会怀疑荷兰，况且他自己也认为没有能力离开他的同盟国。尽管人们不害怕引起敌人的仇恨，但是保留敌人对我们的估计还是很重要的。

（在协议的总结部分写着敦刻尔克的重新购买时间，这让英国人的条件变得更好了。人们有时候通过反抗，会强迫王子们做一些他们自己都很难觉得愉悦的事情。）

5 月 10 日或者 5 月 11 日，国王在他的卧室告诉我们，他已经得到消息，尽管英国人吹嘘他们在找法国的舰队，但实际上他们已经从地中海撤退了。这就给反对那些过分夸大地自吹自擂的人的思考提供了资料。这显示了他们的鲁莽。

5 月 15 日周六晚上，殿下给我拿了一些文章，他是从下面的意思来解释的。

第十五页中的内容：（这个数字和下面的内容看起来和国王活页本是相符的。）我收到消息，得知在葡萄牙圣罗曼的到来已经给葡萄牙人带来勇气去进行抵抗运动并让人终止协议，我以蒂雷纳的名义向他们保证会予以救助，我很快就会亲自宣布这个消息的。

第十五页中的内容：然而，为了不让他们再相互骚扰，在这次的协议中我进行了调停：尽管西班牙王后不想再回忆起这些事情，但是她还是接受了这个协议。

第十三页中的内容：尽管瑞典人宣布说他们不会反对我，但是他们还是证明了他们压根不会停止自我武装，因为他们看到丹麦武装起来，会为了英国而对抗他们。

让我感到困惑的是，我不知道我该怎么进行回复。

第十三页中的内容：最终的解决办法是，我的大使们首先表现出来了团结，而且慢慢地他们开始提供为了使丹麦人不走出波罗的海、不去和荷兰人会合的办法。但是自此以后，瑞典人变得越来越温和了。

第十二页中的内容：荷兰人假装对丹麦人很感兴趣，极力督促我向瑞典宣战。但是我发现这是为了让我和这些以前的盟国断绝关系，他们声称当我想要打击荷兰的时候，能够促成我反对国王的计划。

第十二页中的内容：然而，他们从我这里得不到任何别的东西，否则我把本来应该分两次给丹麦国王支付的几十万埃居一次性给了，为了让他更加舒适地去对抗瑞典。

（根据时间改变计划）

（整个地球都在担忧）

第十五页中的内容：来了一个西班牙的特派员，关于我母亲的逝世，向我表示慰问。

第十五页中的内容：英国的国王最终接受了王后母亲的建议，他的大使和我的大使利奥纳以及荷兰的大使范博宁恩，他们在相互恭维之后，最终进入了实质环节。而我，我什么都没有建议，只是拥有一些他们以及通过葡萄牙的大使提到的条款。英国的国王下令给他的大使让其撤退了。

第十五页中的内容：然而英国的王后动身去了波本，向我请求说她的儿子又下达了新的命令。我们继续在她的房间里协商，

就好像她曾经出席过一样,这是为了解决在别的地方出现的困难。

内穆尔小姐的婚礼被推迟到了六月份。

在英国的葡萄牙的大使来看望我。

第十三页中的内容:从德国回来的纪尧姆·德·福斯滕伯格公爵让我看到,如果我愿意支付必要的开支来维持他所踏足的每个军队的话,他协商好的联盟就会一切准备就绪了。但是因为这些开支达到了250万古斤银,我认为现在还有别的开支要支付,我不能全部支付这么大的一笔开支,我只提供了大约45万古斤银,这只够刚开始的经费。

第十四页中的内容:英国国王为了西班牙和葡萄牙缔结和平做出了各种努力。

第十三、十四页中的内容:根据结婚协议,西里西亚的公爵领地应该提供给公爵先生作为补偿。

争论最终以必须进行的补偿结束。

第十二页中的内容:我给予波兰20万古斤银用于援助国王。

第九至十一页中的内容:阿尼巴·切斯特是丹麦的最大的国库官员,他代表他的国王来到我的宫廷,想让我参与反对瑞典人的战争。

英国的大使霍利斯收到命令从瑞典返回了。

第十四页中的内容:在地中海的英国舰队对我的舰队造成了威胁,当他们得知博福特公爵于4月29日动身以后就撤走了。

(反对自吹自擂——勒穆瓦神父)

第十四页中的内容:因为我想让我的舰队穿过大海,所以我让荷兰人快速地在海上安置上他们的船舰,以防英国军队向我已经进行装备的舰队反扑过来。

第十四页中的内容:为了让这一防御工事更加牢固,我命令

随时待命的八艘船舰以内穆尔小姐的行为为借口，于六月中旬集结，因为我已经向葡萄牙大使承诺过了。

第九页中的内容：奥朗日的王子，因为放弃了英国的利益，完全委身于接收他的国家的政府，而且这个政府剔除掉了他们原来的官员，给他们重新委派了新的官员。他也向我证明说他想像他父亲曾经做的一样，成为我的仆人。

第十页中的内容：我下令给我的军队让他们从荷兰返回。

第十三页中的内容：经过我的斡旋，蒙斯特和平协议已经完成。主教给我提供了五千匹马，但是目前我没有地方容纳这些马匹，尽管我看到这是卡斯特尔·罗德里格和国王特别希望我能接受的，但是我不想接受，我特别满意能通过诚实的话语和这位主教建立起了感情。

第十页中的内容：军队只收到了十八笔款项用于步兵，其中六笔是来自东道主的，六笔来自城市，六笔来自选举。（给骑兵的是三块地）

舍米特撤退回英国。

第十二页中的内容：（突尼斯和阿尔及利亚的和平，我刚对这两个国家发动过战争。）

第十三页中的内容：我得知他在荷兰人、勃兰登堡、吕纳堡和其他人之间形成了一种联系，为了阻止在德国出现的行动，因为这在目前的形势下是很有用的，为了让瑞典人转过头去攻打丹麦人，我不认为应该阻止这件事，尽管我看到接下来对我是有坏处的，但是我还是坚持找到其他的方法来消除这件事情。

（不同的时间，不同的行为。）

第十二页中的内容：邻国的所有国王都认为我想要攻打荷兰，荷兰人也害怕在这种情况下我和英国人缔结了和平。尽管这

实际上就是我的计划，但我还是急切地说服他们这是相反的情况。这种怀疑使得荷兰人害怕英国和平的缔结，尽管战争对他们来说是非常有害的。

第十二页中的内容：葡萄牙国王想让我对西班牙宣战，他在英国的大使已经为了这件事情两次来拜访我。

第十页中的内容：战略命令。

不应该让人们觉得承认事实是一件羞愧的事情，因为现在看起来很神秘的事情将在不久之后众所周知，尤其是在国王之间发生的事情。

我们希望在组员之间发生的事情，更应该先出现在领导身上。

6 月 4 日，给殿下读了一些文章，它揭示了关于国王的大弟和贵妇人的事情，这是我们在很早之前就提到过的，并且我建议写上日期，把它扩大到尽可能的范围。

傍晚，在她的卧室，她告诉我们她已经在两年的时间内，让人熔化了一千六百件大炮，八百件生铁，八百件钢铁。

另外，除了这些，在丹麦也让人熔化了八百门大炮，因为战争的原因，她没有来。

人们给她带来了弗兰德所有地方的地图，她也派遣了第二个人去核实第一个人的报告。

两天之后，殿下告诉我们他派遣了特派员去进行巡查的地方，为了补偿军队在麦地里造成的损失，以及补偿麦地的主人。

6 月 26 日，星期六。殿下给我解释接下来的文章，这是他在一张很小的纸上双面写的内容。

A 文本：我在我的两侧，主要是庇卡底这一边建立大型的弹药库，有两个目的：一是为了武装我的舰队；二是在有机会的情况下，为了供给我在弗兰德那边的使用。

A文本:我曾下令,人们可以从这些弹药库给荷兰人提供他们需要的所有东西,这样就和他们有着利益往来。

在土耳其的我的大使和土耳其的大臣之间,要弄清楚的是土耳其人抓了我的大使。土耳其人,对于他们的暴力进行了思考,说是要防止我因此受到刺激,让我得知他们抓了我的大使只是为了阻止大使的热情,让他回不来也不能提及关于土耳其宫廷的坏话。

尽管我之前敦促荷兰人离开,出发点是觉得他们不是唯一反对曾经总是打击他们的英国人的,让他们等一下我的舰队和丹麦的舰队的到达,这让整件事情看起来是无可怀疑的,而且我们不需要摧毁英国人的战斗,而是不应该让他们烧毁他们的供给,这样他们将无力进行第二次武器装备,我给他们发了新的信件阻止他们离开,但是他们已经走了。

(为了让人们看到另一种方式的胜利,尽管它对我们而言显得很光彩夺目了,还是不应该看起来是很艰难地拥有了另一种方式的胜利。我们不能为了去寻求一个不确定的目标而失去一个明确的目标。)

(我不知道这个问题是不是曾经被提起过:希望总是能给我们带来更多的好处而不是坏处。结论就是:让我们汲取更多的好处,避免坏的事情。)

对于可以被时间确保的事情或者通过谨慎小心能确保的事情,千万不要抱侥幸心理。

A文本:想获胜的这种希望总会让我们失去一些东西。

错位的希望会让人说错话、做错事。

为了方便博福特公爵的行程,我想要安排的那八艘船都没有离开拉罗舍尔,因为葡萄牙的大使已经向我证明了他随时准

备出发。但是因为我觉得那里有十二艘西班牙的船舰等待葡萄牙的王后，为了让她进入里斯本河，我也给博福特下达命令让他去这个地方，一是方便这位王后的行程，二是等候我的舰队从港口经过。

我让曾经很信任的吕维尼担任了船长，这样他就有自主权去管理海上的所有的官员，进行所有可能的预防措施，例如看望病号船员，把他们隔离开，让他们在偏远的地方安营扎寨。

B 文本：只想到目前的事情是远远不够的，应该为了未来做打算。人们仓促间所做的计划从来都是不能很好地执行的。当我们提前去想的话，我们才能快乐地去执行这些计划。

B 文本：我让人重新了解了泽西岛，而且为了夺取这座岛屿我做了我的计划。之前我为了海上的武器装备，掏空了我的炸药库，我让人及时补充上了供给。

格热蒙维尔是我派到国王身边的特派员，因为他的结婚计划，他要离开我母亲的葬礼显得有些为难，所以我提出借口说我的王后母亲去世才四个月，我下令让他离开，而且给了他金钱。

瑞典的大使康尼斯马克是负责代表瑞典方面向我进行祝贺或者对我提出抗议的人，他向我请求给予他们一些金钱用于不莱梅事件的救助。他向我保证他们没有参与反对丹麦的战争，因为他们估计我是倾向于打击英国这一边的，他们对和我的大使之间的几次会议进行了这样的猜测，并且向我提供了关于和解这件事的调停书，只要他们也给丹麦国王提供了同样的调停书，我是很乐意接受这个调解书的。

通过荷兰人得知了战争目标的新消息，然后我给博福特公爵下达了命令，让他马不停蹄地从英吉利海峡返回去和荷兰人会合，然后把英国人封闭在他们的岛上，不要和他们进行任何的贸易往来。

维沃内带着我的十二艘船舰遭遇了西班牙的七艘船舰，他们的船舰里只有两艘是配备有武器的，另外五艘是没有武器装备的，于是根据我下达的命令降了他们的军旗。但是因为这些西班牙的船舰很容易就成了俘虏，因此他认为这么容易地取得胜利是没有什么值得骄傲的。于是当他得知这些船上系有女王的猎犬的时候，就把它们全部归还给西班牙了，并且为了展现出这些船舰的优越性，只是让船队顺风而走。

英国方面没有什么担心的了，我重新调整了关于弗兰德这边的想法。

B 文本：我给各边境下达命令让他们随时准备着各种各样的军火，以防不时之需。尤其是让他们把面粉分别储存在不同的地方，以免引起怀疑。

B 文本：我派遣工程师沃邦去访问布尚。

在分别听取了我向你们提到过的各方的意见以后，对于冉森派教义事件我有了一个想法，我首先对这四位主教进行了劝说，然后请求教皇派遣专员去进行他们的工作。

我督促荷兰人给我一些金钱，他们声称需要这笔钱，是为了让丹麦的船舰回来。在协议里这只是用于防卫英国人在波罗的海的进入，但是我给他们说我已经花费了很多钱，而且为了自我武装起来，为了帮助丹麦的国王，我需要这笔钱。

B 文本：我让万博宁恩感觉是碰巧得知他不应该让一方去对抗另一方，而且关于他给我说的只有弗兰德事件能把我们分开，我告诉他我可能不会像他们希望的那样远离这件事情。他们要放弃离他们最远的那些相邻的外省，尽管我有权利攻打那些更远的邻居，因为我知道如果我在没有他们的情况下着手这件事情的话，他们会担心的。但是尽管没有他们，我还是很自如地把这件事情确

定下来了,促成这件事情总比相反的做法要好得多。

和英国人的战争爆发了,我一点儿也不怀疑在美洲的岛上,法国人和英国人会动手打起来。这就是为什么我从最邻近的省份集结派遣了八百人去支援我的队伍。

因为不想失去法国长期以来在土耳其的所有的贸易,我给我的大使下达命令,让他对和丹麦人之间的协议提出抱怨,并且威胁他们说如果不给我们满意的答复的话,我们就从那里撤走了。如果他们很固执地予以拒绝的话,我让我的大使在没有新的命令的情况下,什么都不要做,而且花点时间告诉他们要向我请求船舰的再次通行许可才可以。

C 文本:我的宫廷里的贵夫人们希望看到安营扎寨的情况,所以我让人对骑兵队进行了巡视,并且为了这件事情我额外订购了很多帐篷。

B 文本:但是所有的这一切都是为了有机会能够进行新的准备工作,而不至于引起弗兰德事件的怀疑。

(但是我还是习惯地给他们一些必需的东西,让他们习惯于行军的秩序,这是决定他们日程的,让他们习惯于战火,让他们通过游戏习惯于战争是很可怕的,目的是为了让他们最终不那么震惊,我这么做主要是为了在军队里的那些年轻的贵族,他们的数量每天都在增加。)

这并不代表着消遣宫廷或者自我消遣是好的事情。

最好的是平息宫廷里出现的各种纠纷,比如哪个小姐和哪个小姐或者哪个夫人的事件……人们已经习惯了满足,习惯了联合,当涉及反对君主的时候,人们形成的反对个人的联合往往是随时准备好的状态。

(我给边境储备了很多的粮食,找的借口是我要自己供给我的

军队。整个一年当中我让边境在各个地方都分别储存上粮食,这样就会引起较少的嫉妒。)

第二天,在阅读过去的一些事件的时候,国王想起他没有给我说阿尔及利亚协议的结论,关于这个他已经得到了消息。

6月的最后一天,和殿下一起在会议时间走进国王的房间,我发现国王单独和普拉代尔先生在一起,明显他是给国王汇报他在荷兰的旅行,他是从荷兰回来的,在那里他指挥着法国的军队。

7月1日晚上,国王告诉我们圣奥斯奈先生给他写了一封信,这封信中表达了满满的顺从之意。

他也告诉我们,在战争失利之后,国王为了欺骗民众,不得不让人生火表示快乐,他从英国的这种状态中看到了一个不好的兆头。

7月11日,国王告诉我们他允许他的护卫队的队长给他展示一定数量的为了学习武艺的贵族子弟,因为这是各方都督促要看到的,他们都是在他们的阶层要付工资的。

18日晚上,国王告诉我们说,博福特先生在里斯本河发现了十八艘有着令人欣赏的信号旗的西班牙船舰,他在没有打招呼却用大炮威胁的情况下让人降下了这些信号旗。从里斯本出来的时候,他也发现了九艘带有皇家信号旗的船舰。

荷兰人已经无数次地抱怨这次的延迟。但是葡萄牙的婚姻是如此的重要以至于我们不能轻视地对待。

国王在他的会议中评价了在马图林和传教神父之间的枫丹白露神甫事件。

贝勒丰先生,在一个多月以前就指挥了一个秘密的计划,他于8月21日到22日晚上出发了。

(他下个月1日回来,2日听蒂雷纳先生的会议。)

(19日国王大弟生病了。)

（国王关于和他身边的人相处方式的义务，等等。）

（我更喜欢保留我作为人民的父亲的角色，而不是我孩子的父亲的角色。对于我的孩子那是我的天性，对于我的人民那是美德。）

圣克里斯托弗岛的关系。

9月3日早上，索先生、瑞尼先生、弗瓦先生、韦莱鲁瓦先生和洛林的骑士毫无预兆地出走了。国王在他们走了之后发了一封信件，计划在他们返回时把他们送去巴士底监狱。

9月20日，国王给我解释了接下来的文章，都是涉及7月和8月的事情。

来了一位波兰的特派员，他身兼双重任务，向我求助要减少叛乱分子的数量，同时关于我母亲的死亡向我表示慰问。我们也给予他自由地选择的权力，看他是仅仅以特派员的身份还是以特别大使的身份办事。

他选择了特别大使的身份，同时督促我给他的主人提供救助。但是因为关于这一点，我认为我今年已经做了我该做的事情，所以我什么也没有许诺他。同时关于他的职位，我知道他能够胜任，所以他一到达，我就向他建议只担任特派员的职务。

可是我仍然给这个王室提供了超出我预算的更多的东西。因为我的大使贝济耶主教，在我提供的金钱的基础上，还给立陶宛的军队提供了四分之一的金钱，因为这个军队总是在他的国王的利益上很忠诚，尽管这个数量达到了十几万埃居，我还是同意满足他们的需求。我没有理由不满足他们的要求，因为这个军队被卢其米尔斯基的随从强迫去尽自己的义务。

他还向我请求让我参与选举事务。这个建议是很棘手的，要知道让我做这件事情的人的态度是很生气的，我觉得不能说的太多也不能说的太少。于是我就给他答复说目前我看这件事情的可

行性很小，而且我没有任何想法。但是如果过段时间情况有所改变的话，我可以改变我的想法。

关于王子的讲话和谈话，尤其是和外国人的讲话和谈话的重要性的思考。

这场还很遥远的选举，让我已经给这个国家付了 2500 万埃居的特别补助金了。

瑞典的国王最终同意向丹麦建议调停，并且在我们和英国人之间保持绝对中立。他之前说让他们参加和莫斯科的事务，现在可以从这个事情中摆脱出来，因为他没有向他们承诺。（他们恐吓丹麦只是为了阻止荷兰人从中请求救援。）

（关于王子和国家，永远都不应该完全确信协议的信用，但是要确信他们的利益，因为协议经常会有各种解释。王子的灵活在于他让人看见他们的利益在他所希望的事情里头。）

为了让他做到这一点（这不是没有困难），我不仅延期答复他们的请求，这个国王让我参与不莱梅事件，而且我也延期给他支付了我欠他的 10 万埃居。

事情就这样解决了，我支付了数 10 万埃居，但是以运动发展的很快却没有成效为借口延期对他们救助。他坚持事情进行得很早了，因为他们延期了协议的结论，这个协议是我一直以来在推进的，在他们没有进行交流之前，我要给我的大使关于瑞典提出的条款的答复。

然而这个王室给我的大使们明确宣布，他随时准备着和我会合去攻打奥地利。

可是，为了进入英国和平的实施阶段，他们派遣了他们的大使。大不列颠的国王接受了这个调停，但是又说他希望这个和平在他的国家之间进行，因为这不是我的事情，是荷兰人的事情。

（然后，他们看到我在弗兰德的军队时表达出了极大的不耐烦。）

考虑到王后克斯蒂安娜公开信奉宗教，我不得不写信，为了让她在这个国家受到合适的对待，因为我必须承诺不做反对国家的事情，我甚至为了她，请求了我身边的大使。

于是，我代表瑞典方面给丹麦的国王积极的承诺，他一点也不会受到瑞典的攻打，而且自此我也向瑞典方面保证，丹麦不会伤及他们的利益，尽管瑞典人的骄傲很难让我取得这样的保证，但是因为这对他们来说也是必要的，所以他们也不会拒绝。

（实际上，也不应该徒劳地空想，而失去牢固的利益。）

我通过三四个地方给博福特公爵下达命令让他不要回来，因为葡萄牙的王后的行程还不是很确定。但是因为这个王后进行了很长时间的旅行，这是我们没有想到的，博福特公爵因为已经没有了生活供给，所以在还没有见到她的情况下不得不返回了。

我让荷兰人相信，我已经很着急地和他们会合。实际上，我做出了各种必需的努力加速这次会合，我在船舰上放了各种必需的物品，就是为了保证在船舰到达的时候进行供给补充，为了让他们能够继续重新出发进入英吉利海峡。

（因此，我给荷兰人发去了一封特别信件，就是为了通知他的到来。他们的船舰的接待。我们不喜欢总是去做我们声称要做的事情，但是应该试着让我们所做的事情有价值，而且是非常乐意的、非常真诚地去做事。）

在这段时间内，我和荷兰人之间的事情都是通过信件来处理的，所有我们这一方要做的事情，和为了这次会合对方要做的事情。我看到贝勒丰想要终止这所有的一切。在这个过程中我可以

让你看到,很快在事情全部解决后,荷兰人会错过重要的不需要忍受的一点,英国人会出现在他们和博福特公爵之间或者不停地跟着他们。然后在加来相遇时,他们忍受着英国人顺风而下去往怀特岛三十古里的地方,他们无动于衷。

博福特公爵到达里斯本河,没有打招呼而是用大炮迫使西班牙的十八艘船舰降下了他们的军旗。于是他们放弃了曾经占领的两个小岛贝林格(尽管我拒绝了葡萄牙国王攻打西班牙)。

葡萄牙的国王很乐意收到这样的消息。我们看到不只是英国人在海上有舰队。他提供了停留下去的供给,但是他们错了。

博福特公爵到达法国,我在他面前送走了贝勒丰,并且让他带走了给予荷兰的一些优厚条件,这就使得贝勒丰在每件事情上可以知道他该做什么,他应该从荷兰人那里等待什么。

(然而,我让他不停地从我的每个港口出船,为了让他知道所有发生的事情。)

我甚至让他能够代替总督杜·特伦进入议会,根据我的意图发号命令。博福特先生对此很嫉妒。

为了加强我的舰队,我从皇宫派遣了六百人过去。

其他的事情我都拒绝了,而且我带不了那些没有经过我的允许离开的人。

在荷兰人的第二场战斗中,他们撤退了。

在他们之间的分离迫使我让他们重新团结起来。

阿尔及利亚的和平是非常有利的,这是和那些野蛮人一样被对待的,我收到了来自他们的礼物。

我从那里赎回 3 千个法国奴隶,这只是一部分数字,因为没有可以更好地使用的金钱了。

我派遣特鲁贝尔去做这件事情,而且为了和的黎波里的国王

以及塔菲拉勒的国王建立和平关系,塔菲拉勒的国王在不久之前打败了在丹吉尔的英国人的邻居和他们的好朋友盖兰的国王,他能够和我一起对他们发起战争并且给他们提供金钱。

当博福特公爵从拉罗舍尔重新出发时,我让人关闭了我的港口。但是鉴于这样的行为有损贸易,我又让人开放了港口。要考虑让人通知博福特公爵。

在这段时间里,我让人参观了怀特岛和泽西岛,为了让人看见他什么都不能做。

我试着在英国和爱尔兰这一方做一些事情,是想看看克伦威尔的不满和他的乱党集团里剩余的人也动摇不了什么。

我甚至听取了英国公爵给我的建议。但是关于他要求我的10万埃居,我认为这太冒险了,没有任何效果,我只给他们提供了2万埃居作为开始,剩下的如果有必要的话再提供。

(应该我们的各方面的敌人都感到不舒服。)

为了所有的事情,我不得不做出大量的花费,我认为有必要削减一下额外的开支,不仅仅是要削减别的事情的开支,而且在战争中也要削减开支。就是出于这样的计划,我削减了一大部分战争专员。

我也减少了在这之前已经解决好的用具,把它们减少为:给步兵六个地方,给骑兵两个地方。

(双桅战船没有武器装备)

舒勒公爵在罗马得到了很好的接见,教皇在这之后没多久就生病了,他的侄子让他们的自豪大打了折扣,但是他的身体一点点恢复了,他们的心情又重归平静。

在这段时间,我加速了我的节奏,就是为了让人选一个大公无私的人。关于这个我收到了很多来自瑞典王后的意见,她对我宫

廷里的事情是很清楚的。

（对于在财富当中长大的人，当财富对他们微笑时他们觉得很自豪，当财富缺失时他们会跌入低谷，这些都是很自然的事情。但是国王们应该是这些不利事件的幸免者，因为他们自出生时就拥有了财富，他们不应该因为财富而改变。我给你们所说的，不是为了让你们盲目骄傲地去吹嘘你们的条件，而是让你们看到在一个有优越条件的人身上所有的罪行都是可宽恕的，因为在他出生时人们就赋予了他这样的权力。但是相反地，在一个国王身上不应该有任何的罪行，这会让他的出生变得不是那么受人尊敬。）

眼看着季节转换，为了在陆地上不发生任何事情，我把计划全部安置到了海上事务，并且把剩下的计划保留到下一年。这并不妨碍我还是同样地关心我的军队。

协议是和纽因堡公爵完成的。在这个协议中，会有蒙斯特主教和其他的国王的参与，他们都是为了阻止荷兰国王的军队的通行。

关于荷兰人向我的舰队的致敬仪式上出现了一些困难，他们认为自己降了军旗以后，我的舰队也应该以同样的方式向他们的舰队致敬。我把这个任务交给了贝勒丰，让他去处理。

我给博福特公爵下命令，让他首先向布雷斯特，或者向美丽岛前进，这是因为从那里向荷兰人前进更加靠近一些。但是自从我命令直接朝他们前进以后，他非常真诚地观察到葡萄牙王后的舰队到达时缺少供给，所以他不希望她能靠岸，出于被停下来的担心，他从自己的舰队里给她提供了一些补给。

加速瑞典协议的计划。

我派遣库尔坦去德国，去终止在有王权的候选帝和美因兹候选帝之间关于萨提亚权利的争议。

拉弗亚德面见路易特尔先生,是为了让他亲手处理我和荷兰之间商议的事情。

鉴于在地中海上的运动中没有什么可以做的了,我让我的双桅战舰解除了武装,在冬天的时候,只给地中海上派遣了几艘战舰,这是为了对英国发动战争。

王后经过我们海岸,却一点也没惊动我们。

有人偷了从这里经过的西班牙的一些邮件,我没有生气,这是为了让他们改掉偷盗从我这里去弗兰德的邮件的习惯。

为了在某种程度上延迟在西班牙和英国之间结成的联盟,我让人代表我提议和西班牙建立一个联盟。这个联盟,尽管是表面上的,没有让其奉献国家的会议,没有给不同的作家空间让其把这写出来,对于西班牙王室来说,和我或者和英国结盟是最有利益的事情。

(在重大的事情上,不应该满足于只尝试已经确定的方式,而是应该试试所有的方法,有时候,我们对敌人的过分考究会让我们觉得没有任何成功的希望的尝试会变得成功。什么都不应该被忽视。)

我在我的港口下达命令,人们会看到来自印度的荷兰舰队,我派遣了巨轮海船到达荷兰舰队的前面,就是为了警告它们。

为了敦刻尔克、格拉沃利纳和其他地方的疫情,我下达了所有可能的命令:警察方面的和金钱方面的命令。

对于我在都灵的大使们的处理上存在着困难,萨伏瓦的公爵夫人声称应该用像我的姨妈那样的方式对待他们,但是他们知道作为法国的女儿,人们授予了她们其他的作为公爵夫人的荣誉,公爵意识到了这个原因。

我继续在我的军队、金融和法律方面实行我的计划。

金银线织物商店在十月份开业。人们在商人那里找到了那些自保卫战以来从外面来的东西。我们给年长的人三个月的时间，在这之后，她们的行为就要被绝对禁止了。

他也建立了其他的床单工厂，威尼斯的玻璃工厂和丝袜手工工厂。

这所有的加在一起，给法国每年节省了1200万古斤银，这些曾经都是从法国花出去的钱。

（对国家有很大的用处）

12月23日，国王在圣日耳曼给我说了下面的这些文章。

我根据出现的不同的命令，给博福特公爵下达了不同的命令。快到9月初的时候，我给他出主意，为了让他注意如果英国的舰队得意扬扬的话，不要给它任何想法。从此，因为知道了他们在没有战斗的情况下就分开了，而且荷兰人也撤退了，我让人告知他在没有新的命令下达之前不要再往前推进了。但是因为他在海上，他没有收到我的任何一个消息。我得知他已经穿过了英国人所在的怀特岛，而没有受到攻击，他在迪耶普抛锚是为了取得警卫力量的加强，这是我让他给他的舰队要做的事情。在那我让人给他新的命令，或者很快穿过加莱海峡，因为在那里他有可能会被切断后路，或者原路转回去。幸运的是他选择了后者，不愿意追随他的荷兰舰队落入英国人的手中。就像我预估的那样，英国人可是一直在加莱海峡等着这样的机会。

关于怀特岛的计划。

在这个时候爆发了伦敦的火灾。

关于英国人能接收到的遗憾的分析。

然而，为了阻止荷兰人离开，我没有做任何努力，因为我知道我的舰队正在路上而且遇到了危险。

我首先把拉菲亚德送到他们的岸边，尽管他们已经起锚，但是因为他们的将领路易特的疾病，他们不得不返回去。

已经出发了一段时间的维尔吉耶，一直走到了荷兰，但是这是没有用的，因为那个时候博福特公爵在迪耶普。

康尼斯马克代表瑞典人督促我提供救助对抗不莱梅，实际上我给他们提供了救助，为了让他们不反感我。但是，我想到根据协商的情况来处理事情，所以我让我的大使现场和他们交涉，而且根据他们的需求，我认为最好是把发言权交给庞彭而不是给康尼斯马克。这样的话，我只需要礼貌地给康尼斯马克证明，对于我不能和他处理这件事我感到很生气，因为我希望从我这一方和他那一方，我们都很诚实地处理问题，但是我希望瑞典的王室对我通过阿诺尔德所做的事情满意。

然而，我通过阿诺尔德传话，我会给他们提前支付 10 万埃居，减去我应该通过在我们之间写上的协议上的补助金（协议在前，因为我已经对关于在原地起草的协议的计划作出了答复。）

（考虑给他们的军队）

然而，为了达成同盟，在处理荷兰和我的致敬仪式的一些条款时还是有一些困难的。

曼托瓦的公爵夫人和教皇在关于审问者的问题上有一些纠纷，这两方面的每一个人都很细心地用他们的理由教育我，我很着急，但是事情和解了。

我重新建造了我的大型马厩，这马厩以前从来没有这么漂亮过。

（迫使许多优秀的绅士的方式）

鉴于卢其米尔斯基是为了波兰的国王进行选举的对昂古莱姆公爵有害的或者有贡献的一个人，所以我认为，为了赢得他这个

人,应该和他建立一个私人的协议,我也这么做了。

(为自我或者他们获取伟大的恩惠。国王不是给他自己一个人当的国王。如果要评价他的伟大,这还是为了做出更多的财富而已。)

我的七艘船舰没有能够跟随我的海军上将,两艘在荷兰口岸抛锚了,其他五艘靠近英国舰队,英国舰队插着白色的军旗,所以他们把它认为是我的舰队了。有四艘船没有从这里撤退,和跟随着他们的船只进行着残酷的斗争,最后他们放弃了跟踪。但是第五艘船,觉得它已经参加了无数次战斗,认为它能卖个好价钱,被这支艘舰队的海军上将夺走,把船上的大炮都卸走了,直到陷入困境。

我的舰队于10月到达布雷斯特。不久之后,我下令让舰队解除了武装。但是为了让它能在春天的时候有所装备,我最终留下了十二艘船,让它们在整个冬季和英国的舰队战斗。我甚至告知荷兰人也派遣来他们的船只,我告诉他们英国人已经派遣了二十艘大型驱逐舰来簇拥着他们派到地中海上的商船,也为了夺取其他的船只并且把它们带走。

我让我的海军部队待在原地休养生息,也一点都不给海军休假的时间,但是让银行给他们支付一些金钱,以避免他们向船长进行抱怨,因为船长总是扣留他们的部分军饷。但是这个也不是没有任何困难就能解决的,因为船长们对此也很反抗。不过,事情总是朝好的方向发展,我认为就只能这样解决了是比较好的。

(关于这件事情和解除武装的事情,有许多人给了建议。)

我决定,即使我明年夏天有别的事务,我还是会武装起我的舰队,因为在陆地上我花费很多的费用的装备也是无用武之地的。

但是,说真的,我的计划总是要结束海上的事务。但是在这件事情上让人苦恼的是,我不敢太多地证明,不仅仅是害怕英国人知

道的太多,也害怕荷兰人认为远离我一直以来想要靠近的结论是有利益可图的,没有荷兰人我是不会处理海上事务的,因为他们立刻猜测到我想去弗拉德斯。

的确,我不停地想这件事情,而且在这段时间内我甚至去认识很多的地方,尤其是夏勒罗伊。

关于我的军队的居住问题,我知道了一个在他们所在的国家的一个非常合适的方式,而且即使把他们集合起来也是非常方便的,那就是把他们都安置在弗兰德的边境上,在那里我让他们在当地消费,把骑兵两两一组分散到村子里,而且带上武器用来防卫,他们可以去相互看望,但是不能在他们的主人家里聚集。

我从葡萄牙得到消息说,西班牙和英国已经有效地缔结了和平。但是我给圣日耳曼发布命令让他阻止其可能性,并且试探一下卡斯特尔·梅尔霍尔伯爵的感情,目的是看看是否可以和解:在这种情况下,应该是葡萄牙的王后灵活地应用她所有的信用。

关于伦敦失火事件,我真诚地去拜访了英国的王后,并且向她和她的国王儿子证明,战争不能阻止我们对于别的喜欢的事情感兴趣。

然而,我和荷兰人商议用一切办法中断英国在英吉利海峡的贸易,要知道这是对和平而言最让人烦恼和最早被人听说的事情。

荷兰人想向我展示他们的忠诚,他们处死了杜布瓦,这是和奥朗日的国王有着密切关系的一位绅士,因为这个人想和英国人建立和平关系,而这正是我不允许的事情。

可是,格热蒙维尔的骑士不让参加国王的结婚庆典,尽管有西班牙的总理们,他还是举行了一场芭蕾舞会,在这舞会上这位国王和王后都在。

在需要的时候,我和匈牙利之间总是有贸易往来。

杜姆兰从非洲回来,带来了很多奴隶,这是我的协议的成果。

我让图卢兹的议会在赛文山脉举行重大的节日,就是为了惩罚在那里的不信教的人们。卡斯特法院认为我是有意在和英国战争期间逃避给胡格诺派公开地使用权力。

我允许旺多姆的公爵给在地中海普罗旺斯海岸的两艘船舰上配备武器,他是这两艘船的管理者。

我继续给西班牙建议,让他们阻止和英国以及葡萄牙建立协议。

在加拿大,易洛魁人要求和平。

不莱梅的协商已经完成,我给庞彭下达命令,要求他负责的军队在和西班牙的战争期间,要么在波兰为我服务,要么在德国为我服务。

鲁维尼总是和米尔德·吉尔曼有信件往来,信件的往来中似乎提出了建立和平的意思。

但是我不会让给爱尔兰派遣四百人,这是要看看是否有一些让人激动的事情,以便于让事情的必要性促使他们达成协议。

(关于怀特岛我有一些计划)

克莱维尔的骑士,在我的海岸和边境转了一圈。于是我接见了他,我是想知道他都看见了什么或者是怎么想的。

因为得知在外省有一些偷盗事件发生,这都是管理者手下的人干的,所以我给了他们一些必要的整顿措施,同时也加强了防卫措施。

因为我断断续续有其他方面的消息,人们告知我葡萄牙国王和部长之前不和。

我被告知在荷兰和德国的国王之间建立了同盟,但是不莱梅

的事情提供了机会，所以可以推测这件事情得到了和解，事情解决了。

（重要的是要知道内外发生的事情。）

我把米莱派到了不莱梅营地的瑞典的陆军统帅或者叫作主事的弗兰格尔身边，目的是让他观察所有发生的事情。在波兰和贝济耶主教保持联系，在瑞典和庞彭保持联系，这是为了我，为了使不莱梅协议变得方便起来。

我咨询了我的船长们，而且经常梦想着弗兰德的事情。我对和英国之间发动战争还是缔结和平一直保持怀疑，所以我不停地做一些准备工作，既为了战争需要，也为了和平需要。

（对于逃兵我实施了严厉的措施。）

尤其是对我的军队采取了可持续性的措施（为了训练他们，让他们适应战争。）

（思考：训练的影响）

我很高兴人们减少了节日的数量，因为我觉得对于工人们来说节日太多了，他们只知道在节日的时候大吃大喝。

12 月 27 日，国王给我说了下面的这些内容。

不莱梅协议已经签署，我看到瑞典人答应做一切我所希望他们做的事情。

我得到消息说圣·阿勒邦借口来法国看望他的情人——英国的王后，但是这很明显是带着命令来和我缔结和平。

在这样的想法之下，我准备继续我妻子的权力，除非突然抓住西班牙人，否则我不相信能做什么值得让人认可的事情。我发动一切可能，尽可能更早地把我的军队安置在乡下。为此我在边境上做了不同的储备，准备了可以让我的炮兵军队继续生存的一切东西，也准备了战争所需的弹药，我把我的军队都安置的很舒适，

这样的话,他们在第一时间听到命令时就会全部集合在一起。

然而,我却假装准备去布雷斯特旅游。我已经标记了旅游的日期,我给我的军队发布了命令,目的是在我不得不过去的时候,不要让我的臣民感到不舒服。因为我这次出行不带我的警卫军团,但是我在这次出行中要把我的国家的面积扩张十五古里,那里的居民们肯定会很不舒服,所以我决定只带在我驻扎港口的或者有着供给的大城市的近卫队,这样的话,居民们就不会听到什么风声,也不会忍受一些别的痛苦。

这篇 12 月 27 日给我的文章,处理了四个不同的主题,这可以在 10 月的国王活页本里间接地找到它们的来源。12 月的批注没有阻止我们去确认国王日志没有覆盖整个一年。我们将看到回忆录没有超出日志的范围。

离开日志去写回忆录时,我们告别了对话体的简单的几乎有些坦率的形式,我们进入了正式的官方的世界。我们把 1666 年 12 月 24 日路易十四从圣日耳曼给在荷兰的大使埃斯特拉德公爵的这封信作为日志和回忆录之间的过渡。这是以非常艺术的方式展现出来的那些信件中的一封,这些信只是用来展示的,没有解决任何棘手的问题。尽管王室反对,我们还是意识到了游戏的内幕。日志里从 12 月 23 日到 27 日重点标记出来的关于鲁维尼和圣·阿勒邦公爵的文章在这里也有所提及:和英国人分开谈判的风声引起了一些原则的声明,其中就有说违反谈判时路易十四一点也不难堪。我们以《路易十四全集》里的文本为例(第五卷,第 399 页)。

“我看到了您本月 6 日的急件。如果我能够把我的盟友除外,能够和英国国王另行建立和解,我就会避免给所有的国家写在我的上一封信里出现过的内容,给他们我的说法和保证,从而让他们在这一方面从来不会害怕我。当然,为了所说的这些国家的利益,我也会进入战争,或者从某个战争中抽离出来,去支持英国国王使用的好的言之有理的借口来证明在这场战争中他不是侵略者。这一部分对我来说是确信的,是合适的。通过我在别人身上的讨厌的不忠诚,使得在这次会晤中关于其他国家我获得的义务变质,这是不需要任何花费的。因此,我不会给你说我能想象得出的愤怒,关于这件事我不得不给你告知的一些事情,某些恶毒的信息提供者无所顾忌地写的一些小道消息,在荷兰共和国引起恐惧和警报。我不相信威特先生,也不相信国家的主要人物,带给我这个损失,这是出于对同样事情的害怕或者怀疑,就像我不给他们做出同样的引起怀疑的事情一样。只需要考虑生产这些机器的商店让我们产生分歧,在布鲁塞尔或者在伦敦:说真的,如果我们掉入这样的陷阱的话,我们会是很鲁莽的人。对我来说,我从来不会给他们一古里,看起来我的行为会谨慎得一丝不苟。在我的概念里,没有什么比我通过鲁维尼写给圣阿勒邦的便条更好的了,便条是为了让他看到,他只有所有的国家提出的建议:当然以前没有和威特先生交流过,不知道他的感情的话,我是不会做这件事情的。万博宁恩先生看到或者能够看到,如果他有鲁维尼写给圣阿勒邦的便条并且有它们的答复的话,这将不能再同样使用了。英国的国王带来的伦敦的消息,骑士赫阿林顿经常和圣阿勒邦关闭在一起。可能这是它们必须要有的必要性,为了他在这里的行程进行的教育,但是我毫不怀疑里面掺杂了感情和西班牙人的一些希望,这引起了所有国家的

嫉妒，这些行为使这个人看起来通过他的情人王后的方式只和这个宫廷有联系。但是既不是英国人，也不是西班牙人，只知道上面所提的威特先生和国家的主要人物已经提前被通知了一切。然而，因为上面提到的圣阿勒邦先生自己应该很快在这里，而且相同机器的手工业者们将有更多的地方去摆弄他们的机器，所以各个国家都置身于这些留言之上是很有必要的。关于这一点，我不知道该怎么对他们说，曾经给他们说过一次而且总是很相信我的话语。但是，当掺杂进去您的荣誉和您自己的生活，为了这个，抛开作为大使和部长的性格，在他们从来都没有看到我会像和荷兰以及丹麦缔结和平一样，和英国国王缔结和平或者表达友谊，这些表达和这些供给能够给人民增加一些我说的话语，你们不能保证是不是碰巧的事情。然后，他们想要打听在布雷斯特和在拉罗谢尔我命令的事情，他们知道，如果人们得不到很好的确定的和平，除了继续战争，我没有别的任何想法。”

这封信给出了国王最真实的想法，这比所有的谄媚者和朗诵者在同一时间写的关于国王的内容都要真实。例如，我们引证一下 1666 年 12 月由波捷·德·莫雷斯创作的《路易十四的肖像》，即法国和纳瓦尔的国王，最著名的国王。这是他的肖像，不仅仅是身体上的，更是灵魂、精神上的肖像。这些完美的情节让这部天然完成的杰作更加生动了。我摘抄出里面最睿智最安全的几个句子：“他很严肃，他讲话很公平，话虽不多但是有国王的威严。他保留着他的权力而不分享。他是他自己的最大的建议者。他善于自我学习并且对国家事务很熟悉，他是一个勤劳的人……”

每个人都像国王自己认为的那样看待国王。就是在这样的笔墨下，国王的形象出现在了回忆录中。回忆录的编写者们应该像所有人一样倾向于夸大赞颂，并且倾向于强有力地勾勒出伟大的皇家的形象。

第三章

CHAPTER 3

《路易十四回忆录》的分析

引　言

我们随后会给出回忆录的引言部分。回忆录的引言部分成为了在佩里松的最后一次编写之前相继的两部著作的目标。1666年的回忆录是时间比较长也是比较艰难的创作成果。我们有三篇文章，几乎是完整的三篇文章，这三篇文章看上去和事实不一样或者是按照事实的顺序展开的，这或许是为了思考内容的发展，或者是为了文学作品的实现。这三篇文章就如同是关于同一个主题的层次分明的三部作品，它们也展现了一个特别奇怪的文学进展过程，许多比较古老的工作的片段证明了我们涉及的每一个想法和几乎是每一个句子的重要性。像这样的一页或者两页草稿包含的是我们首先隐约看见，是我们按自己的偏好分开，是我们试图大概和围绕着它的特别的事件相适应的一种思考。在有些页码和页码的边缘处，有时候为了达成一个简单的句子而写满了修改的内容，有时候也试了好几种方式，努力让其变得更好，也就是说让其变得更加有轰动性,更加奢华。通常来讲,当佩里尼先生通过他的修改参与进来,是为了让这些奢华的词语更加精练,为了让其形式更加精确和简明,因此需要更多的精力。一些与前后脱节的情节发展都是他写的:有一些内容在最终的编写中出现了,另外一些在最初的文本中被忽视了。在所有丢失的稿子中,不管它们的来源是什么,我们通过它们的真实的质量或者通过它们的奇怪的气质,我们选择那些值得让它熠熠生辉的内容。对于读者而言,并列的这些文本的比较是很容易的。我们只在最后完全抛弃了那些各种各样的修改内容所具有的总体特点的思考内容。有一些内容,尽管它们值得做出一些努力,但还是没有被最后的一位编写者保留下来,另一些内容虽然出现在了文本中,但是都是很简短的词组,我们毫不怀疑它们是被多次修改过的。经常性的那些研究一直以来都是被反对的,因为不想让这些研究为其带来更少的东西。重点要说的是所有这些要研究的页码,就像我们能够说出来的那样,都具有很大的政治价值或者道德价值,它们都具有很好的文体,具有简洁的形式。在思想工作中,和在外交或者军事斗争中一样,要让人在感情上取得成功,要能有教育后代的功能,要让寻求的影响和找到的影响具有相同的重要性。如果结果和努力不一致,对大部分时间和写作工作在一起的作家和路易十四来说都是很糟糕的事情。那么最好的办法就是选择他的上尉去做这件事情。文学上的蒂雷纳一家和孔代一家可能是父爱教育政策的教育工具,就像次要的作家们所做的一样,其中最灵活和最明智的就是佩里尼先生。

文本的重建有助于理解文本的政治意义和思想意义。看起来相当重要的不同的编写,长期并不能给思考的价值带来任何幻想。我们可以认为思考是不停更新的,也是不停的转换的,因为这些思考内容总是变换它们的外衣。这些思考内容是一些能相互取代并且能相互增加的句子,但是它们的基础总是同样的,从第一次的编写到第三次的编写,没有显出多大的进步。关于王子的权利和美德的相同的理论都是建立在欺骗的观点上,相同的观点都是从自我满足的夸夸其谈和力量中得来的。关于好的信念和法国的敌人以及皇权的大胆的行为的相同的控诉,会产生或多或少的判断力和解决办法。路易十四的笔记每隔一段时间就会出现在第一次和第二次的编写中,也可以出现在最后一次的编写中,因为最后一次的编写的基调是比较清晰的,不是那么狂妄自大的。实际上,国王带着他的统治的教义,并且以教育他的儿子为借口,在编写者的身后如影随形,所以编写者们完全是按照国王的意愿在编写回忆录。

第一节
文本的形成分析

包含着我们的回忆录的皇家图书馆里的那三卷草稿,不能被很清晰地辨认出来,这是它们目前的状态,也有可能会永远是这样的状态,因为人们害怕把带着金色薄片的摩洛哥红的漂亮封面化为虚无,它们应该是得益于路易十四的名字。在这个丰富的封面下,我们很难产生混乱的想法,本子、页码都是碰巧重叠在一起的,所以应该一本一本地看,根据它们相似的封面和在本子顶端的页码,从而找出一点顺序。1806 年印刷的文本,尽管有许多的错误和空白,但作为写作和重新认识的基础,对我是很有用的,我把这些重新粉刷并且镶有金色圆圈的建筑物再次推倒,我把建筑的每一块石头都放在旁边,然后我看看能把它们分别放在 1806 年的计划中的什么位置。一点一点的,我看到这个建筑在我眼前完全重建起来了,不仅仅是根据 1806 年的提纲,即第一次和第二次编写的提纲,而更是根据由于本子的混乱直到现在我们都没有意识到的新的高级的处方。所以这个提纲就被采用了。

(我们通过用字母 ABC 区分了差不多完整的三次编写。字母 X 是用来标注更久远的工作里的孤立的那些片段。)

三次完整的编写中有日期的第一次的编写工作不少于三十四本。它拥有漂亮的书写字体,字体很大而且内容很长。毫无疑问,这是最原始的,是最终的复制本,由于它上面修改的内容和增加的内容让它成了草稿的状态。在这三十四个本子中,我们缺少的是第一本和第二本,只有三个小册子看起来好像是属于第二本里的内容(第三卷草稿,第 103–105 页)。第 103 页是一个接续部分,因为它是从一个句子的中间部分开始的:"……他们国王的服务,他们国家的礼节,只认为是满意的……"在第 105 页的中间有个发展的部分:"我迅速地把维沃纳派遣去和博福特公爵商讨预防这个事故的方法,在需要的时候甚至带着我的船队。"

第三本、第四本和第五本全部都在草稿的第三卷的第 142 ~ 170 页,在这些页码里每一页都标记有序号。第三本第 142 页;第四本第 152 页;第五本第 160 页。每一本通常都是有八到十张手稿。在第 142 页的边缘,人们指出这些内容是回忆录的第二部分。我们知道回忆录的第一部分包括了 1661—1665 年。我们在第三卷的第 106 ~ 115 页发现了第六本。第七本,在草稿中也用序号标记出来了,是位于第三卷的第 179 ~ 188 页。

第一次编写的本子的接续部分是很容易找出的。它在第二卷中是从第 251 页开始的,它形成了第八至二十三本的内容,但第

十七本却没有包括在里面,它位于第三卷的第 130 ~ 141 页,然后第二十四到三十四本又是在第三卷当中第 1 ~ 102 页。

这次编写的优势显而易见:A 版的文章上有修改的内容和增加的内容,这是新的 B 版文章的出发点,同时 B 版内容在这基础之上也有了一些变化。第二次的编写通过以前编写时留下的痕迹被证实了和第一次是一样的,这每一次的草稿都成为了人们广泛使用的草稿。人们在上面画线、改错并且涂抹,在边缘处增加内容。这个工作看起来是相继两次完成的,它还要再次开始的。

B 版的第二次版本没有在草稿中完成。它在二十个小本子(第二卷第 1 ~ 187 页)中包含了 1666 年的三分之二的内容,但缺少结尾部分。这比 A 版中的文章看起来更加紧凑一些。对于刚开始的那几个本子,和 A 版比较的话,缺少开头部分,其开头部分都是由一些小片段构成的。第七至十一本上面没有太多的新的修改内容。这个复制本和之前的一样,都拥有漂亮的笔迹,是从第十一本的中间部位开始被修改的。从卷宗展开的部分来看,那些本子都是不均等的,有些只由六张、八张或者五张稿子组成。在每一次另起一行时都写有一个数字,这可能是人们在读整本内容的时候写上去的:有时候修改的人会以序号的方式写上去,标记出哪几行是要保留下来的,也就是说在最终文本里出现的,哪几行又是要删掉的。

第二次编写里面没有的内容,在必要时是由第一次编写里的内容来进行补充和形成的。这种有间隔的距离很宽的写作方法赋予了这些文章一个假象,好像这些都是路易十四的手稿,这种相似性让这些文章得以很好地保存了下来。随后,我们想要对这个看起来如此珍贵的作品进行复制,我们做了它的复制品,在我们的手稿里也出现了(第一卷第 321 ~ 428 页)。这些只有几页的手稿包含了B版的二十个本子的所有的没有修改、没有涂抹的内容。誊写的人,当他遇到文章中的困难或者多变的部分时,他就会跳过去,他只去抄写那些看起来清楚的、干净的句子。他所抄写形成的册子是写作的模板,总是有一些区别和理由的。《路易十四作品集》(1806年)的编辑找到了他很中意的一个复制本,这就省去了很多的麻烦,只需要把它重新复制一下即可。这就是他所做的工作:他简单地把这个草稿从第一卷的第321 ~ 428页复制,然后把第一次编写的第二十一至三十四本本子里的内容续接在后面,就这样他大概完成了1666年的版本的整体的内容。

他一点也不怀疑来自不同的两次编写的草稿,他把它们混合在一起了,而其他的人都要求严肃的审核和更好的内容。

这两次编写都有一个根本的缺陷,是在第三次编写时没有出现的,这是我们要说的内容。这两次的编写都是建立在国王日志的基础之上的缓慢的进展,在国王日志里那些事实和想法都是以相同的奇怪的混乱次序被堆叠在一起的,让人很难阅读并且没有任何吸引力,因为在事件之间找不到任何联系,一个主题突然结束,另外一个主题又毫无理由地出现,就像在日志中一样,这是一系列脱节的小片段,组织缺乏准确度,思考内容和事实都失去控制。回忆录的文章,不是一步一步紧密连接在一起的,也就是说不是一行接着一行的,回忆录和日志一样,也是很混乱的。尽管有这些缺点,但幸运地是回忆录被保存了起来,因为其具有原创性,所以还是具有证明价值的。我们不怀疑国王的最初的工作是基础,因为关于这一点编写者们都给予了充分的尊重,他们损害了作为作者的名声,总比冒险把这些皇家的页码上乱七八糟地东西按次序排列要好得多。我们坚持把1666年年末出版的日志原样出版。日志,作为分散的笔记的成果,可以有次序并且有记录的方法。但

是回忆录是一个整体的工作,一个规则的处方,尤其是当它们不是初稿,是从别的地方借来的叙述材料和思考内容时,更需要一个整体性的工作来完成它。那么好吧!如果我们把这两次编写分别以A和B标记,它们都是在日志基础上发展起来的内容,是一个悲伤的混乱的场面,需要重新被整理成一个完整的作品。我们在第三次写作时,可以利用片段和多样的形式,作为比较的段落。

第三次编写,即便是在外表上,也和前两次的编写工作完全不一样。第三次的编写和前两次的方法不一样:页码更加紧密,里面有一些拼写错误,有时候是粗体的,很奇怪的,让人觉得是出自一个抄写员之手,而不是编写它的作者之手。这种写作和佩里尼的风格很像,我们已经在文章的修改内容里见过佩里尼的写法了,就像在之前的修改内容中一样,看起来我们好像试着模仿其笔迹。那些另起的行数也不像在B文章里那样是用序号标记着的。

编写的不同之处,是从A文本和B文本的检查中发现的。在C文本的许多部分当中,以前的写法都被颠覆了。C文本的那些页码都是接续内容也是整体的内容。人们删去了里面无用的扩展内容。这已经不是一部政治历史风格的代表作了,人们对其努力和成功之处提出了质疑。人们还会继续对其展开评价。

C文本组成了最后的内容,那是根据B文本写成的。这个显而易见。在第一页的边缘处,写了所有内容的那只手又写下了1666R这样的内容。字母R想说的是:重新写,重新读,重新看。这个意味深长的字母和我们能在B文本的其他不同的页码的最顶端的单词"做"呼应着。C文本到处都显示着涂改的内容,B文本中的以前的句子都在修改之后变得清楚了:因此编写者拥有的都是之前的文本,他们经常是不做任何修改就重新进行复制了。有

时候,他们打算什么都不做,他们只是把已经写好的句子稍微改变一下或者在上面画横线,但是这就看起来不是那么清楚了。这里,拿C文本里的第一段来举个例子,这是人们从B文本中复制过来的:

“西班牙国王逝世的消息和英国反对荷兰共和国的战争的消息几乎是同一时间到来的,也同时提供给我武器。有两次重要的训练的机会,一次是为了通过国王父亲的逝世来继续王后赢得的权力而反对西班牙人;另一次是为了荷兰国家的防卫而反对英国人。”

我们在最终版的C文本里再次读到这个内容,我们可以看到我们强调的那几个句子上有了一些改动,在草稿中它们是有行距的。很明显,B文本是以前的版本,最后的编写是采用了B文本的内容。为了避免重复比较,当我们给出C文本时,我们可以看到强调的句子是可以在之前的文本的草稿中读到的。

我们喜欢的文本是皇家图书馆的相同卷宗的一部分。1806年的编辑格鲁威尔,漫不经心地翻看了那些本子,他在他的笔记中引用过一两次,就像在不太重要的草稿中一样,他不是只引用过一页的内容。这些本子让他很尴尬,他找不到整体的内容,都是些分散的片段。我们很幸运能够编写完整的系列。应该让他们在草稿中寻找,这对于一个有恒心的观察家来说是很容易的任务,因为写法到处都是一样的,而且那些本子每个在顶端都有一个序号。前八本在第二卷第188 ~ 250页形成了一个紧密的整体。第九本在第三卷第189 ~ 196页,第十本几乎是紧跟着第九本的,第197页是一页单独的草稿纸,然后就是第198 ~ 205页。第十一本和最后一本是在第二卷的第275 ~ 278页,它是以前从一句话的句中开始的内容的继续,它的前几个词是在第三卷第205页出现的。这

些本子总体都有八页，第三本有五页，第五本有十页，第十一本有四页。有差不多八十二页被忽视了：第一次出版时，和以前的文本的每一个进行对比过，我们认为提供了最好的欣赏路易十四的这些著名的回忆录的方法。1666 年的确是最奇怪的一年，我们只有国王亲笔写的小册子的内容的一些片段，我们进行了许多次的试验和相继的改动，直到第三次编写的内容的扩展，我们终于重建了它的完整性。这次编写是一次真正完整的编写，因为这些本子的内容从第一页开始就不是完整地呈现在我们面前的，第二篇文章的结尾部分完全就没有，但是我们在它的混乱的状态中，根据它的冗长的丰富的形式可以一个一个地分辨出来，这是为了评价可能是佩里尼书写的第三篇文章的优越性，就像他为了 1666 年和 1667 年写的那些重要的内容一样。

草稿没有给这三篇文章的任何一篇提供目录和分析，我们不太容易把这前面的两篇很混乱的页码缩减为短小精练的表达。格鲁威尔先生曾经试图这样做过：他在每一篇前面都写了象征性的标题，在第二卷（路易十四全集，1806 年）的抬头部分说明这些题目在原始的草稿中是没有的。这些标题在相同的卷宗的结尾部分形成了一个目录。“因为在材料之间总是没有太多的联系，编辑认为这些题目会让这些区别和阅读更加容易”。如果目录比文章更加清楚的话，那说明它是被很巧妙地写成的。的确应该为了这个，伪装一下许多相继出现的没有次序的细节。1806 年的编辑在每一个情节的发展部分都写有一个标题，但这并不能很成功地给他的草稿带来好的思路。我们是带着很大的自信去分析我们将要阅读的未出版的文本的。其事件和思考内容是以一种简单的、自然的方式围绕着主要思想组合在一起的。在目录中和在文章中一样，这些细节是处在适合它们的第二位的位置上的，在我看来好像我

们知道将要去哪里，我们在前进，我们追随着一个既不是很慢也不是很快的节奏，我们的最显著的想法来自第一个提纲，虽然它的日期不是很有次序，甚至它在国王回忆录中也没有遵循时间次序，但路易十四的意愿或者说路易十四的财富给它们提供了逻辑次序。

根据笔记里的短小的评语，我们看到每一个思考内容都和日志里的文章是呼应的。

第二节
组成回忆录最后一篇文章的十一个备忘录

反对英国或者反对西班牙的两次战争的机会。支持荷兰反对英国的义务。

重要的商议：我们可以在同一时间发动两场战争吗？

反对英国的战争是很坚决的。丹麦联盟的好处。

边境隐患，对于玛尔地科的担心，对于土伦的担心。

国王发给英国国王和他自己的臣民的有关战争的申明。

在奥地利王室寻找敌人。和葡萄牙的谈判。和德国王子们，和瑞典，匈牙利，巴伐利亚的谈判。来自德国王子的对于西班牙君主专制政体的分享的计划。对布伦瑞克的公爵之间的干涉，对美因兹和有王权的选帝侯之间的干涉。在勃兰登堡选帝侯旁边的企图，他伤害了国王。

思考：要懂得克制。

对于战争的准备。军队在壮大。步兵部队的照顾：年轻上校的选择。位置争议的规章制度。和布伦瑞克公爵一起处理他的军队。有洛林公爵的军队。瑞士的军团。招募是受管制的。计划的

巡视：国王不去了，因为王后母亲的身体状况的恶化。

王后母亲去世。国王的痛苦。国王母亲的葬礼。关于这一点，在神职人员和议会之间有争议。为了节制费用，议会之前是有所坚持。思考。

国王对于他的弟弟的温柔。思考。在朗格多克政府期间，为了贵妇人要求的靠背椅和他产生了冲突。

在葡萄牙圣日耳曼的谈判的效果：保持希望。

和丹麦以及瑞典分别进行的谈判的效果，丹麦和瑞典都想给自己进行武器装备：寻找中间途径或者合适的途径。

想要防卫同盟国对手的打算是很难的。关于各种各样的对手的行为的思考和格言。

对荷兰人的怀疑。法国的欣荣，在荷兰的补助金。法国的军队，反对蒙斯特主教，也间接反对西班牙人。蒙斯特给国王的和平的建议遭到了拒绝，这是为了对荷兰人保持忠诚。——考虑到英国人的情况，给荷兰人的善意。

国王不是很忠诚的好处。

在地中海反对英国人的计划的武器装备，他们逃跑了，他们在大西洋被追上了。他们看上去是很多人。法国的舰队离葡萄牙还很远。荷兰人不顾国王的感情，不再谨慎行事，准备向英国宣战。他们的胜利。

国王的舰队，因为葡萄牙的婚礼被扣留了，可以被英国人或者西班牙人拿走。关于英国人，西班牙人的遣送。为了组织葡萄牙的和平所做的努力。关于葡萄牙的事情，提供给西班牙的建议被西班牙草率地接受了。

思考：解决办法要谨慎，要理智并且有主见。

由于大臣的不谨慎，关于苏格兰，在国王和苏丹的宫廷之间引

起了混乱。

在港口周围和热那亚人之间的冲突：延迟的报复。

反对加拿大的易洛魁人取得了胜利。

和突尼斯以及阿尔及利亚的联盟。和突尼斯的执行困难。

关于地中海方面国王的保护，这是提供给结婚的公主的保护。这位公主的名字覆盖了七艘西班牙船只。

在这次结婚庆典时，和奥地利之前保持着分寸。为了昂吉安公爵和国王的谈判。通过贿赂一位部长，这次谈判获得了成功。

关于不忠诚的仆人的思考。

内部治理：消灭鼠疫；关于重视的人之间的纷争；关于法院的重组；反对贪污公款的行为；处于尊贵的角度考虑，对于大型马厩的重建；处于尊贵的角度和人民的角度考虑，对于来自外国的花边装饰的禁止；所有东西要法国制造；港口的工程；连接两个大海的运河。

在外面的秘密的消费：在荷兰，在爱尔兰，在英国，在丹麦，在勃兰登堡，以及在瑞典。

减少多余的消费。

对其他人不要有任何的遗憾。

对于某些费用的使用情况的考虑。

为了丹麦的利益，通过荷兰产生的无用的新的费用。

和英国人战争的影响：对于法国人来说，在安地列斯群岛关于圣约翰克里斯多夫岛的事务；对于荷兰人来说，在塔梅斯的贸易和失去的战争：失败是荷兰分裂的原因之一。

由于法国的婚礼，在葡萄牙水域停留的博福特的船队，由于缺少供给返回了。为了法国船队和荷兰的船队的联合，国王表达了热情和忠诚，直到给他的船队增加了来自他的宫廷的配备有武器

的人员。相反，荷兰人表现出了不好的信用，不忠诚或者放松的状态。法国船队的危险：她摆脱了一只特别的船。

在葡萄牙法国的婚礼带来的好处。

波兰皇后对于法国人以及法国的感情。波兰事件。一位大使的令人惊讶的回复。

思考：国王应该在他的头脑里有最好的建议，并且在所有的话语中都有所保留。

意大利方面的事情：萨伏瓦，曼托瓦，罗马。教皇的皇宫的位置。

宗教的事务：冉森教派的纷争。国王和教皇的行为。给予于尔桑枢机主教的道歉。克莱托命令的改革。国王关于命令的决定。关于减少宗教节日的决定。在朗格多克地区躲避的胡格诺派的特权。朔姆贝格的讲话。在荷兰一位法国牧师的要求。神职人员大会时获得的捐赠。

关于神职人员的生存条件和财产的思考。

关于结束法国作为荷兰人的同盟军的事情，蒙斯特神甫和英国人之间的事务所做的努力。通过享有亡夫遗产的王后和奥利斯老爷，通过圣·阿勒邦伯爵的调停，和英国之间的谈判。关于这次谈判的思考：为什么人们不加速这些谈判。要平息荷兰人的不信任：和万博宁恩谈判。

为了获得更多的供给，海上战争只是个借口。国王在布雷斯特旅行放出去的风声。

通过同盟军的建议让西班牙人安静下来。对于来自他们那一方的凌辱保持耐心；甚至为了他们给予圣日耳曼的保护要有耐心。人们重新认识了荷兰的位置。

让瑞典人放心是很难的。康尼斯马克的大使：和他们谈判；金钱的问题。他们可以成为英国和荷兰之间的调停者。国王得知

他们不担心丹麦。他给他们需要的数额。为了和法国建立同盟军，他们对克里斯蒂娜王后很有好感。他们督促查理二世接受他们的调停，借口是不能成为他的有效的同盟军了，只能成为他们的仲裁人，因为他们本来可以成为他的同盟军的。

关于要忍受的协议的解释的思考，尤其是一些国家要通过许多人的投票才能决定：通过美德支持国王。

关于英国的一些措施：反对泽西岛的计划，反对丹吉尔的英国商人的计划，船队的增长和过冬，英国和爱尔兰的困境。

在德国，国王的信用：蒙斯特主教的供给，和莱茵河的邻国国王的协议，美因兹和有王权的选帝侯之间的调停，巴伐利亚的建议，匈牙利和敌人的暗中勾结，米勒的任务。

为了增强自己的力量，国王所做的努力：规律的训练；官员的招收；巡查；收编的作用和局势审查；受镇压的背叛；在军队之间名次的排列；在海上作战时，给步兵的服务的平等；娱乐费用的削减；国王禁卫军的增加；受镇压的不合时宜的忠诚；遣送到同盟军的军队的警戒和军饷；给士兵们的大型会议提供的补给；在贡比涅巡查期间，贡献给士兵和训练的福利。工具的问题已解决，贪污公款是要受惩罚的：奥佛涅军团的一位上尉被免职。

关于放纵现象的思考：士兵不仅仅是国王的财产，士兵是整个社会幸福的所有条件，是君主专制政体的维持者。

我们相信这个一步一步紧随着回忆录发展的非常理智的提纲，提前给了我们非常精确的思路。我们感觉到一部历史作品的各个环节是和艺术有关联的，我们认识在所有类似的情况下和所有的时间里，一个政治和道德教育家总是把自己的理念建立在现有的并且能提供规则的事实上。

整体的这部作品也是经过详细分析的，知识面已经很广博了。

之前的A文本和B文本也占据了很大的位置：我们可以通过《1666年的回忆录的补充部分》对此展开评价，因为《1666年的回忆录的补充部分》从这两篇文章中借鉴了很大一部分内容。这个补充内容也是用来让人们欣赏第三次编写内容的谨慎。

人们喜欢非常肯定地宣称一部作品的作者是能支配国王回忆录的所有的文章的。如果像我们之前说的，这第三次的编写引发了其他两次作品的修改，而这两次作品显然是佩里尼先生的作品，但是把这第三次的作品全部归功于佩里尼也是不合适的，因为毕竟还是有一些写法上的不同。不管怎么说，我们能确定的是，佩里松完全没有参与这次的编写工作。

第三节 回忆录的文本

西班牙国王的去世和英国反对荷兰共和国的战争，几乎是同时发生的，这就给我同时提供了两次发动战争的机会，一次是为了我应得的权力而反对西班牙的战争，一次是为了保卫荷兰人对英国的战争。

大不列颠的国王没有给我提供一个明显的能让我从这最后一次的纷争中抽离出来的借口。根据协议我应该为荷兰人担保，我向他们保证过，在他们受到袭击的情况下我会参与进来帮助他们，因此在这场他们作为侵略者的战争中，我是不会给他们任何救助的。

但是，尽管我极力说服自己相信这个理由，但实际上我知道这场侵略战争来自英国，我必须以良好的信用行事，我要按照我的协

议的条款参与进来。

然而,我尽可能地到处拖延时间,我尽量争取促使他们达成和解,但是我的努力是无用的,我担心最后这两方都顾忌损害我的利益而不愿意和解,我决定先从口头上参与。

但是这个问题结束了,对我来说,只剩下了一个更加困难的问题要决定,就是要知道,为了保留我的利益和我的同盟军的利益,我是同时进入和英国以及西班牙的战争,还是我只参与进荷兰人的纷争,我在等待另一个可以结束我的纷争的机会:毫无疑问是通过一定数量的重要的理由而展开的协商,是一些从这两方都能引证的理由。

一方面,我非常快乐地着手进行这两次战争的计划,这两次战争就像一片宽阔的田野,在那里随时都能产生很重要的机会让我签字。我看见对于我的服务很活跃的勇敢的人们,随时看起来担心我提供一些对他们有用的东西,比海上作战更有力的东西。在海上战争中,最勇敢的人几乎从来没有和最孱弱的人区分开。在我的个人利益方面,我认为国家的好处不是允许一个国王被大海的任性所牵连,我不得不命令我的上校们装备上所有我的武器,没有我的命令是不能行动的。另外,不得不参与维持强大的力量的所有事情,对我来说更合适的做法就是把他们派去荷兰共和国,而不是用我的经费养活他们。同时,被我的想法所说服的奥地利的王室,也不停地在各种事情上间接地损害我的利益。因为要发动战争,最好就是有一场战争让我们取得明显的胜利,而不是拿我的努力去反对那些岛民,因为关于他们我没有什么要征服的,从他们那里不能获利多少反而会造成我的巨大损耗。如果我同时发动这两场战争,荷兰人会替我服务去攻打西班牙人,因为他们需要我去攻打英国人,不是完全置身危险之外,他们可能担心我的力量逐渐

增加,他们再也想不起来我的好心,最终,我的许多先辈就出现在相同的大型的事件中,拒绝向我解释他们曾经克服的困难,我的危险就是不能得到他们所应有的荣誉。

我意识到,就像获得荣誉的国王一样,克服困难也是他不能避免的事情,越是在困境中自如,越有被控诉为不谨慎的危险。我们的强大勇气也不能让我们忽视进行理智的救助,我们越是深爱着荣誉,我们越得确切地获得荣誉。以英国战争为借口,我用我的力量和智慧非常幸福地去开始弗兰德战争。只有英国人不担心,但是他们的援军对于西班牙陆地保卫战来说是很重要的。同时打击这两个强大的敌人,这是在他们之间形成一种联系。当人们想要这种联系时,这是不能自我消除的一种联系,这让我不会犯错或者总是把他们当作一个整体去攻打,或者两方都会在不太有利的条件下和我和解。西班牙和英国的联盟加速了葡萄牙的和平。根据现在的时间,荷兰人认为在他们自己的保卫战中,他们的援军不会给我带来太多的好处,而英国人会带给我太多的损害。想要对未来进行思考,除了让他们看到我的信心是为了他们而发动战争之外,没有什么更加坦诚的方式让他们参与到我的利益中来。但是至少对我来说,在所有的陆地上的国家前面,还是很荣耀的,一方面我有寻求的权利,另一方面我要保护我的同盟军。为了开始对他们进行保卫,我能够忽视我的利益。

有一段时间我对这两种想法是不确定的,但是第一种温柔地触摸着我的内心,第二种强烈地碰触着我的理智。我相信,处在我的位置上,为了让我和我的国家的利益绑在一起,我应该会强奸我的个人感情。

因此,我决定只参与到海上战争中,并且为了让它更加的有利,我希望把丹麦的国王放在我们这一方之中。我所看到的好处是,通过给英国人的方式关闭波罗的海的入口,他们就会从各种便利条件中获利,从航海中获得必要的东西,这对维持战争是非常必要的。那么遇到的困难会是,和这位国王关系不和的荷兰人,会为了他们的和解,在一定数目上的金钱上停止下来。但是我会投入我的一部分必要的公款,反过来我也会在一个秘密的协议中让他们明白所有我希望看到的条款。

然而,我悄悄地实行了征收,并且用军队和武器装备加强了我在边境的力量。但是马尔蒂克带给我的担忧的状态一直在持续,因为这个地方是已经大部分处于被摧毁的状态了,我很难去判断,我是不是应该努力地把它重建起来,或者进行全部的拆除。如果修复它的话,我担心在它得到完善之前,敌人会再次攻占它。要是把它摧毁的话,我担心敌人会保持那个样子,然后他们再自己重建这个地方。但是在等待我做出决定的这段时间,我让奥蒙元帅带了一小支军队驻扎在那里。

对平时驻扎在土伦港口停泊处的船队我也有点担心。因为它们只是被两个比较远的活动攻城塔保护着,而英国人有领航员非常清楚这个地方的状态,我担心他们会去那里,因为我派遣了维沃纳和博福特公爵去商讨预防这个损失的办法。

对我而言,在发动战争之前剩下的唯一要做的事情就是想一想如何发动战争。因为,在我的计划中,我是打算在第一次双方相遇时就结束这场战争,坦诚地讲,和英国人作战,我是游刃有余的。

在这样的想法下,我找了一种方式,让当时还在巴黎的英国王后自己发动了这场战争,而不仅仅是负责表达一些恭维。因为,我只是请求她向她的国王儿子证明,我对她的国王儿子有着特殊的评价,在我本应决定的事情当中我不能提出有效的解决办法。这位公主很是忠诚,她不仅负责向她的国王儿子转达了我的意见,并

且她认为她儿子必须那么做。

然而,在同样的机会下发出了所有必须的命令,我想让我的臣民了解这个解决办法,也想让我的敌人了解,所以我让人用平常的形式把这件事公布出来了。

但是当我准备武器攻打英国人时,我也没有忘记通过谈判,来提供给我各种方式去反对奥地利王室的工作,因为我觉得葡萄牙的战争是一种内部的损失,它的持续时间会无限地削弱西班牙,我建议让葡萄牙的国王和内穆尔小姐结婚来维持这件事,并且把罗曼维尔派遣到这位国王身边,是为了给他提供建议和躲避开西班牙人提出的所有建议。

德国方面,弗斯滕伯格的纪尧姆伯爵按照命令和克隆的选帝侯以及纽因堡的选帝侯进行协商,并且去说服美因兹的选帝侯,布伦瑞克的公爵和莱茵河附近其他的国王和我联合起来,是为了阻止在弗兰德的国王的军队的经过。我给他们的理由是在他们的国家要维持和平没有别的其他的方式,也不能让我的军队远离。

出于同样的目的,我派遣格拉维尔神甫去驻扎在美因兹的选帝侯身边,这是为了近距离观察他的行为举止,因为我知道他们并不总是很诚恳的。

同一时间,我把庞彭派到了瑞典,让他按照命令去那里协商关于波兰的事情和荷兰共和国的事情。因为不管是用什么样的方式,我想和这个国家建立联系,不只是为了利用它们的力量,也是为了不让它们成为我的敌人。

我也和塞兰伯爵秘密串通,在匈牙利制造一些麻烦,如果我和匈牙利的国王之前发生战争的话,这对我很有利。

在我的宫廷里,也有巴伐利亚公爵夫人和她的丈夫派来的宗

教人士,目的是为了给我更多的不同的建议,我完全不希望有一天让奥地利王室的整个选帝侯离开。

我也听取美因兹的选帝侯和科隆的选帝侯给我的建议,是关于在西班牙的年轻的国王万一去世之后,在这位国王和我之间能够形成的分割。因为尽管事情在他那显得是可行的,我还是想通过国王制造一些困难,目的是让提出建议的这些人的悲伤都降临在他的头上。

布伦瑞克的乔治·纪尧姆公爵和让·弗雷德里克公爵陷入了一些纠纷当中,我认为我应该让他们达成和解,所以我让在法国波兰的德隆布赫去那里工作。

我也很享受被瑞典王室当作美因兹选帝侯和有王权的选帝侯之间的仲裁者,他们关于萨提亚的权力产生了争议,但是我也不想忍受我们的意见产生分歧,国王可以被命名为第三仲裁人,考虑到这个可以通过在事情的进展过程中的特别的会晤而产生,我们可以在别的地方再次展开解释。

为了让勃兰登堡的选帝侯加入荷兰的保卫战中,我首先给他派遣去了杜姆兰,带着我的整体的建议。然后,我想更加精确地处理一些事情,所以我决定让我在荷兰的大使埃斯特拉德过去,但是这位选帝侯拒绝了,所以不得不取消。尽管这位选帝侯的骄傲对我来说令人很不愉快,但是我不希望这种骄傲中断对我来说很有利的协议,这个协议也是充满了相当多的困难,因为在这个宫廷中,我要和这位贵妇的信服力以及奥朗日国王的推理做斗争。但是可以自我克服的人,没有什么事情可以让他坚持的。我催促这些请求的主人科尔伯特去进行谈判,我终于达到了我希望的目的。勃兰登堡的选帝侯不得不为了荷兰共和国的保卫战用自己的费用维持一万人的开支。

我的儿子,您可以从这样的例子中得知,成为他们的痛苦的主人对于国王们来说是多么重要的事情。我们可以根据我们的选择,取消或者恢复这种性质的机会,不要总是用我们的想法去理解我们能接收到的错误的情况,而不去衡量一下我们所处的局面。

当我们变得尖酸刻薄时,我们总是会人为地去怨恨让我们生气的那个人,我们这么做实际上是我们自己错了。

为了得到满足,我们试图让我们的愤怒爆发,这样我们就失去了珍惜好处的机会。我们身上所携带的这种热情在短暂的时间内会强烈地爆发,但是它给我们带来的损失却总是停留在我们的意识当中,让我们总是深陷在我们的错误导致的痛苦中。

触及我们的尊严的最小的事情都会很敏感地造成它们胜利的嫉妒的心理。但是我们也不能完全非常认真地提高我们的威信,甚至可能有时候,在我们所处的这样的一个高贵的位置上,通过一些尊贵的动机,忽视掉我们内心发生的一切是很合适宜的。

在下面我们会实行一个完全神圣的功能,我们应该显得对于能够降低这个功能的动荡的事情显得无能为力。或者说,如果我们的心不能违背它天然的柔弱,它就真的感觉会产生出普遍的感情,一旦这些感情伤害了我们得以生存的公众的利益时,至少我们的理智应该会把这些感情隐藏起来。

不经历各种不同的困难,人们永远不能获得广泛的冒险的解决办法。如果有一些迫使我们在表面上放弃我们的自豪的一些东西,我们所等待的成功的美丽让我们自己觉得很欣慰。最终发现的明显的影响力,让我们在公众之中很骄傲地找到借口。

从去年快结束的时候开始,我开始做了两百个骑兵队的燕尾旗。可是自从我开始了唯一的和英国的战争,我只给其中的

六十二个人发放了酬金。我也在以前的军团里合并形成了两百个新的团体,在毫无察觉的情况下,新的军团适应了其他的军团,而且我的军团的人数在逐步增加,而军团的纪律也没有因此而削弱,因为我已经被说服,所有的法国步兵在这里都不是强有力的。为了让法国步兵变得更优秀,我把上校任务中的一部分让我的宫廷中的年轻的人来承担,这些年轻人想要讨好我的愿望以及他们一个和另一个之间的竞争,在我看来,都能够带来更多的使用价值。

为了取消不同的兵团之间各种各样的纷争和嫉妒心(我首先解决的是在他们之间为了等级而产生的各种纷争,这是人们还继续敢做的事情),我决定每个步兵军团在服务期间都有二十四个团,其他的都先停留在警卫部队,等待着每个兵团都会轮流被抽取到军团里去。

我计划当布伦瑞克的军队对我来说是必要的时候,我和他一起处理他的军队的事情。但是关于洛林的公爵,尽管我想要有他的军队,但是我不认为可以直接和他讲这件事情,要知道他是想高价卖给我的,并且条件是要把他们总是放在一起训练。但是为了迫使他自己把这些军队无条件提供给我,我让人告诉他,根据我们的协议中的条款,我希望他能把这些人员解雇了,这样的方式会带给我一直以来等待的效果。

我也让人征集了十六个瑞士兵团,为了让他们进入警备部队代替我所抽走的法国的兵团。

为了整体上让这些为了我而征集来的人完成他们应该做的事情,我让他们很早就知道我会看到他们给我服务的方式,并且宣布说每个月我自己都会去巡视。

第一次巡视 1 月 19 日定在布勒伊特。但是我的预感告诉我,

我的王后母亲因为不听医生的建议而处于危险之中。

尽管很长时间以来就在做准备工作,这次事故没有那么敏感地触动我,这让我好几天以来都无力去展开我的考虑,而只能做出一些损失。

尽管我立刻告诉你们,一个国王应该把所有特别的活动都贡献给他的王国,还是有一些会晤中这样的格言警句是不能在第一时间来实行的。

天性让我和我的王后母亲之间形成了最原始的情结。但是通过灵魂的质量的关系在内心形成的联系很艰难地和只能通过血缘联系起来的情结断绝关系。

(为了给你们证明我的烦恼,我不打算给你们罗列这位王后所有的优点。我让这个世纪最聪明的人去展开这个主题,他们都很难圆满地完成这个任务。但是在我的内心,需要告诉你们,要知道这是一个多么严厉的人啊……)王后的这种严厉,在我自己还没有能力行动的岁月里,支撑了我的皇权的威严,这对我而言是她的感情和她的美德。我对于她的尊敬一点也不是简单的礼节上的义务。我已经形成了和她住在一起,在同一张桌子上吃饭的习惯,我每天都能在她身上看到的那种勤奋,不单单是一种出于国家利益的规律,而是和她在一起的一种快乐。因为最终她完全放弃了君主的权力,这让我深刻地认识到,对于她的野心,我没有什么可担心的,不会让我通过温柔的感情去记住她。

在这次不幸之后,因为不能忍受看到我所在的地方的风景,我在同一时间离开了巴黎,先去了凡尔赛宫(这个地方就像是我的一个能够单独待着的地方),几天之后,又去了圣日耳曼。

关于这次事故给欧洲所有的王子要写的信花费了你们无法想象的费用,尤其是给罗马皇帝的信,给西班牙国王和英国国王的

信,礼节和亲缘关系让我不得不亲手做这件事情。

我非常细心地执行着她最后的愿望,只有一点例外,就是她曾下令不让人们进行葬礼仪式。因为她的去世,带给我的忧愁,我找不到其他的排解方式,只能陷入对她的荣誉的深深的回忆中,我下令让人们在这次会面时追随着她曾经在我的父亲去世时的做法。

在这次仪式中,像平时一样形成了许多纷争。但是最激烈的应该是在神职人员和议会之间的争议。这件事情已经被我评判成对神职人员有利了,议会人员在圣丹尼教堂非常悲伤地看着执行情况,他们不想在巴黎圣母教堂得到同样的凌辱,他们给我派遣了国王的人。我在凡尔赛接见了他们,而且我注意到发言的人是塔隆,他很难做出结论,因为他觉得这些发言对我不是很友好,但是他的任务又是向我请求说举办仪式时议会是不会出现的。但是,虽然这个建议实际上让我非常的不悦,在给他做出答复前,我没有让他继续说出那些我压根没有想过的他的所有的观点。我的理智已经决定了一些别的事情来反对这个兵团的意图,让他知道我没有任何的评价其实对他是比较好的,他就不会相信我出于利益考虑会削弱他的力量。但是,回到他请求我不要去巴黎圣母院的话题上,我还是很积极地回答他我想要大家在那里相聚,即便是没有人都可以。我及时地顺从一下又有什么关系呢?

从年初的时候开始,就出现了另外一件事情,我还是用相同的方法取得成功的。我刚刚让人发布的法令,主要是关于税收价格的改变,这让许多官员很不满意,调查组找了些借口请求审理庭关于这件事情展开协商,在审理庭中他们是有些间接的权利的,我知道他们的主题,想着要给我一个很大的服务,非常小心地实行了各种推迟,就好像是审理庭还有一些危险的事情一样。

但是,为了让他们看到,在我的想法里,这些事情都不是什么

重大的事情,所以我自己命令他把议会召集起来,并且告诉他我不想让人们在我面前提起已经审查过的法令,也不想看到竟然有人敢违背我的意志。因为最终我是想利用这次会面树立起一个典型的例子,或者让这个兵团完全服从,或者用我的严厉去惩罚它。

实际上,它什么都没有做就分散开来了,它所表现出来的顺从很快就被议会模仿了,这让人看到,实际上这种形式的军团只对那些怀疑它们的人有怒气。

在我处理我的王后母亲去世期间的日常事务时,我一点都没有向你们提及关于她的财产的分割情况,因为我和我的兄弟都不能对其进行分割。但是我可能会给你们写出来我和他之间因为共同的痛苦而展开的一场最激烈的对话:在这次谈话中,我们相互向对方急切地证明了我们对彼此的温柔,我向他承诺我会很温柔地对待他的孩子们,而且会把他的儿子抚养长大。

因为,虽然我告诉他一些事情的时间和我和他说话时的状态,我没有一点痛苦的表情,这是出于纯粹的友情。然后很确定的是,当我很自由地酝酿这些话语时,我没有想到什么更棘手的事情,这只是给我的兄弟不得不给的一种荣誉,并且确保他的行为会给我带来保证。

我不知道这是不是……的标志,在他向我请求说他的妻子在王后家里有一个靠背椅之后,也没剩几天时间了。在我看来,我希望不要拒绝他任何东西。但是看到这件事情的结果,我能让他知道的是,对于所有那些高于我的其他臣民的事情,我都会很高兴地去做的。但是,我不认为他能够假装同意接近我,我要理智地让他看到我应该有我的位置,他若坚持他的要求,这对他来说是多么的无用。

我对他所说的所有的事情一点都没有满足他的想法，这也让我的姐姐很不高兴。（他们打算利用我的王后目前逝世的机会来向我提出这些请求，虽然她实际上从来没有给我提起过这件事，她也没有能力去做这件事。通过她的行为，她已经让我们看到了我们的位置是多么的珍贵，我们应该保存我们的尊严。）但是最终我的兄弟做出了一些行为，让我担心生气的一些事情，另外我没有认识到他内心的怒火以及我自己的怒火。

然而，一个月以后，康迪国王的突然离世又给朗格多克政府提供了一次新的机会，这个政府主要是在我的叔叔以前拥有的政府的基础上建立起来的。

但是我不认为还可以给他这样的观点，因为我们经常在王国里看到的混乱的事情之后，我相信把这样伟大的政府留给法国的儿子们，这是缺乏预见性和缺乏理智的，这些法国的儿子们，为了国家的利益，他们只要宫廷，是从来都不会退休的，而且除了他们的兄弟的心里，再没有别的有安全感的地方了。我兄弟引证的叔叔的例子，就证实了我的想法：在我未成年时，他所做的一切迫使我非常小心地预估到，如果在你还小的时候我不在了的话，会在你身上发生同样的事情。然而，我的兄弟和姐妹，他们没有这样的理智，他们可能还是会被一些草稿中的言语刺激，会通过不同的方式表现出对我的拒绝的不满。但是从我这一方面看来，不用假装什么都没有察觉，我给他们时间让他们去自我认识。实际上，他们很快地意识到了，他们两个都热情地请求了我的原谅。

在这段时间内，圣罗曼到达了葡萄牙，在那里通过英国大使的调停，在这位王室成员和西班牙王室成员之间的谈判进展的很快，他只能在我以蒂雷纳先生的名义给他们提供供给之后中断这次谈判，不给葡萄牙人任何希望，我随后也很快地表示我会公开加入他

们的谈判。因为这些建议对他们来说永远都是很令人愉悦的,所以从那里得知,自从通过圣罗曼,或者通过在我的宫廷里的英国的大使,加速了谈判之后,他们不缺供给了。但是找不到可以让他们满意的事情,我日复一日地工作就是让他们获得希望,而不用花费时间和我采取的措施断绝关系。

在北边,我有另外一件事情要去处理,这是件很不容易处理的事情。

丹麦的国王,受到反对他的瑞典人的武器威胁,给我派遣了他的最重要的国库官员安尼巴勒·凯斯特,来督促我为了他们而发动战争。而荷兰,他们很乐意利用这么好的机会让我和瑞典人断绝关系,他们不停地持续地请求我为了丹麦的国王考虑:另一方面,瑞典人也通过庞彭让我看到,因为他们的邻国都是有武器装备的,他们自己不可能不进行武器装备,并且即使他们有理由让他们对丹麦国王发起战争,当他们打击英国时,也请我相信他们没有反对我的利益的打算。

场面一度很棘手。因为如果给予瑞典人自由去攻打丹麦的国王,这实际上是让我放弃了我给丹麦国王的承诺。但是我要是宣布攻打瑞典,这也会让我和一个我一直希望能在一次重要的会晤后能给我提供服务的国家断绝关系。这就是为什么我没有对两方的任何一方给出明确的他们各自希望从我这里得到的答复,我试着去找一些中间方案,不久我就找出了方法,在很短的时间内,我得到瑞典人的保证,他们不再去攻打丹麦了。

关于这一点,我们应该理智地看到,为了防卫来自同盟国的不同的请求,或者来自他的家庭的不同的请求,作为国王不需要花费如同抵御来自他的敌人的攻击那么大的力气。

实际上,国王们不管遇到什么样的希望、机会和议论,只需要在如此嘈杂的噪声中找出几个能平息麻烦的人。在外面的动荡中，只要找到有能力安内的人，这就是很有理智的做法。应该要有自己的力量确保能在那么多人都想让你倾向于他们那一方时维持平衡。有那么多的邻国围绕着沃恩，有那么多的臣民顺从我们，有那么多的人组成了我们的宫廷（有那么多的部长和仆人给我们服务或者给我们提供建议），不要总是一个人去想办法，他们中的每个人都会给出公平的建议。对于国王来说，要分享这么多别的想法，要去辨别这些想法的好坏，这不是一件很容易的事情。

在这么多每天都会出现的各种各样的臣民中，给你们提供某些规则是很难的一件事情。但是还是有一些格言警句，对你们是有好处的。

当你们每个人都收到普遍的恭维时，你们不要自我满足，因为让一个人满意的同样的事情会让其他人很生气。

不能通过我们所依赖的热情去评判一个要求是否公平，因为热情和利益天生比理智要激烈。

离你最近的那些人，或者你要从他们那里听取关于其他人的要求的意见的那些人，关于这些人的要求，你要自己拿主意，或者要听取和他们这些人不在同一个水平层次的人的意见。因为担心，你采纳了一个人关于另一个人的事情的意见（尽管他们不是朋友），他们相互之间也是不会很高兴的，他们会认为来自他们的同伴的恩惠给他们自己做了榜样。

最后是第四条，应该经常考虑已经展开的事情的后续发展，不是总声称要去做什么事情。因为公众的利益归功于对每个人的满足，如果一个国王只是满足于统一那些优秀的人的要求，那么在这个世界上还没有如此强大的国王，不会很快毁灭他的国家。

我知道我们总是对拒绝我们的人很生气，许多人把需求的满足归咎于他们性格不好或者是君王的品位不好。甚至可以确定的是,人们总是在拒绝别人的请求时自己也很为难,得到感谢总是比招致抱怨要好得多。但是,在这个地方,我的儿子,我们不得不把我们自己奉献给整体的利益,在这样的奉献中,让人更加生气的是,越是让我们付出更多代价的,越是不会得到赏识。

因为,最终大部分给国王赞歌的那些人,美德是对他们没有什么用处的。职业的美好的精神不总是有着美好的灵魂,他们在公众场合滔滔不绝讲述的那些美好的事情,他们很少会出于对他们自己的利益考虑而放弃。

当我一天天地投身于荷兰的保卫战时,我得知他们在伦敦还有他们的大使,出于对他们的信念的理智的怀疑,我希望他们想起并且明确地向我承诺在我没有参与的情况下不要进行任何的谈判。

(为了向我保证他们的坚强的信念,我致力于从他们的商议中获得更多的信用,并且让经常和英国人联系在一起的奥朗日王室的支持者们远离那些法官的职位。出于这样的计划,我让人给许多的议员分发了补助金。)

然而我派往德国去进行救助的军队,在那里非常有秩序地生活着,并且各种行为都是严于律己。西班牙也一样,尽管之前它没有参与到这个纷争中来,对于这样的遗憾也表现出了它们的价值。因为西班牙总是有着秘密的计划反对法国,这个计划让它们对蒙斯特的主教的利益特别感兴趣。它们想给他两个位置,达朗和威廉斯塔德是它们边境上的邻居,最终这位国王在一点都没有惊动荷兰人的情况下给边界上派遣了军队,他们找到了在原地自己自足的一个办法,那就是解雇离得最近的他们的警卫部队的两个军团,这些军团也是主教来支付军饷的。但是我的首领们很警觉地

意识到了这个阴谋,他们得知这个消息后,就突然截住并且打败了西班牙的这两个军团。

同样性质的许多行动,在这讲述起来都会让人厌烦,这些行动迫使敌人待在他们自己的地方,并且夺取了他们军团的自由,让他们处于极其不便利的境地,因为蒙斯特主教提议和我缔结和平。但是我不想听取任何建议,并且我决定要延期和荷兰人的协商,因为他们是在这个地方最有意思的。

和英国我也是采取了相同的方式。因为在大不列颠国王身边的葡萄牙国王的大使,为了别的事务来到我的宫廷,展开了各种协调,没有他们国家正式的参与我是不会听他的这些协调的。

在这件事上,我可以说,我对他们有的这种忠诚,他们在同样的机会下可能不会对我有着这样的忠诚。因为,毫无疑问,在我已经形成的计划中,这些协商中的每一个对我都是很有利的,因为在和英国缔结和平时,我可以节省海军给我产生的各种各样的费用,从而用于陆军力量的维持。在和蒙斯特主教协商时,我不仅把我为了对抗他而派去的力量撤离回来了,而且我也确保了这位国王很热情地提供给我的他们自己的力量。

然而,我得知英国人进入了地中海,我给我的海军司令博福特公爵发布了命令,让他尽早地把英国人驱逐出去。但是,因为事情很复杂,他需要进行船队的配备,因此花了好几个月的时间。

这次延迟让英国人对他们的力量更加的自信,并且让他们见证了在大海上我的人很急切地想攻打他们。但是自此以后,博福特公爵就离开了,我们再也看不到他是如此的勇敢。他们发现这次从海上离开以后就再也见不到博福特公爵了,只能等着他了。

在他们虚张声势之后,我很高兴把他们从海上驱逐。但是我认为继续在大西洋上追随着他们仍然是一件美好的事情。这是

在他的所有的邻国的眼皮子底下进行的，只在他们的港口停了三十二艘船，英国人就不敢出海了，直到他们把自己的力量全部集结在一起。

他们终于在六月的时候全部集合在了一起，并且大量的船只出现在了海上。

但是我的船队距离那里还很远，因为我不得不把它们派往葡萄牙，理由你们接下来就会看到。

荷兰人和他们的敌人是在同一时间起锚的，并且打算不顾我的感情去发动战争。因为我的船队离得很远，我让荷兰人看到有两个非常重要的理由他们得等一下我的船队回来：第一条理由是，根据我们的协议，我们的胜利是不会错的，我们在英国人方面有着那么多共同的利益。第二个理由是，没有必要为了打败敌人而去攻打敌人，因为只让他们去消耗他们自己的供给就足够了，他们的供给持续不了多长时间，他们就不得不返回他们的港口。而且也没有希望能再次出现了，因为他们要从自己的那些不太听话的人民那里进行征收会遇到很大的困难，而且回来的距离也很远。这样的话，我们不用行动，时间就会给我们很确定地带来胜利。

可是我的想法是无用的。因为荷兰人在没有我的帮助的情况下，突然产生了要去征服英国人的想法，他们发动了战争并且获胜了，但是根据所有的表象，他们的胜利反而带给了敌人过分的自信。因为，实际上他们的船队英国人是瞧不上眼的，以至于他们认为想要确保胜利，只需要把它们引入战争中。出于这样的想法，罗伯特王子带着二十三艘最好的船，从军队集体中脱离，借口要走在我的船队的前面，但是实际上给了荷兰人勇气让停留在对他们来说是头号敌人的前面。整个岛上都在焦急地等待着战役的消息，就好像有确切的胜利的消息会传来似的。首领们都积极地承诺，国王也对此很确信，人民也都提前进行了胜利的庆祝。但是胜利和他们的想法刚好背道而驰，在四天的激战之后，我终于很满意地看到了幸运选择了我曾经在的那一边。我不给你们说到底失去了多少人多少船只。这些是你从所有其他的作家那里能得到的背景知识，这些都不是多么有用。但是，我还是给你们一些有用的东西，我让你们注意一下，从英国方面来说，他们的自大让他们提前炫耀了他们的胜利，可是实际上他们并没有获得胜利，这就让他们进入了非常滑稽可笑的一个过程，他们不得不在这整座岛上表现出虚假的对于他们自己的失败的狂欢，就好像他们实际上是夺得了胜利一样：在他们放肆的狂欢中，这种虚假只会非常清楚地让他们的国家陷入糟糕的境地。在这样的一种情境下，为了保留一点权力，王子不得不假装对他们自己的损失表现出高兴的样子，并且坚持这种错误，为了不使他的臣民们起来进行反抗。

那么，关于荷兰人，我请你们注意，这次行动他们胜利了。我们不应该总结说他们有理由去那么做，因为为了合理地评价那些建议，根据对军队的上帝的满意，不应该总是停留在那些有时幸运有时又不幸运的事情上。但是这应该给我们带来思路，在任何情况下，它让我们去做的事，是最符合理智的。不用去寻找对于这种理智的确认，您在同一年就会看到根据同样的原则去战斗的同样的船队，获得的胜利确实是完全不一样的。

为了知道在这段时期内我的船队的情况，有必要给你们说一下葡萄牙王后的婚礼，这个婚礼是在我去年留给她的那个地方举行的。

在西班牙的各种各样的阻挠之后，这件事情最终得以解决。但即使是那些阻碍解决办法的人，也用了各种各样的手段躲避解

决办法的实行，所以事情总是很晚才得到解决。

然而，我打算借出八艘我的最好的船用于这位公主的通行：这八艘船，我是一直为了这件事儿准备好的。目的是当我让博福特公爵从大西洋上经过去追随英国人的船只时，尽管他的力量还远远不够进行这样的任务，我也不希望他服务于这八艘船，因为葡萄牙的大使让我得知他每天都在等待我让他离开的命令。最终，事情在六月份得到了解决，为了避免可能在结婚典礼时遇到的一些困难，人们决定婚礼只在我的船上举行。

但是在我的脑海里有一个很重要的关于这八艘船的困难：通过这次旅行，这八艘船成为了英国人和西班牙人的捕获物，要么他们认为这些船上面载着葡萄牙的王后，他们能够通过战争的权力来攻打它们；要么他们认为这是我的船只，他们能够根据特别条约捕获它们，因为在这个特别条约里，我们一致同意在距离葡萄牙五十英里的地方发现的法国船只都是获利品。

针对英国人的办法还是很容易能找到的。因为我让葡萄牙王后获得了一个港口通行证，通过这个，不仅我能保证我的船，而且我能从中获得可观的利益（如果我有心情利用不好的信念从中获利的话），因为在我的人员回来的时候，在他们觉得很虚弱的情况下，可以不让其出示他们的港口通行证。英国人看起来总是比他们要强壮，所以每一次都让英国人承担这个义务。

但是关于西班牙人，事情变得更加困难，不用怀疑在这次他们通过婚礼获得的强大的利益中，他们只利用了这次机会进行了最后的努力。我找不到别的方法让事情确定下来，只能在里斯本河的入口处派遣我的海军舰队，让它们在那里等着我的船舰的往返。当所有的事情发生的时候，西班牙人继续毫不松懈地和葡萄牙人谈判，我也用了所有可能的办法，时而组织一下葡萄牙的国王，时

而组织一下葡萄牙的国王甚至西班牙人。

其中有一次，当这件事情已经准备要结束时，为了再赢得几天的时间，我打算向西班牙王后建议把我当作中间调停者一样接待。但是，和我的希望相反，我的建议被接受了，昂布兰大主教获得了这位公主的同意，给了我一些借口拒绝了我，但是又让王后看起来是觉得可信的。的确是，自从她认识到她的参与是很轻微的，她再也不愿意回忆这些事情，她生活在一种对自己进行否认的生活状态中。

我的儿子，所有人都同意没有什么比反悔自己已经做的事情更让人觉得不忠诚了。但是，你要知道，不可侵犯地坚持自己的看法的唯一的办法就是在没有成熟地考虑好之前不要把它给别人。

粗心大意几乎总是能导致后悔和不好的信念，毫无理智的开始的所有的人，在很短的时间内都会毫不羞愧地收回自己的话。

轻松地仔细思考一下所有的重要的事情，并且听取不同人的建议，就像糊涂的人在自我想象一样，这不是一个软弱的表现或者不独立的表现，而是一种谨慎的、牢固的证明。这是一个惊人的格言，然而确是比那些在自己的行为中想得更多更加真实的，他们是不想在他们所做的事情上给出任何的建议，也不会给他们想要做的任何建议。理由是，一旦当他们把还没有弄好的解决办法公之于世，他们就会遇到很多的障碍，人们让他们注意到如此多的不合逻辑，他们被迫要收回自己的前言，因此获得软弱的名声或者没有能力的名声，他们曾承诺通过相同的途径保证自己的解决办法的正确性。

给我们的建议，由于他们对我们来说是有道理的，不能让我们去听从他们，并且不会削弱我们自己的能力的精气神，他们让我们的能力得到了提升，因为所有理性的人都同意在国家的行政中形

成的或者建议的好的事情，都应该归功于国王，比起他知道很好的自我服务或者通过他的主要的部长们进行良好的建议，最好的是能看到国王本身的灵活。

在聪明的君主和莽撞的君主之间就存在着这样的差异。莽撞的人总是得不到这个世界上最忠实的人们的服务，而另外一种人经常特别善于利用这些人的好的服务和好的意见，即使在这种人身上体现出来的公平公正都是值得怀疑的。

因为，最终，在所有关于人们的举止方面，大家都会从个人的利益角度出发有一个神秘的偏好，从而建立起整体的原则，最忠实的人的美德是不能在这样自然的行为中保护他们的。如果这种美德有时候是被担心或者希望被支持的话，当这种总体规则中有特例的话，这就完全是一种幸福，人们从来不会保证能很谨慎地找到它。

这样在他们平常的课程中，他们就是这么认为的，人们往往是逃避不好的事情，而根据他们的担心或者希望，寻找好的事情。这样就很明确，一位莽撞的王子，他不会让人玩这些权限，他会听取并且平等地对待在他的事务中工作的那些人，让和有着世界上最好的打算的那些人有必要断开关系。因为，就如同没有什么能让他们感到兴奋，也没有什么能让他们感兴趣，他们往往会无意识地根据他们的心情或者他们希望的利益放松自己或者发脾气，而几乎从来不对自己的行为进行任何思考。相反，最贪婪的和最感兴趣的人，不敢远离他们要走的道路，因为他们总是对他们的步伐很警惕，最怕一不小心失去产生他们的最初的利益的意见和创造力。让他满意的野心迫使他们不停地审视他们自己。他们互相什么都没有同意，因为他们知道任何的不好都不会隐藏起来的；他们也不珍惜任何东西，因为他们相信没有什么比让他快乐更好了，为了

把所有的事情用一句话说出来,他们总是用自己觉得最好的方式做出或者给出建议,因为他们相信他们希望的恩惠、信用和提升,只能给予忠诚和信任的形成,这是每个人都证明过的。

为了保存经过我的大使们实践过的古老的方法,我要在突尼斯安置一位大使。我选择让拉埃去这个宫廷任职,拉埃是前任大使的儿子,毫无疑问他肯定比其他人更了解这个国家的做事方式,在他父亲的管理下,他和这个国家有着很长时间的相处。

但是,由于他和这个以前的伟大的大臣之间有特别的仇恨,因此这个部长的出现给我的事情带来了很大的损失。因为这个大臣让位于他儿子的时候,把他的仇恨也全部留给了儿子:以至于他的儿子拉埃到达突尼斯的那些地方时,发现他要和他最主要的敌人谈判所有的事情。

他意识到他的到来引起的后果,所以他坚持拒绝,我们给他承诺他会受到作为国王大使的同样的对待。因为这位伟大的大臣除了是所有事情的绝对的主人之外,他也曾细心提醒上帝反对拉埃,他让上帝听到,通过这位部长的教唆,我允许法国的海盗船通过他们在这做的生意去中断群岛的贸易。

拉埃对于这次拒绝很生气,并且想在他的第一次接见时澄清这个事情。由于没有收到任何满意的答复,他很悲伤,尤其是看到他的纷争给我的利益带来了损失,他不仅要从我的宫廷里退出去,而且突然要投降了,这位伟大的大臣声称因此受到了打击。

在公众的眼里,这位部长独自承担了所有国王应该承担的职责,而且他也在国家内部收到了所有的至高无上的荣誉。知道这些情况的人一点也不会怀疑,如此受到国王欣赏的人也会被类似人们把他的印章扔在地上的这样的行为冒犯,当然这样的事情也只是发生在自己人身上。

同时,他让拉埃待在宫殿里,在那里发生的事情对他来说甚至就像是在监狱一样。但是接下来,考虑到这个人所具有的作为大使的性格,还有考虑到我对他所做的事情的感激,他表现出了参加这件事的一些伤感。实际上,君士坦丁堡的人们已经公开说他错了,港口的人们没有在他的利益范围内,也说为了这些个人的恩怨,引来一个像我这样的敌人是一个很不好的政治决策。

这些认可保护着他去寻找和解的各种不同的方法。他的第一个办法是试图让我的衣帽间的负责人圭特瑞伯爵(他是出于纯粹的好奇心去的君士坦丁堡)去担任大使,并且给他提供了所有他能想到的好的条件。但是因为没有命令,他不能胜任这样一份工作,他第一个向巴什,他的一个最近的亲戚请求通过诚实的语言去缓和拉埃的想法。在这之后,他自己向拉埃表达了他的诚恳,另外,他让人给我写信表达对于这件事的歉意,他把拉埃拦在他的宫殿里,他害怕这位部长因为悲伤而生气,来我这说一些别的事情掩盖真相。毫无疑问,这是一次很明显的关于这个国家的行动的修复,整个国家一旦开始某些事情,就很少放弃。

在这个宫廷里还发生了另外一件事情,对于这件事情我是很满意的。因为热那亚人(和整个基督教国家的古老的地方习俗都脱离了关系,这个基督教国家和法国化了的突尼斯人有贸易往来)把他们的大使派到了港口,并且声称要以他们自己的名义做生意。我让拉埃以我的名义提出抗议,但是对于他来说,这个宫廷的位置不好,阻碍了我想要得到的满意度。当我有时间和他们很严肃地处理这件事情的时候,我又决定把他从热那亚人那里调离回来了。

同一年,我和在加拿大的野蛮的易洛魁民族之间也有事情。但幸运的是,这些事情很好地得到了解决并且能为我服务。因为在这次唯一的行动中,我让从这里经过的军队采取了三种不同的方式,每个军队都通过占领无人居住的区域扩展了三百古里的地盘,每天都得冒着大雪前去,并且每天晚上露宿野外。为了让那些野蛮的人看到他们在这却没有办法,这有悖于他们自己的习惯,而且让他们发现自己的粮食也被夺走了,甚至他们的孩子也在他们眼皮子底下被我们的人掠走了,他们在我们的人面前各种妥协,同意这种和平谈判的条件,这看上去永远保证了法国殖民地的和平。

突尼斯的居民,对我的船队给他们造成的持续的骚扰感到疲倦了,他们希望和我缔结和平,和阿尔及利亚人缔结和平,甚至提供给我各种反对英国人的服务。我不想接受最后的这条建议。但是,这都是多余的,出于想让这些野蛮人的铁笼子里的如此多的基督徒奴隶获得自由,出于给所有忠诚的人办法让他们以法国的名义去进行贸易,我让杜姆兰出发,他在很短的时间内结束这件事了,并且以最优越的条件签署了协议,这是欧洲其他任何一位国王都从来没有从这些国家获得的利益。

可是,在突尼斯协议中发生了点事故,让结局变得不那么圆满了。协议条款商议的法律,因为一场暴动使其受到了限制。他的敌人,完全占领了共和国的行政部门,毫无疑问会中断这个协议,就像他们在这个国王执政期间已经发生过的其他行为一样,如果我的武器的威慑力不能让他们完成这份协议的话,我的第一个胜利的果实就是从这些不忠诚的人手中获得了三千多个法国奴隶。

从此以后,在地中海区域,因为我让王后穿过地中海去了意大利,所以我比西班牙人还让人受重视。西班牙人没有向我申请港口通行证的话是不敢在地中海活动的,这个港口通行证我会带着我能够向他们表示的忠诚立刻给予他们。因为,在同一时间,我给我的各大海岸发布命令,在王后要从这通行的情况下,所有的人都要像对待我那样给予王后同样的尊敬。在王后那里,这些命令是没有什么效果的,她有充足的时间毫无危险地抵达意大利。(但是这对西班牙的那七艘双桅舰船来说是非常有用的。有一天,这些船遭遇到了我的船队的船长维沃纳,因为他们拒绝降下他们的军旗。因为维沃纳是一个无论在数量上还是装备上都很强大的人,完全可以不用战斗就能拿下他们,把他们遣送回去,只是因为这些船舰上有王后的猎犬群。)

在举行这些结婚仪式时,在维也纳的那些欢乐中,人们发现糟糕的事情是,我的驻扎官格热蒙维尔的骑士一直为我的王后母亲的逝世戴孝。但是,从这开始,我发现,尽管这个婚礼对我而言不是一个让人快乐的节日,但是我给格热蒙维尔下命令让他不要再戴孝,甚至利用这次机会,给了他一些钱让他用于日常开支。

可是,我当时还在这个宫廷里为了昂吉安公爵在谈判一件重要的事情。因为尽管通过结婚协议,葡萄牙的王后已经向他让步,关于欧普朗和拉齐布尔的公爵领地,我们不能针对这些庄园提出质疑,因为它们是在西格蒙德·卡西米尔的费迪南国王手中夺取的,直到现在,国王既没有进行授爵仪式,也没有给予金钱的补偿。

从这个时刻开始,这件事情是以我的名义来处理的,很幸运的是很快就得到了解决,对于这两块地,只给昂吉安公爵 3500 古斤银的收入,国王让他在法国支付 16000 古斤银,还没有包括他给他的总监的 10 万埃居的钱让其促成我们的协议,并且这对他的主人来说是很不好的:为了让这件事情在这位国王看来是价值将近 200 万古斤银。

在这些腐败的部长中间,为了让主人给予他们的财富归于自己,很少有特别胆大的公开把手伸进他们的主人的嘴里夺食的,因为这是他们很容易就犯的罪行。但是他们觉得在接下来的时间中,

最合适的,而且他们认为最保险的方式,就是以其他人的名义来获得他们计划占为己有的钱。他们在这件事情上采取的技巧是多种多样的,我不能都列清单予以说明。但是我只是告诉你们,他们是共同做这个事情,而且他们总是增加他们的偷窃,并且会想办法把这些隐藏起来。

因为最后,毫无疑问是部长想拿这些利益去服务的那个人不在这样的交易中出现,除非他在这里面能找到他的利益,国王应该(利用某些可能的形式)同时关注一下他的保险箱和他的部长想要获取的不公平的利益,以及以偷窃为借口提供给金钱的那个人。

但是,非常确定的是,在所有这些诈骗的协议中,没有任何损害国王利益的。国王忍受着把他们当作外国人,不仅仅因为这些损失绝对是从自己国家出来的,而且也是因为这种损失损害了他在邻国的声誉。这些邻国的国王,通过相似的事情,只是非常清楚地知道他对自己的事情很少关心或者不太精明。

在我看来,这种认可对那些做相同生意的不忠诚的服务者来说给出了更多的克制。但是至少,他教给他的主人不要满足于在安排人员职位之间的审查,因为大部分人为了获得他们想要的职位,都会在一段时间内进行伪装:要在他们做事情的方式上持续地观察他们,因为一旦他们获得了想要的职位,就会经常自由度很大地表现出一些不好的倾向,这些倾向会给他们所做的事情,或者他们的国王的声誉带来不好的影响。

因为最终,这个持续的观察会让国王认识到,在所有给他服务的人员里有坏人。根据不同的主题,或者通过好的建议对他们进行纠正,或者当他们无法纠正时远离他们。如果除此之外,他们还有一些值得让人们支持他们的优点,或者保证他们的错误带给他

们的行为的损害,在他们的所做或者所建议的事情中,能够区别出他们的良好的行为和不好的倾向的话。

我经常把对内和对外的担忧混合在一起。因为我从英国和德国得知,疫情还在继续,我试着寻找所有可能的预防方案去阻止疫情继续在我的国家蔓延,我给疑似有疫情发生的边境上都派了特别的官员。

但是我所有的努力都不能阻止这个持续的疫情从一个国家蔓延到另一个国家,格拉沃利纳和敦刻尔克还没有受到传染。我给予那些受折磨的贫穷的家庭我的专心和资金,并且利用各种我能够想到的方法,去阻止这个不幸的事件在相邻的地方扩散。在所有的方法中我觉得最有效果的是,持续增加受到疫情感染的警卫部队的军饷:因为,没有这些钱,士兵们就像居民们一样,考虑到他们的财产和他们的家庭,不会留下钱来治病,所以不知不觉地就会出现人员的流失,这会在我的其他军队里引起不好的风气。

但是,看起来需要更多预防措施的是普拉代尔从德国给我带回来的军队。我也给他提前通知了,让他在他的行军中采取一些措施,不要给我们带来一点不好的事情。实际上王国内部没有受到任何的损失。

在我刚刚调停过的那些人中间,我没有让任何的纷争产生,我尽量加速制定总的规则,我已经决定用于简化和削弱程序,并且很快按照公众的愿望给他们展示这一部分的工作。

(我得知,在许多省份,人们深受那些滥用管理者的名义进行不公平审查的痛苦,我确保给所有特殊的人都通知了这些贪污公款的事情,目的是对他们进行应有的惩罚。)

然后,我甚至在我的王宫里进行了改革,所有王国的贵族都有

涉及。关于我的最大的马厩的建设,我增加了很多页的条款,希望他们能够很好地选择并且得到更好地教育。

因为,我深知,阻碍有才能的人去担任这些职位的最大的原因是,或者是他们通过各种各样的人的介绍很容易就能找到人,或者是和我的人走的比较近的人通常机会很少,或者是在他们的训练中无意识地忽视了。为了解决这所有的问题,我决定自己去命名所有的页码,和小型的车马侍从的人员们去分享他们应该提供给我的服务,并且选择我的国家里最好的那些大使去对他们进行培训。

我打算从这件事情当中汲取的成果是,在公众看来,给予大部分的绅士良好的教育,在我的个人利益方面,能持续地有人从这样的学校毕业,要比我的一般的臣民们更加有能力、有感情地为我服务。

我还有另外一个忧虑,主要是关于有社会地位的人,但是其影响接下来会蔓延到整个国家。我知道通过个人花费的巨大数额的金钱,会通过蕾丝贸易、国外的制造业,不停地在国家之外产生回报。

我看到,法国人既不缺乏工业,也不缺材料来自己进行这些工作,我一点都不怀疑在当地生产的东西,比起那些我们从更遥远的地方弄回来的产品在价格上会更有优势。出于这些考虑,我决定在此进行这些产品的生产。这样的话,那些大人物就能找到他们消费的缓和,平民百姓可以利用那些富人消费的东西,那些从国家内部花出去的大额消费就会再次回到国家内部来,这慢慢地会产生令人惊讶的繁荣和富裕。除此之外,这还给我的臣民提供了大量的就业机会,他们这些人常常不得不摆脱游手好闲的状态,去邻国寻找工作。

然而,越是值得称赞的企业越是会有矛盾,我估计蕾丝的生产商会通过所有的这些发现他们自己的能力,因为我一点都不怀疑,他们会找到更好的办法去零售那些来自远方的商品,比起在我们这里在大家的关注下生产的商品,这些来自远方的商品的合适的价格就不得而知了。

但是我决定通过我的权力减少他们能够钻的空子。因为,我给了他们充足的时间去销售他们从外国带来的蕾丝,同时我也发布了法令。一旦超过这个期限,我就会让人抓捕那些自我的禁令颁布以来不听话的人;另一方面,我让人开办许多新的商店,出售新的产品,我会要人们去这些新的商店消费的。

这个例子在很短的时间内,就在我的国家引起了其他商品制造业的建立,比如毯子、玻璃、冰激凌、丝袜和其他类似的商品。

我尤其是特别细心地寻找对我的臣民来说,能增长并且确保海上贸易的方法,让我的港口更加的安稳,并且找到重新建立港口的地方。但是同时我也有另外一个计划,这个计划不是没有用处的:就是通过运河把大西洋和地中海连接起来,这样的话,要从一个大海去另外一个大海,就不需要绕西班牙转一大圈了。这个工程是很巨大的,而且是很艰难的。但是这对我的国家来说是有着无限好处的,这会使我的国家成为整个欧洲贸易的中心并使我的国家拥有仲裁者的地位。完成这个计划,对我来说也是极其荣耀的事情,这会让我成为过去的这几个世纪当中最伟大的人物之上的人物,因为他们都没有完成这样的壮举。

除了各种各样的花费,我要给你们提及的其他的花费则是关于陆地和海上的武器装备,我还是不得不在和外国人的谈判中秘密地付出一些别的花费。在荷兰人当中有许多议员,我让人给他们支付了年金。(我也给波兰的一些封建领主一笔可观的费用,企图让他们在选举中能发出他们的声音。我在爱尔兰也有领取年金的人,为了让他们发动天主教徒去反对英国人。我也和英国的一些变节者签订了协议,我承诺给他们提供数额相当大的一笔金钱,让他们把克伦威尔的剩余的岗哨都重新建立起来。)我给丹麦的国王提供了10万埃居,为了让他加入反对大不列颠国王的阵营中,而且,我也让人给他的妻子王后送了一条价值连城的项链。我让人把另外一条项链送给了勃兰登堡的选帝侯,让他把这个作为礼物送给瑞典的王后,我不怀疑这些王后会反对她们自己国家的整体利益,我是让她们感觉到个人的荣誉,并且知道我是努力想和她们建立友谊关系的。得知骑士在瑞典的价值,安哈的王子和什末林的公爵在勃兰登堡选帝侯那里是如此的强大,我就想通过慷慨大方赢得他们的支持。

因为最终,一方面,我持续地削减多余的开支,因此今年我让人削减了士兵的用具,削减了大部分的战争中的特派员,并且增加了我的建筑的租金……同时另一方面,对于重要的事情的开支,我从来都不会节省,主要是为了增加我的朋友的数量,或者为了减少我的敌人的数量,这是我打算持续进行的重要的计划。

实际上,我的儿子,当事情都处于平静的状态时,会给人更多的自由。会利用金钱去做事情,对于一个国王来说是很有用的。当然,当国家的需求希望这样去做,或者财富对他来说是一个让自己位居于同时代人之上的特别的机会的时候,一个国王知道如何去花这些钱也是很重要的。

老天让君王们成为公共财富的保管者,当他们在一些无用的方面挥霍了自己的臣民的物质的时候,他们就是违背了他们自己的义务。同时,当他们拒绝为了国家的荣誉或者为了保护他们的外省而往外掏钱时,他们也可能做了一件很大的错事。

经常会有这样的情况发生：在他们的时间内很公正地花掉的一般的那些钱都是国家支出，而其他的消费和损失则是很大的：这是由于人们能很廉价地获得选举导致的，有时候应该能提升庞大的军队开支。用很少的花费可以让一个邻国成为我们的朋友，但是当他成为我们的敌人的时候会让我们付出很大的代价。能进入我们国家的极少的敌人的军队，会在一个月的时间内，带走我们利用十年的精力所形成的他们需要的东西。那些鲁莽的不明白这些格言警句的管理者，迟早会发现，在他们的孤立的那些省份，在他们的收入停止时，在他们的盟军放弃时，他们吝啬的行为所带来的惩罚。

既然只是为了满足我们有权利提升的那些需要，为什么要在公共需要的时候让花钱变得稍微难一些呢？为了自己的爱情去花钱这不是美丽的灵魂能够拥有的热情，这些美丽的灵魂从来都不会把这作为他们的希望的目标，而只是作为他们的计划实施的必要的手段。聪明的国王和吝啬的个人在他们的行为上绝对是想法的做法，吝啬的富人总是很贪婪地追求金钱，会极度热情地收集钱，然后不假思索地把它存起来，然后非常担心地保管着这些钱，哪怕是花掉一小部分他们都会很伤感。相反，品德高尚的国王只是谨慎地拥有金钱，同情地要求，通过义务管理，谨慎地保管，没有特别的事情从来不会乱花钱，因为他花钱只是为了提升他的荣耀，扩大他的版图，或者给他的臣民带来好处。

除了和丹麦国王和解而提供给对方的那几十万埃居，荷兰人还想让我给这位国王新的一笔钱。做出这样的请求的理由是人们希望他让他的船队开进英吉利海峡和我们的海军舰队会合：因此他出于防卫的需求宣布说，根据我们之间的协定，他不得不把他的船队只停留在波罗的海上，目的是为了防卫我们敌人的贸易，并且

从此以后如果人们想要给他支付这些费用,他必须走这个程序,他是为了大家的事业在这方面做出的贡献。

但是,关于这个建议,在给荷兰支付了数额很大的一笔费用之后,对此做出了回应,要么是我为了防卫他们在陆地和大海上的武器装备方面的支出,要么甚至是给丹麦国王的,我不认为应该让我的臣民再承担更大的费用。

从我决定开始向英国宣战,我就一点都不怀疑,在南面的岛屿上,我的臣民们和来自敌对行为的那些人混合在一起,为了利用这次机会加强我的人员,我从离的最近的地方抽掉了八百人并且把他们派去努力进行救助。但是,不久之后,我得知我的愿望和我的财富走在了我的船队的前面。因为在圣克里斯朵夫岛上的战争带来的消息让人无法去想象,因为同时敌人的一方也知道了另一方的情况,尽管敌人在数量上是无与伦比的强大,但还是被打败了,他们的意见和所有相似的情况都被反驳了。

实际上,在所有的岛上,法国人看起来只有 1600 人,而英国人至少有 6000 人,法国人开始建议像以前一样大家和平相处。但是他们看到敌人时就会根据他们的副国王的特别命令,把所有的事情都弄得剑拔弩张,这个特备命令的原文后来是在一位战死者的口袋里被找到的。

但是,如此容易发布的命令却不是很容易去执行的。因为法国人受到危险信号的刺激,他们非常英勇、非常勤快地行动起来了,在同一天就发动了四次对敌人的不同的军队的攻打,他们所向披靡,很明显,他们的敌人逃脱并且离开了岛屿,向我发誓以后会忠诚于我。

同时,拉塔米斯被胜利的荷兰人包围了。在一个多月的时间内,在大不列颠国王重新整理他的船队时,荷兰人驻扎在他们的江

河口，整个岛上的反动的声音也在对他施压。

最终，他于8月份去了海上，而且比起第一次更加的幸福。因为他攻打的是已经被副海军上将统佩先生分化了的荷兰人的船队：这个不幸在荷兰人当中引起了危险的争议。因为尽管实际上这位船长在没有他的将领的命令的情况下，差点摆脱荷兰军队。另外他因为勇敢获得了很多的赞誉，并且说他差一点就能成功地执行这个计划，完全可以通过正当的理由来进行，他在国家培训了一支很强大的力量来进行自我防卫。但是我和这个荷兰共和国之间的利益让我使用我的权力平息了这个已经出现的争议。

我的船队，仍然停留在塔热的出口处，一直在等待葡萄牙王后的到来。因为这位王后的航行持续的时间特别长。然后，荷兰人，受到他们战败的打击，不停地督促我让我的船队靠近他们，因为我的财富可以帮助到他们。因为，要预计这次旅行的时间是很难得，我的舰队上的供给已经快没有了，而葡萄牙只给我的海军上将提供了质量特别差的供给，所以在他等待的这位公主到达之前，他有必要不顾各种命令和考虑返回法国。

在荷兰人那边，我让他的返回显得很有价值，实际上也是急于让这次返回对他们的事情有用。我首先通过一封快信警告他们，然后我在我的港口安置了一些载有各种各样的供给的小船，为的是不让他们停下来而给他们提供补给。同时，改变我在美丽岛和布雷斯特给他们的命令，我通知他们继续向荷兰人前进，荷兰人已经溃败，并且离开了他们的港口。所有的事情都是我的船队执行的，这七艘借给葡萄牙王后的船只是如此的自信，如此的守时，在这次航行中和我的船队会合，没有带任何东西。人们喜欢从别人那里获得一部分储备，而不是停下来一段时间自己给自己补给储备。最终，我是如此地有先见之明，我通过一个特别的协定，让

我们的会合变得很简单,所有能够推迟的困难都留给了海军船长。为了这个,我甚至下达了秘密的命令,根据需要,我的人员可以结束这个能够持续的争议。

但是,我这方面的行动越是诚恳,我越是在荷兰人那里看到不好的信念。因为我看到在会合前或者会合之后,人们还是在互相攻击对方,因为英国人和荷兰人他们相互离得非常近。我曾命令我的船队来迪耶普带领六百个从我的皇家军队里选择的装备有武器的人,我在这是想通过他们的例子,来鼓舞其他军队里的士气。但是,不久之后,我得知敌人没有战斗就四分五裂了,英国人去怀特岛驻扎了,这绝对是在我们行经的路上。荷兰人,没有追随我的船队,也没有从我的船队前经过,因为他们很着急地加入了会合协议,很快就撤回到他们自己的国家,好像是为了给敌人方便,好像比我强大三倍,很容易就能打败我似的。

拉弗亚德伯爵,我是第一个把他派去让他们回忆他们的说法,给他们展示缺乏信念的重要性,让他们觉得去做他们之间承诺的事情是很没有必要的,还不如靠近我的船队,他们从所在地波罗涅起锚,为了退回到离他们的港口最近的地方。而我的禁卫军的队长维勒科涅,我出于同样的计划把他派出去了,他让他们也找到了同样的解决办法。因此他们的行为毫无疑问就是不可原谅的。因为,不管是因为这个既定计划让我放弃了需要,或者是他们的首领鲁伊特的疾病让他们不再敢出现在他们的敌人面前,这毫无疑问都是一种不忠诚的表现,或者是一种非常有代表性的惰性的表现。

您可以想象一下,在这段时间我是多么的担忧。因为我知道,我的船队在英吉利海峡,我可以很迅速地让我在大海上的各个位置的小船都出海去给我的海军上将消息,我从来都不会让他们从荷兰人的后退中得到消息,我很惊讶有一天他到达迪耶普。

从敌人眼皮子底下经过，这的确对我来说是很满意的，他们没有胆量过来攻打。但是，我认为当他们表面上在思考他们的利益时，其实他们一点也没有忘记利用这个机会。在英吉利海峡，我没有任何的港口能够安全地停放我的船队，如果他们想要去和荷兰人在他们撤退的地方会合，他们就不得不从加莱路过，而英国人肯定会比他们先到达这里。最终，如果我的船队决定返回美丽岛，这是我能给他们的最近的躲避的地点，但还是必须在怀特岛上的我们留在那里的敌人的眼皮子底下经过。

面对这样的困惑，我自己不知道该怎么解决了，我给予了我的海军上将很大的自由，让他根据他能从英国人那里获得的信息来做出自己的判断。但是，尽管他没有得到什么确切的消息，我的大量的财富让他倾向于最好的想法，敌人的船队在加莱等着他的时候，他毫无危险地返回了布列塔尼：那些荷兰人的船舰没有一直追随着我的船队，而且为了他们的特别的安全考虑，想从这里离开返回他们自己的国家，没想到却几乎全部被英国的船队截获。

我的船队在第一次航行时，只有七艘和别的船只离得比较远，差点丢失了。但是，一些已经很早发现敌人的船队，就避开了敌人。而另一些和敌人相遇的船只，迫于大炮的威力只好撤退。只有唯一的一艘船，看着脱离了可以自救的状态，不屈不挠地出于自卫而攻打敌人，这让想从它这里获利的对方有了很大的遗憾。

然后，葡萄牙的婚礼进行得很好，让整个王国的人都很满意。新的王后，首先在这个宫廷里获得了很大的信用，我认为可以利用她来打击卡斯特·马攸伯爵的威望。卡斯特·马攸伯爵在他的国王主人的议会里占据着首要的位置，他居于他的国王一人之下，万人之上。大不列颠的国王计划让葡萄牙和西班牙和谈，而我给这位王后通知了我的意图之后，她非常热情地按照我的意图办事，以

至于后来公开和这位伯爵关系不和。

波兰的王后对于法国有着深厚的感情，她特别想让这个已经摇摇晃晃的，她感觉只是用她的品德还在支撑着的王朝，落入我的宫廷的王子的手中。

但是她的事务都处于非常糟糕的状态，如果她自己不是很强有力地参与的话，就很难让人去实现她的计划。为了这件事情（我在年初的时候，就已经决定，在我的事务允许的情况下，派遣孔代王子带上5百匹马和6千脚力去波兰。但是，不久之后，因为和英国的国王宣战了，我不认为还能去执行这个计划了：我及时给波兰王后必要的建议，同时出于安慰，给了她20万古斤银，这是我让她想不到的数额。这不妨碍她）在五月底的时候，她向我的宫廷派遣了一位绅士来向我寻求新的救助。但是预计到她的请求可能会有困难，她赋予了这位绅士两种不同的任务，一种是关于我母亲的逝世来向我表示慰问，就是很简单的一种派遣；另一种是作为特别的大使，向我请求我刚给你们说过的事情，根据他的谈判能够达成的成功，让这位传达信息的人在这两种任务之间有很大的自由去选择。

自从给我得知这些特殊性之后，我想要阻止波兰的国王不要让一位著名的大使突然出现，结果却什么都得不到。为了这件事情，我让人给他的部长建议，让其不要作为特派官员出现在我的周围。但是，或许是他想通过一个更加显著的称号来满足他的个人的抱负，或许是他想象着能从他的国王那里得到一些其他的好处，他仍然不顾我的感情而去执行他作为大使的任务。

从我这方面来说，我还是按照习惯上的所有礼节接见了他。尽管刚开始的时候，我决定不给他任何他要求的东西，但是不久之后，我还是没有阻止得了给他一大笔钱。因为我的大使贝济耶的主教让人告诉我立陶宛的军队（在这支军队里有波兰国王最强大最有威信的人员）正在叛乱，即便是没有我的命令，他认为也应该给这支军队供应一担（相当于100千克）的供给，也就是他的军饷的一部分。我估计我不能通过这样一个如此牵强的理由去不承认已经说过的话：实际上我知道接下来的事态发展，因为这支部队继续表达出来的对他的国王的忠诚，主要是限制他的反抗的臣民们回到他们本应该有的顺从的状态中。

但是在我和大使关于这个王国的事情的一次会议时，他突然问我，是否我还坚持我一直都希望参加的选举，或者我是否打算退出竞选。这个建议本身是很棘手的，但是他似乎又会通过实现他的个人的幽默而变得很有好处。因为我已经得知这是一种非常艰难的精神。因此，我有理由担心，如果我坚持竞选的计划，这个伤心的人就会利用给我的答复让我和波兰各国变得关系不和，因为他们在这件事情上是持完全反对的态度。如果我宣布退出竞选，就是绝对地放弃了我已经进行了很久的步骤，而且我为此也已经花费了很大一笔开支。这就是为什么，我在此刻调动我所有的精神去形成一个在这两个极端之间的一种中间的答复。我对他说，在事情目前的状态下，我一点都没有打算继续我的第一个计划，并且要等事情都到了一个很好的稳定的状态时，再考虑是否要重提关于我们刚开始的想法：通过这个说法，我认为既不会伤害波兰人现有的心情，也不会伤害法国的希望。

关于这个事件，我之所以把它作为例子，是想让你们观察到，国王自己脑海里有最好的想法是多么的重要，他们的话语对于他们的事情的成功或者失败是多么的重要。因为最终，尽管我在这里给你们不停地提及我和外国的部长们的谈话，我也没有打算不加区别地给那些代表着王国的所有人关于这件事情的建议，而不

去审查他们是否有能力走出这件事。我估计他们当中才能平庸的人不会把他们的软弱让邻居们看见,也不会把他们的外省的利益置于危险之中,而是会更加诚恳、更加确切地逃避这样的功能。

许多国王都是有能力去聪明地统治一些事情,他们能有时间给出建议的一些事情。对于这个,他们自己去支持他们的事情而反对那些从来不做准备就发生在他们身上的那些不劳而获的人是不足够的,这些人总是试图从他们的主人那里得到好处。

人们可以给我们的一些应该处理的主题的概念就是,一个外国的部长能够随时,或者碰巧,或者很有计划地,给我们还没有准备好的事情一些建议。

然而,让人生气的是,国王不能自己否认错误的决策,因为这就等于是承认了他的无能,绝对不会错的,错对他的国家或者对他自己的名声是一种打击。

但是,国王不仅仅要在重要的谈判中注意自己所说的话,甚至在一些普通的谈话中,国王也经常处于犯错误的危险之中。因为国王有权利做所有的事情,因为要注意警惕国王也有说任何话的自由。相反,他越伟大越是受到认可,他越要自己注意自己所有的话。在一个人嘴里不重要的事情变成很重要的事情的话,往往只有一个原因:那就是这些话是一位国王说出来的。尤其是对一个人的程度很小的轻视会给这个人带来很大的损害,因为,在国王的宫廷里,没有一个人被认为是和他一样的人,人们只会认为这是来自国王。从这里就会出现那些受到侮辱的人,在他们的心里的创伤只能随着生活慢慢地愈合。

有两件事情可以安慰他的同胞对他说的那些尖刻的嘲笑或者蔑视的话语:第一个,当然承诺很快找到几乎对他说相同的话;第二,他能自己说服自己,那些人们说的关于他的不好的那些话对听

见这些话的人没有造成影响。但是国王提及的人会感觉到他受到的伤害是没有任何良药可以治愈的。因为最终，如果他敢说他的主人，在很特殊的情况下，他不能让主人知道他所说的内容（这是唯一温柔的报复）。他不能说服自己曾说他的那个人没有被听见，因为他知道每天都会收到那些有权利的人的话语。

因此，我的儿子，我非常严肃地给你建议，在这一方面永远都不要允许，这种类型的侮辱不仅仅会伤害受到侮辱的人，同时也经常会冒犯那些假装非常满意地听见这些话的人。因为，当他们看见我们漠视那些像他们一样给我们服务的人，他们就非常有理由害怕我们会在另外一次机会中对他们做出相同的事情。

因为最终，为了所有事情的基础，你应该提出说，人们不能原谅在我们这个地位的那些人。相反，经常会有一些特别冷漠的话语是我们毫无意识地说出来的，然后被那些听见这些话的人拿去应用到他们自己身上或者另外的那些我们经常想不起来的人身上。尽管说真的，我们不是必须得考虑到所有的无礼的猜测，然而总体来说，这些应该迫使我们更多地注意我们的言论，至少不要给我们的思想带来失去理智的基础，我们能够在我们的服务中的不利因素中形成这些思想。

在意大利方面，我没有什么大的事情。在萨伏瓦的宫廷里出现了困难，新的公爵夫人要在那里对我的大使进行处理，因为她声称要以我已故的姨妈曾经的方式来做事。但是我让她的公爵丈夫认识到，他的妻子，这位公主在她的国家有着和她母亲同样的称号，但是他不应该声称在世界的其他地方，人们也会用相同的方式认可她。法国女儿的品质总是有着自己的特权，甚至以前，受到尊敬的公主们（她们和某个国王结婚），从她们的始祖那里保存着王后的称号和地位。因此和她们的尊贵不应该有什么关系。萨伏

瓦公爵找到的如此好的理由,他不相信应该能在很长时间内支持她的想法。

曼托瓦的教皇和公爵夫人之间有些纷争,在这场纷争当中他们认可我作为调停的一方。但是事情自己得到了和解。

作为特别大使被派去罗马的邵讷公爵在那里特别受尊敬。因为那里是不好的位置,教皇派他那些忠诚的已经习惯了的侄子们过去了。但是教皇身体刚一好转,他们也就重拾了他们平时的骄傲。

在这个宫廷里,唯一的一件留给我处理的事情是取消关于冉森派教组织的划分,这是曾经由神甫人员在这个国家形成的。教皇起初对这件事情非常热情,就像是一件和我无关而和他的利益相关的事情,他让我看到了他关于这个事情执行的教皇谕旨,主要是关于那些拒绝顺从于他的主教们。从我这一方面,我很小心地给了他我的权力的帮助,但是,应该不要伤害天主教的以前的特权。

但是,因为我对这个计划有着强烈的信念,我把事情进行到一定的程度了,以至于教皇只能命名专员,我意识到他改变了行为方式。这次改变的原因是他的侄子们对基督教极度忠诚,为了国家的嫉妒心我利用这次机会行动起来,想象着他们能从我这里获得让他们满意的一切东西,作为他们关于这件事情对我的满意。

因此,当我的大使代表我给他们提起要任命专员时,他们首先表现出了不同的困难。敢于提出作为这次远征的交换,我同意推倒他们曾经为了科西嘉岛的罪行的修复而给我建造的金字塔。但是,为了让他们看到,我对这件事情没有别的想法,这是为了宗教的利益考虑的,关于和我的国家相关的利益,我一点也不害怕冉森派教。我命令我的大使给这些先生们说,在已经通知了教皇事情

的状态，给他建议了应该要做的事情。根据形式，为了他自己的教谕的实施，我认为我对于上帝的义务已经做得很满意了。从此以后，是教皇要去完成他对于上帝的义务了。

然而，于尔桑主教，他的行为不是像他应该表现出的行为那样。他来到我的宫廷，向我显示了他对于自己的错误的真正的忏悔，让我忘记他的错误，并且让我归还给他我已经去掉的法国的共同保护者的称号。

不久之后，我在西托命令中重新提出了建立团体的要求。在这里出现的分裂是通过一些个别人的手段或者不怀好意的热心人引起的，这些人以开展更加严肃的改革为借口，想要动摇将军的权力。这位将军是支持新命令的人，而退役的人是要服从这些新的命令的，他们不能逃避对于他们原先的将领的服从。

这个事情在我看来是很值得实行的（这个命令是很著名的，人们可以看到教会分立给整个宗教带来了丑闻）。因为自 1633 年开始就由拉罗什福科主教实行了，这位主教是一位很自负并且有着特别怜悯心的人。从此以后，不仅在王国的所有的审判权里使用，而且甚至在为了最灵活的主教的原因而参与的教皇面前也可使用，这件事情没有被完成。

因此，我让人在我的议会时提起此事。但是如同这件事情的命运从来就不能完成一样，我的顾问们分享了各自的意见，我还是得自己通过我唯一的投票来决定这件事，这是我给将军的恩惠。因为，排除掉深层次的原因，在这推断教皇和我一样对评价这件事的感情是很让人烦恼的。我认为在这位下达命令的首领的顺从下，保留下来安置好的修道院对国家来说是有利益的一件事，这是出自一位国王的谨慎，他会维持所有的正确的事情，维持那些有着优越性的事情，反对部下的反抗。

我也在计划实行另外一个关于国家和宗教的法令。这是关于节日的。由于特殊崇拜的原因,节日的数量越来越多,这在我看来是有点太多了。因为在我看来,让他们时不时地脱离开自己的工作,是对其个人的财富有损害的一件事;随着他们生产的物品数量的减少,会引起国家财富的减少,甚至对宗教也是有损害的,因为大部分的教徒是平时喜欢大吃大喝,或者把重要的日子过得比较乱的粗俗的人,宗教节日对他们来说只是为了祈祷好的工作而已。

出于这样的考虑,我认为应该为了人民的利益和对上帝的服务而对这些节日做出一些改变,我把我的想法传达给巴黎的大主教,他(认为节日是很有理由存在的)作为我的王国的领路人,关于这件事情给他的同行做出表率。

在瓦莱斯的那些不信教的人,通过图卢兹议会的官员给我理由让保留那些重大的节日。尽管卡特雷斯议会中一半的人诚恳地请求我给他们的某些议员在这个法院中获得一个有权利进入的位置,我认为对于宗教来说不同意这个请求的话是有利的,这个请求在事情还在进行期间我是通过各种推迟来逃避的。

同样的热情让我派遣布尔斯神甫去葡萄牙让朔姆贝格信教,他在那里获得了很大的赞誉,让我在荷兰人当中继续修复他们在不久之前对于我的大使牧师所做的丑闻事件。

不久之后,我就结束了从6月初以来的合并事件,让他停止特别的捐赠,他习惯于每五年给我80万埃居,尽管他是出于自我保护或者通过那些议员希望继续他们在巴黎的日子,或者希望管理他们的年金。

我从来没有忘记让你观察,当机会来临时,我们应该对宗教表现出多么的尊敬,对部长们表现出多么的敬重,主要是在关于他们

的任务的那些事情中，也就是对于神秘的奉献的庆祝以及新教教义的公布。但是因为宗教里的人士是有理由过于夸大他们的职业的好处，并且有时候利用这个减弱他们最合法的义务，我认为有必要给你们解释一下关于这件事情的某些重要的点。

国王是有绝对权力的人，自然会完全自由地拥有所有的财富，不管是世俗的人还是教会人士，国王都能把他们当作财富的管家来使用，也就是说根据他们的国家的需求来使用这些人的财富。

可能宗教的自由的、独立的、神秘的这些名词会让你眼花缭乱，这些名词也同样是关于要么世俗的、要么出家的所有忠诚的人，他们也都是这个国家母亲的孩子，但是他们不论是谁都摆脱不了对国王的附属关系，福音书甚至会很精确地嘱咐他们要顺从国王。

所以，人们说的宗教财产和奠基人的意图的特别用途，不仅仅是一种没有基础的迟疑，因为的确是，像那些创造利润的人，在给出他们的财产的时候，既不能摆脱他们要付给各自的封建领主的年贡，也不能摆脱其他的租金。出于更多的理由，他们不能摆脱由国王(作为统一的领主)为了整个王国的利益而收取的所有的租金。

如果人们同意教会人士在他们集会时，商议他们应该缴纳的数额，他们就不会把这种用法贡献给任何个人的特权，因为同样的自由也给予了许多外省的人民，作为之前几个世纪的廉洁的古老的标志，那个时候公平正义完全刺激着每一个人去做他力量范围许可的事情，然而这个从来没有阻碍世俗的人和教会的人拒绝去自愿实现他们的义务。

最后是第五点，如果那些生活在我们国家的人中的某些人比其他人更加负责任地给我们提供了所有他的财富，那应该是那些享俸者拿出了他们的所有。他们感觉到的权力建立的时间是和他们的俸禄的时间一样长的，我们有一些自从这个君主政体开始时

期就保留下来的称号。甚至教皇们都努力让我们摆脱开这样的权力,通过他们明确的撤销让这个权力变得更加的清楚和无可争议,他们曾不得不把这个作为他们雄心勃勃的打算。

但是我们可以说,这里既不需要那些称号也不需要那些例子,因为唯一的天然的公平公正需要让这一点绝对清晰。贵族为了护卫王国把他的工作和他的血液全部贡献出来是正确的,并且经常是用尽他所有的财富去支持他所肩负的职责,人民拥有几乎很少的资金,但是却需要供养许多人,他们独自承担着国家的所有的开支。当教会人士,因为他们的职业免除战争的危险、大量的奢侈品和家庭的重任的时候,他们就享受公众带来的所有丰富的利益,而从来都不用给他们的需求贡献什么。

在我所有实行的这些政策中,我的思想集中在把外省从西班牙国王的手中收回来,这是在他的国王父亲去世的时候就约定好的。因为在这次计划中,没有什么比结束其他的事务更重要的事了。我为了荷兰人参与了这些事情,为了能在我自己的事情中有自由去使用我所有的力气,我首先让人在德国利用会议把国家和蒙斯特神甫和这件事情联系在一起。科尔伯特作为请求的主人,代表我参加了会议并且很快就对事情下了结论。然后,我试着利用英国王后的好的想法和她的国王儿子建立和平关系。

我从和英国国王的调停中得到的第一个好处是,结束了英国国王形成的一个附属的争议。因为,没有任何理由,他声称这个协议应该在他们国家完成,因为荷兰人是他的真正的合作伙伴,从爵位上来说比他们要低一些。然而,在几次争论之后,他放弃了这样的想法,因为我给他警告说他的王后目前的皇宫可以作为我们之间的一个中立的地方,因为是这位王后建议的,所以对于她来说很荣幸能在她的见证和参与下进行谈判。但是让我特别支持这次

建议的原因是,我看到这位王后的出席引起的唯一的尊重,人们找到了删去大部分预备的问题的方法,这些问题通常是组成协议的最长部分的内容:除此之外,事情的协商离我如此之近,我可以很便利地不停地引导我的部长们关注属于我的利益的部分。我们的议员们因此在一个大家都统一的地方集合了。但是米劳·奥利斯,他是为英国国王服务的,他让我们得知,从第一次会议开始,如果人们首先不同意给予他的主人所有他在之前就建议写好的文章的话,他就不能听从任何建议,我们就不能再往前进行。这位米劳·奥利斯不久之后就被他的主人国王召回去了。

当然,这个不能让我们那位已经成功进行了调停的调停者失望。因为承诺奥利斯和其他的议员很快会从英国回来,她向我请求为了她的健康,她想去布尔本进行一段时间的旅游。人们继续在她的住处以同样的形式进行,就如同她也出席了谈判一样。

然而,奥利斯一点都没有回来的迹象。不过说真的,我一点都不觉得生气,因为在他作为大使在我身边停留的那些日子里,我已经发现在他的思想里有一种很粗糙的东西,这对进行协议的谈判是非常不适合的。我甚至都不知道,自从战争让他的大使任期结束以来,直到这次他又被委任来处理和平谈判事宜,他是出于什么样的计划,假借这样的借口待在这里的。

但是我们并不是很长时间,没有通过鲁维尼和圣·阿勒邦公爵进行的贸易重新建立新的协商,这个贸易是在英国,我们日复一日地希望他能带着理智的建议回来。在这些谈判中对我来说不太舒服的是,实际上已经很不耐烦地去推进这件事情了,可是我不能再不做出尽可能的损失的情况下去加速这件事情。因为从英国人这方面来看,这让人要求不太公平的条件;从荷兰人方面来看,这使得滋生出了一些让事情倒退的嫉妒心理而不是加速事情的前

进，因为他们在这里实际上什么都不害怕，他们是如此强大以至于看见我在他们的附近已经稳固下来了。

在所有的会面时，关于这一点我都急于重新给他们精气神。特别是有一天，我和万博宁恩会面，我让他知道在同盟军之间的过度的相互不信任会给双方带来很大的损害。

关于这一点，他当场反驳我说，他没有看到有什么能引起这些国家的不信任，我似乎好像对弗兰德有一些举动。我给他证明说，我在荷兰的权力延伸到了一些邻近的省，我总是准备着以平等的方式把他们带到其他的地方。但是我从来没有把这个当作一个能够娱乐的事情向他提起，为了让国家关于这个理由采取一些解决办法，我能够认真地通知到他们。

在这个计划中，为了掩盖我所做的所有的准备工作，我总是以海上战争为借口。我需要在弗兰德海岸有很大的供给品商店。但是我让它们在我的海军地盘，就像是给我的海军船队提供各种必需的物品一样，我甚至下达命令，在这里也可以给荷兰人他们需要的所有的东西。事实上，在其他别的地方我储备有大量的面粉。但是这些供给是要用于新的用途的，我已经把这个拿来用作今年我的军队的供给了，我仍然从这个机构中找出特殊的借口为了在皮卡迪和香槟的大部分地区存放面粉，目的是在这两个省，我有至少五万人随时准备着在第一声命令时进入弗兰德地区。

为了娱乐大家，我对外宣布说我要去布雷斯特旅行，我经常在那里度过一些日子的，我讲给我的仆人们听，甚至下达了让我的皇宫的部队在行进过程中必须要遵守的命令。

关于西班牙人，我通过一份新的商业协议的建议来和他们维持着关系。

得知在他们和英国人之间，有着一个咄咄逼人的防御的战线。

为了延迟其影响力，我无所顾忌地提供给天主教国王和他做相同的事情，甚至能理解葡萄牙国王，而英国人却不能理解。西班牙人为了停下来相当长的时间，他们给的建议是相当简单的。

然而，我可以在别的时间把这些不同的事情都提出来的。因为我每天都听说卡斯特·罗德里戈，他统治着荷兰，让人侮辱所有能发现的法国人，而从不给他们任何的公平正义：关于这件事我没有显示任何的不满。当人们偷盗了从这里经过发往弗兰德的一些信件，我也是不生气的。

我立刻取消了在圣奥尼对马德里的保护。我的一个臣民，他做了一个在我看来非常蛮横无理的行为。那就是没有我的承认，没有我的参与，拉弗亚德伯爵去了那些地方，强迫这个人亲手给出自己的一票来否认了这件事。

然而，我没有让人精确地给出弗兰德所有地区的地图，主要是布尚地区，我是打算从这个地区开始的。

但是从我开始为了推进这个计划而做的所有的事情中，我觉得困难最大的是瑞典人对我的保证。在他们的国王未成年期，瑞典人通过上议院进行通知，所有的解决方法都是通过现有的唯一的利益来解决的。我和英国人之间的关系在他们的程序中已经很公开了。因为这位国王曾经考虑和他站在统一战线而去反对他们以前的敌人丹麦的国王，他们首先给了他允诺，可是自此以后在我看来又收回了他们的诺言。

这样做并不是没有困难的。因为，关于这一点，我让人给他们的最初的警告，他们努力了很长时间给我总的承诺，他们没有加入任何一个反对我的派别。并且自此，当我给他们说我知道他们形式上和大不列颠的国王一起对丹麦国王发动了战争，并且在这次机会中，这位国王发动战争，这是我自己做的事情，他们对我说他

们从来没有打算参加反对法国的战争，他们之所以和英国国王一起反对荷兰人，是因为他们相信我能自己处理好我这一方面的事情，而且看到我和这位国王的关系并不是很好。

但是，当我策划不同的方式让他们改变这个方案时，他们为了自己的利益所表现出来的粗鲁让他们自己回到了我能够希望的事情上。因为我欠他们几十万埃居，这些钱我是故意推迟不给他们支付。另外，他们希望从我这里得到一些新的金钱方面的救助用于他们在不莱梅的计划。为了这个问题，他们派遣康尼斯马克作为特别大使到我这里来，并且带着命令给我提供在我和英国国王之间的调解：毫无疑问，英国国王进入了中立状态。但是在这些提议当中确实有一些诡异的事情，因为这个调停只是向我和荷兰国家建议的，没有提到丹麦的国王，我希望人们能为了丹麦的利益进行解释。这位大使急着让我忘记这次疏忽，就好像我们没有对这件事情进行过任何思考一样，并且关于这件事情他没有任何的命令向我回复，我迫使他加快在瑞典寻找解决办法。然而，在我这一方面，关于他的请求我延期让人给他回复，为了丹麦的国王能够绝对地摆脱瑞典。因此，我让人给他们还了几十万埃居的旧账。

但是，关于他们向我进行的新的请求，我给大使回复说，如果人们想缔结在我们之间已经开始谈判的协议，为了他们的需要，我非常同意其中包括一笔赔款，事情进展到现在，在我这一方面没有任何的延迟，这就得依靠他们自己来结束这件事情。

然而，不久之后，我担心这次拒绝会刺激到他们，我不想节省他们本来能够赚到的这一笔钱，我决定让人再给他们几十万埃居。但是我不想通过康尼斯马克的方式给他们信息，尽管他关于这个事情强烈地恳求过我，因为我觉得阿尔诺在瑞典为我协商过，因为他许诺从这件事情中要为了我的事情争取更多的利益。另外，我

的事情看起来已经都处于很好的状态了。

从瑞典人那里我没有接收到任何诚实的承诺。克里斯蒂娜王后请求了我关于她的利益的建议，他们承诺会处理这件事。在我看来，这是他们能做的最忠诚的事情了。而且同时，和我们的协议有关的事情，他们已经很积极地让人宣布他们想要和我达成统一战线来反对奥地利王室。我们已经相互交流了我们打算写的条款，甚至在我这方面我已经给瑞典人的打算做出了回复。

在同一时间甚至发生了一件非常大的能够加速推进这次协商的事情：这就是不莱梅的和解。因为，通过这样的方式，他们的军队对他们而言就是无用的了，有机会使用他们的话，他们看起来应该很高兴的。

实际上，受这样的想法的触动，他们已经打算去实施我希望的事情，或者他们这是希望我和奥地利王室站在他们这一边，从而获得他们的利益，他们给了我前所未有的希望，而且很严肃地致力于让我和英国的国王和解，他们督促英国国王接受他们的调解。但是实际上只有一个原因涉及他，那就是为了仲裁人对他的反感，这些人都是很明确地站在他这一边的。

不仅仅是瑞典人对于他们信仰的事实找了不同的借口，在其他事情中，他们受到来自莫斯科的快速的战争，他们参与支持有损于他们自己的防卫的同盟军的纷争这是不合理的。但是他很高兴发现说他们的行为的真实的理由仅仅是他们认为在这次机会中找到了更多的好处而离开英国国王，而不是向他们所承诺的那样服务。

在这里，我认为你要学习两件事情。第一件事情，无论是协议的宗教还是承诺的信用都不能强有力地支持那些天生没有良好信仰的人；另外一件事情，在我们的计划实施过程中，我们需要对于

我们自己的力量有着基本的认识。

还有就是，应该从一个王子的诚实来有必要地观察他的言语，不是从他的谨慎来绝对地相信别人的言语。

甚至应该知道，关于这个主题，最强有力的担心是完全无用的。一点都没有如此清晰的条款忍受这些解读，当人们决定反悔时，人们就会很容易找到借口。

每个人都根据自己的目前的利益在协议中讲话了，但是大部分随后都急着根据出现的场合来解释他们的话语，并且当许诺的理由不再继续存在时，我们发现很少有人让他们的诺言继续存在。

但是我仍然相信让你们应该在这里观察，为了你们个人的教育，这种行为的方式在国家中还是更加让人害怕的，它是通过许多人的投票产生的，而不是通过一个人的命令产生。

王子们的显赫的出身和他们的教育中的诚实平常只是会产生尊贵的和整体的感情，不能让这些好的原则发生变质，在他们的思想中总是停留着一些印象。

这种美德思想，随着时间的中断有些可能会被消除，然而美德思想给坏人的罪行带来了一种反感。他们的心，很早就是在荣誉的法律中培养的，形成了如此强有力的习惯以至于他们很难完全中断让他们充满活力的胜利的欲望，让他们把许多事情都放在了他们的利益的角度去衡量。

但是贵族的国家并不是由这些中等条件的人去统治的。在他们的建议当中出现的解决办法只是在他们的用途的原则上形成的，而不是别的其他的原则。由许多人组成的军团里，没有哪一个人的心是被激情的火苗燃烧起来的。来自诚实的行为中的快乐，伴随着懒惰的羞愧感，善行的认知和服务的回忆，当它们被如此多的人来分享的时候，就会给他们的行为带来一些规则。

我的儿子,你可以从这些真实的事情中得到的教育并不是说人们可以绝对地避免所有这些国家形成的各种各样的社会。因为,相反的是,我仍然坚持一位灵活的国王应该知道为了达成他的目的,应该物尽其用。但是,在我们必须和他们坚守的方法中,我们只应该建议主要的格言警句,尽管我们能够很生气地或者很亲切地写给他们,他们从来不会忘记去寻找所有他们认为能看到好处的教义,而且也从不会动摇要离开我们,除非他们发现跟随我们是有些危险的。

关于英国的国王,我不能采取一个更好的办法迫使他和我之间缔结和平,而不是把我放在和他必须要发动战争的状态。为了这个,我计划从他手中夺取泽西岛,这在我的礼节中已经是很严重的事情了,由于大不列颠邻居,他会无休止地中断英国的贸易。这一点是非常重要的,因为毫无疑问岛上的居民在他们的交易中是很苦恼的,他们立刻迫使他们的国王去和谈。

也是在这样的想法下,我要求荷兰人和我一起为了形成一个强大的舰队而做出贡献,和舰队一起,我希望当场捉住二十个有指挥的快速护舰队去护送丹吉尔的商品。但是那些国家并不是都同意,这让我失去了这次机会。

然而,我让人建造了新的船只,并且在我的王国的里里外外不同的地方铸造了大炮。我也让人不停地给我的商店里补充海军需要的各种各样的物品。为了最终让我的船队能更早地达到在下一次的战争中出海作战的状态,我让军队在原地过冬并且进行武器装备,和平时的做法不同,我命令在整个冬天都要训练海军将领和好的水手。

另外,我和爱尔兰的天主教人士进行贸易,而且关于这个岛上出现的暴动的迹象,我也已经让军队过去了。我也和克伦威尔的

哨兵中留下来的人暗中串通，从他们那里我获得了不同的建议，其中就有英国的宫内侍从悉尼向我承诺会煽动大型的暴乱，但是他让我提前支付几十万埃居的建议让我对他的话产生了怀疑，我不想把如此大的一笔钱用于一个转瞬即逝的信任，我只给他支付了2万埃居的现款，并且给他们承诺一旦他们能够为我所用的话，我会很快支付剩下的钱款。

在德国方面，我每天都急于加强我的信用。

虽然我和蒙斯特主教之间存在战争，但我还是很诚恳地认为他是一个有能力做出各种不同的计划的人，我是如此和他相处，以至于不久之后他就和荷兰各国达成了和平，他向我提供了他的军队。对我来说，我对于要给他们的提供所给出的回复很难下定决心。因为一方面，我看到在接收这些军队的同时，它们不仅仅是壮大了我的力量，但同时也毫无疑问地削弱了敌人的力量，在我拒绝之后，它们也向敌人提供了他们的军队。但是另一方面，我认为我还在负责海军装备的事情，这个事情需要很大的一笔开支，而最触动我的是，在我看来是自从我公开宣布了我的计划之后，唤起了那些原本反对的人的怀疑。

我曾给莱茵河沿岸的邻国的所有国王们都提议缔结一个协议，通过这个协议所有的人都必须把他们的力量集合起来，去阻止国王把任何的军队投进荷兰，因为我对他们已经承诺不要从德国经过任何的军队。而且弗斯滕伯格的纪尧姆伯爵已经让他们同意每个国家应该为了这个效果配备的人员数量，平均要达到200万，在这个人数上我今年只给了40万古斤银的现金，同时等待在别处的事情都向前进展。

然而，听过了在美因兹的选帝侯和有王权的选帝侯之间为了维尔福兰特的权力而展开的激烈的纷争，我想这件事情我已经给

你提过了,这个纠纷日益加剧,以至于它能耗尽两个国王的力量,我给他们派遣了库尔汀, 这是我的行政法院的审查官,目的是为了让他们重归于好。

勃兰登堡的侯爵看起来随时准备着和我会合,因此他自己向我的一位部长说明了这个意图,因为他声称他能收回盖尔德雷斯公爵领地,因为在这件事情上他是有一些权力的。

一段时间以来,德亚底安修会的一位修士停留在我的宫廷,他好像只是受到巴伐利亚选帝侯的认可,悄悄地向我打开了和这位公爵贸易的大门,从这位公爵这里我很少能收到不同的建议。

最终,我和匈牙利有了各种和解,当他想要和我的业务交织在一起时,在这里给国王也产生一些业务。为了在这些不同的宫廷中在所有为了我而做事的人之间建立起一些联系,我派遣米勒去不莱梅前面的营地,他在观察发生在那些地方的事情的时候,也会得知在邻近的国家里发生的事情,而且他可以下达命令,让我的每一个官员都能为了我的事业而做出贡献。

我如此的在外国人身边做工作,为了让他们能进入我的利益范围,我把我主要的措施应用到增长我自己的势力,因为这是能让我的计划成功的最强大的力量。

长期以来,我还注意训练我宫廷里的军队,从这里面我培育了几乎我的新兵团的所有的军官,为了让他们具有他们已经习惯了的相同的纪律,我也从原先的军团里选择一些骑兵去补充空缺的位置,或者用那些不能在很好的学校里进行教育的年轻的贵族去补充到军队里。

然而,我经常对新的军队进行巡视,想看一看比起旧的军队,它们是不是完整的,想看一看它们会不会因为新的招募的人员没有一点的削弱。因为我对船长没有任何的要求,我给他我的授权

去招收新的士兵，不然的话，只是壮大了军团的数量和培训他们的费用，而没有增加能够参战的人员数量。

为了对于这样的混乱局面有一个强有力的干预，而且为了让我的军队总是很完整，我命令他们不管离得有多远，每个月都向我汇报所有军队的表现；而且为了知道我是不是很忠实地采纳他们的汇报，我特意派遣各方面的贵族们去突然地看望军队，这就会让船长以及专员们不得不持续地完成他们的义务。

为了不让各个军队为他们的士兵的逃跑找借口，这实际上对于军队来说是一个毁灭性的坏事，我决定采取一些比这之前还有效的措施，而且在采纳了很睿智的人们的意见之后，我做出了一个安排，在接下来的时间里自然能看到它的结果。

我也想去除所有的争议的主题，这在我的军队里经常会引起混乱，而且每个军队都如此热情地提出的所有的不同的打算没有让我感到惊讶，没有人敢决定这件事，我尽可能非常公平的去处理所有的事情，而且通过我的自主权利去支持我的规章制度，没有人敢反对。

为了在所有的步兵兵团里让在每件事情的服务上的辛苦和荣誉变得平等，我决定海上战争是不是还要继续，每个兵团都轮流去船上服务；并且在海军士兵中间增加他们为了我的服务而表现出来的感情，关于他们为了军饷而和船长之间产生的纠纷，我决定给予恩惠，因为这个军饷一直没有给他们很忠实地支付。

在我看来，我取消了大部分我习惯性为了取乐而产生的支出，我把我的主要的满意度放在让我的人员维持良好的秩序。

我忍不住去无数次地增加我的护卫兵团，原因是有大批的优秀的人或者有用的人想来我的兵团。但是最后我只把人数固定在八百人，所有的以前的士兵或者军官都重新培训，只留下二十个年

轻的贵族我让他们通过兵团来学习他们的职业。

在能给我提供机会做一些事情的各种各样的机会中，给我服务的热情是如此的强烈，以至于我最大的困难是抓住那些出现的机会：就好像是他出现在我想要把全世界扔给我在迪耶普的船队一样。因为，除了这些受到指挥的人，还出现了一大批自愿者，我必须拒绝他们全部的人，甚至要惩罚比较优秀的一些人，他们知道他们会被拒绝，没有向我请假就上路了。

我在我的军队里实行这么严格的纪律，同时也把这些纪律在不同的时间分发给了我在意大利、匈牙利、荷兰的同盟军，他们从来不会有一丝抱怨，尽管他们有时候会有很大的不满。我同时也考虑到通过我在他们的后续军队里设置的财务官给他们到处支付，甚至在荷兰我增加了他们的日常开支，因为我知道在那里的生活成本比别的地方要昂贵。

每一次我在我的王国里集合部队的时候，我都考虑到派遣专员，他可以在原地提供他们生存必需的各种各样的供给，而且以他们习惯购买的价格出售，然后把它们以适应他们支付的标准卖给士兵们，为了他们能够有可以生存的东西而不是给农民们增加负担。

在这一点上我有很多的考虑，当我三月份去皮卡迪为了在那进行一次大型的巡视时，我不愿意居住在贡比涅，这是对我和我的皇宫来说离的最近也最舒适的地方，因为这是一个能容纳我的大部分步兵居住的城市，没有这个城市，我的步兵们就会停留在那些没有办法给他们提供规律的生活供给的村庄里。

因为生活用具是在宿主和我的士兵之间的纠纷中主要的话题之一，这就是我用了更多的耐心去解决的事情之一，我把步兵的用具原地解决，把骑兵的分为三份，其中三分之一由宿主解决，三分

之一由城市的军团解决，三分之一由选举的整体人员负责。

关于我的规则的执行情况，在出现违法或者争论的情况下，我会命令专员或者总督去处理这些事情，在居民和士兵中间，不能有任何的特殊的偏倚。我自己，当我得知奥弗涅一位上尉拿了雷瑟的居民的30万古斤银然后霸占他们的住所时，我立刻革职了他，而没有听从上千个优秀的人为了他来向我请求宽恕。

这不仅仅是因为我非常清楚在生活条件不好的人们当中，一些士兵甚至是一些小小的官员他们有时候做的事情，自由散漫通常是人们参军的主要的动机之一，人们会发现有一些领导长期以来让大量的军人生存而不给他们别的军饷，所有导致军人们到处去掠夺。

但是这个例子只能被那些因为没有什么可损失，没有什么可生存的人们去模仿。因为凡是有些敏感地珍惜自己名声的国王都不会怀疑，他的名声可以来保护他的臣民的财产不受他自己的军队的掠夺，而不是被他的敌人的军队掠夺。

听说过他的计划的人都能发现，所有他让给自己的人民做的事情，从某种程度上来说，都从来没有花自己的费用，因为越是资源枯竭的外省，或许是由于人们参加了战争，或者是出于别的理由，越是不能给公共的支出有所贡献。国王把有些东西或者有些人占为己有，这是非常错误的一件事情，就好像是这些东西都是以另一种方式属于他们的国家的。

财富都在珠宝匣子里，那些在财务官手里的财富，他们用于自己的国民的贸易里的金钱，应该通过他们平等地使用了。在他们的名义下的军队，和他们给个别领导的相对比，对他们来说没有更多的了。那些参军的人和他们的臣民相比，给他们服务既不是必需的，也不是有用的。

每个职业都按照自己的方式给君主政体予以支持。耕种者通过他们的辛苦劳作给整个这个庞大的国家提供食物。手工业者通过他的工业给人民的便利生活提供所有东西。商人把世界各地生产的有用的或者合适的各种各样不同的东西,在国民需要的时候提供给他们。

金融学家,把公众的金钱收集起来,用于国家的生存。法官,在执行法律的同时,确保了人们的安全。教会人士,在把人们引导参加宗教的同时,吸引了上天的祝福并保护了大地上的平静。

这就是为什么我们不能轻视任何一个职业,或者把这一个职业的支出用于另外一个,我们应该(成为所有人的圣父)想办法让他们每个职业都有经费。如果可以的话,让每一行业都趋于完善。我们要知道我们想要强加给它们的不公平既产生不了感情,又对我们没有任何好的评价,而且还会让其他的人有理由抱怨或者窃窃私语。

尽管你能找出所有的理由来对这种隐秘的偏好进行反驳,我的孩子,国家的灵魂几乎经常对于军人的职业有着这样的偏爱,尤其要注意这种个人的善心从来不会让你忍受那些有着偏好的人的行为,而且让你对他们的这种感情是关注他们的生存条件和他们的财富,而不是败坏他们的思想。

我们的 C 文本的第十一本就从这里结束了,这个本子只有三页。第三个本子有六页,第五个本子有十页,其他的都是八页,这种数量上的不均等可以让人承认第十一个本子即便是内容很短但也是很完整的。所有的这些都让人相信,在这里结束 1666 年的回忆录是最合适的。之前的文本或者日志的任何一个重要的部分都没有被遗漏,除了关于伦敦火灾而展开的特别的内容,这个内容没有合适的地方可以结束它,就如同编写者承认的那样,我们可以把

这些内容放进1666年回忆录的补充内容的第31条。这个C文本就可以毫无顾虑地不考虑这个内容了。

注：1666年的回忆录的补充内容在第二卷的卷首。